반려견 그루밍 실전편

천선화

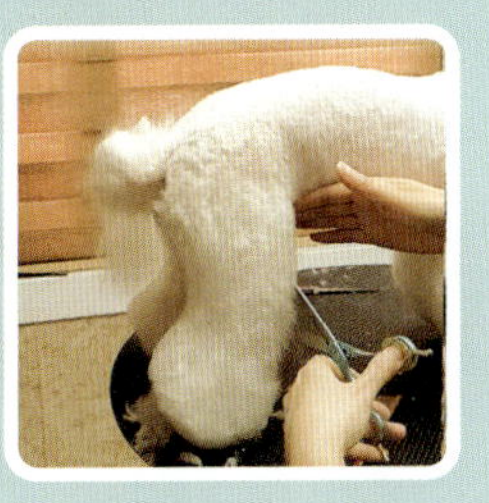

박영story

머리말

애견미용 기술방법에는 정석은 없으나 기본을 알고 있어야 자신만의 스타일로 만들어갈 수 있습니다. 이 책에서는 실제로 애견미용실에서 가장 많이 하는 전체 클리핑부터 기본형 스포팅과 현재 우리나라에서 가장 선호하는 얼굴컷 6가지를 기술하였습니다. 특히 얼굴컷은 견종마다 생김새가 달라 미용방법이 달라질 수 있으므로, 변형이 없는 얼굴 위그를 이용하여 가장 기본이 되는 미용방법으로 기술하였습니다. 이 기본 미용방법을 토대로 견종에 맞추어 응용해서 스타일을 완성할 수 있으며, 얼굴컷을 처음 접하는 초보 미용사와 현직 미용사분들께 미용포인트와 팁을 드릴 수 있으리라 생각됩니다. 미용방법을 설명함에 있어 자연스럽게 연결될 수 있도록 많은 사진과 설명으로 누구나 쉽게 따라 할 수 있도록 만든 책입니다. 아무쪼록 이 책이 국내 반려인과 애견미용사를 목표로 하는 많은 분들의 지침서가 되길 바라며, 더불어 애견미용학원, 반려동물 관련 학과 학교의 교재나 참고서로도 활용되기를 기대해봅니다.

차례

I

전체 클리핑하기

I / 전체 클리핑하기

반려견의 털을 전체적으로 클리핑하는 데에는 여러 가지 이유가 있다. 털이 엉켜있는 경우, 피부병 치료의 목적, 반려견이 더위를 많이 타는 경우, 털 빠짐이 많은 경우, 견주가 털 알레르기가 있는 경우, 집에서 편하게 관리하기 위함 등을 들 수 있다. 여러 이유로 클리핑하지만 주의해야 할 사항들이 있다. 털이 있다가 갑자기 없어진 반려견은 극심한 스트레스를 받아 밥도 먹지 않고, 구석에 웅크리고 있는 경우가 있다. 이런 증상들은 보통 일주일 이내에 사라진다. 클리핑 후 털이 나지 않는 경우도 있는데, 보통 유전적으로 털이 촘촘하게 자라는 이중모를 가진 반려견에게 나타날 수 있으며, 특히 포메라니안 같은 이중모를 가진 스피츠 계열이나 잭러셀테리어, 미니핀 같은 단모종에게도 '포스트 클리핑 신드롬(post clipping syndrome)'이 나타날 수 있다. 이런 품종의 반려견들은 이를 예방하기 위해서는 클리핑보다 가위컷 미용을 해줘야 한다.

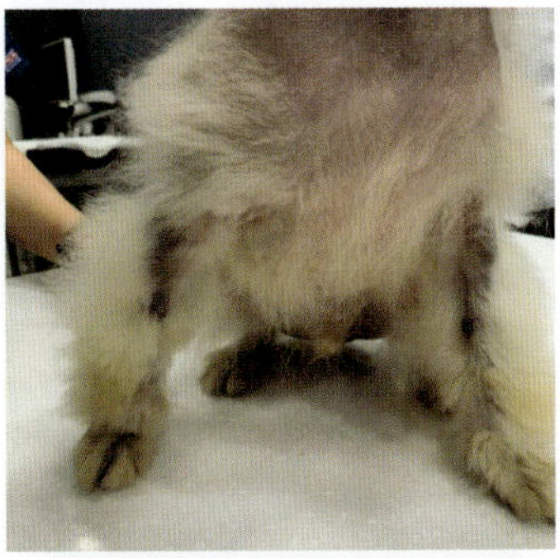

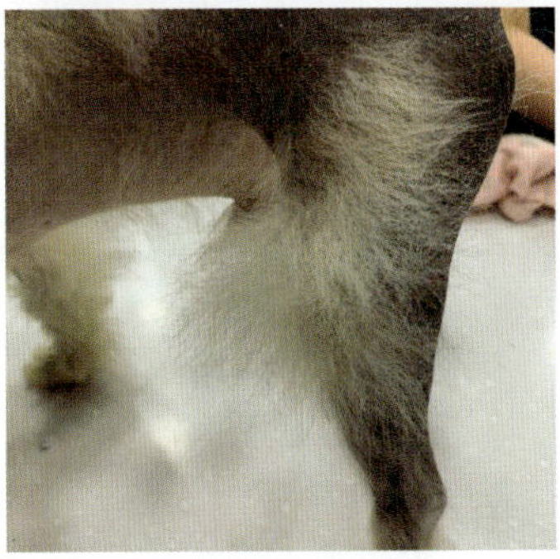

✔ 포스트 클리핑 신드롬(post clipping syndrome)이란?

털을 짧게 깎은 후 그 자리에 털이 다시 자라나지 않는 증상을 말한다. 몇 개월 후 자연스럽게 스스로 회복되기도 하나 평생 털이 자라지 않는 경우도 있다. 주로 나타나는 품종으론 포메라니안, 사모예드, 스피츠, 시베리안허스키, 차우차우, 골든리트리버, 알래스칸 말라뮤트, 셰퍼드, 셰틀랜드 쉽독 등에서 나타날 수 있다.

- **증상:** 주로 등이나 엉덩이, 허벅지, 가슴 등에 털이 나지 않는다. 일정 기간 경과 후 털이 나더라도 몇 가닥의 털이 듬성듬성 자라나는 모습을 볼 수 있다.
- **예방:** 클리퍼 사용을 자제하고, 가위컷 위주로 미용하는 것이 좋다. 부득이하게 클리핑을 사용해야 한다면 털의 정방향으로 최대한 길게 클리핑해야 한다.

전체 클리핑 시 순서를 정해서 작업을 하면 시간을 단축할 수 있다. 이로 인해 반려견의 미용 스트레스를 최소화시키고, 작업 효율성을 높일 수 있다.

전체 클리핑 순서는 다음과 같다.

발바닥, 발등 클리핑 → 항문, 생식기, 배 클리핑 → 앞다리, 뒷다리 클리핑 → 몸통 뒤쪽 클리핑 → 몸통 앞쪽 클리핑 → 두부 클리핑 → 꼬리 커팅

① 발등, 발바닥 클리핑하기

발등과 발바닥은 소형 클리퍼 1mm를 사용하여 털의 역방향으로 클리핑한다. 혹 발이 부어 있다거나 클리핑 후 예민하게 반응하는 반려견은 1.5~2mm로 클리핑한다.

① 반려견을 테이블 위에 올려놓은 후 바른 자세로 세우고 작업자 몸에 밀착을 시킨다. 뒷다리 왼발 아래쪽을 가볍게 잡은 뒤 뼈 구조 그대로 접는다는 느낌으로 위로 접어 올려 보정한다.

② 움직이지 않도록 잘 보정한 후 뒷다리 왼발부터 털에 가려진 발톱이 보이게 역방향으로 발등을 클리핑한다.

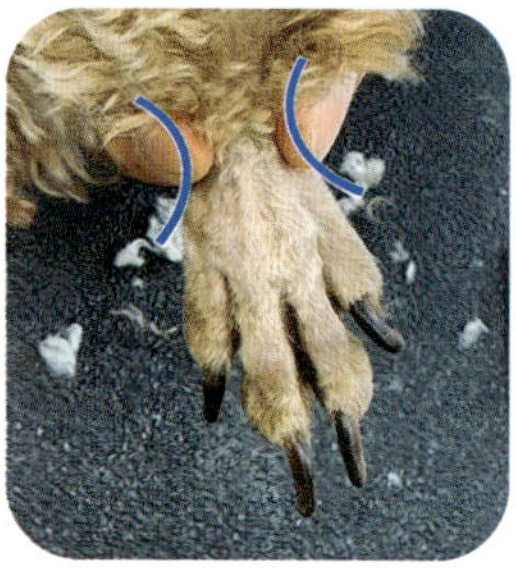

✓ 발 클리핑 기준선은 발을 손으로 만졌을 때 '쏙' 들어가는 부분이 있다. 그 기준을 잡아서 클리핑하면 된다. 전체 클리핑 시에는 기준선보다 조금 더 위로 올려도 된다.

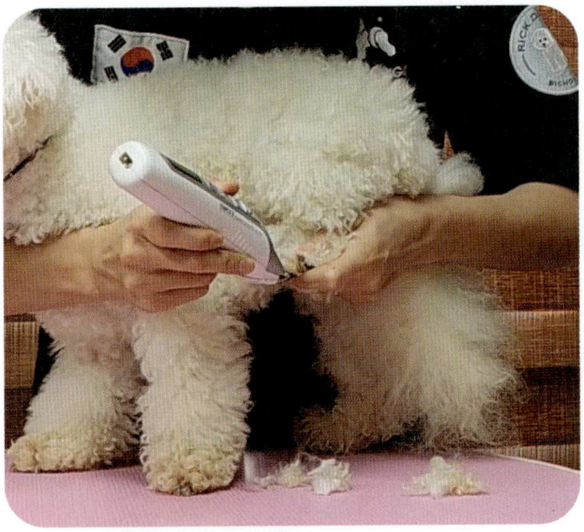
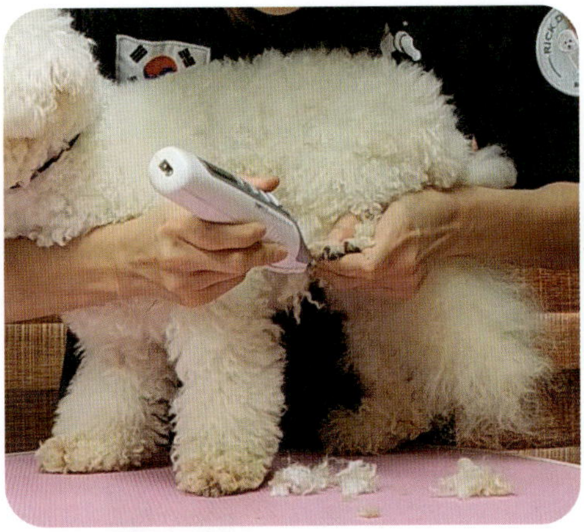

③ 발가락 사이의 털을 클리퍼날의 양 끝을 이용하여 제거한다.

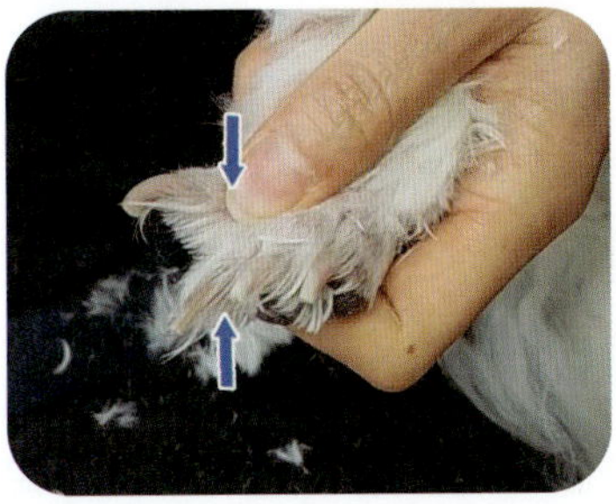
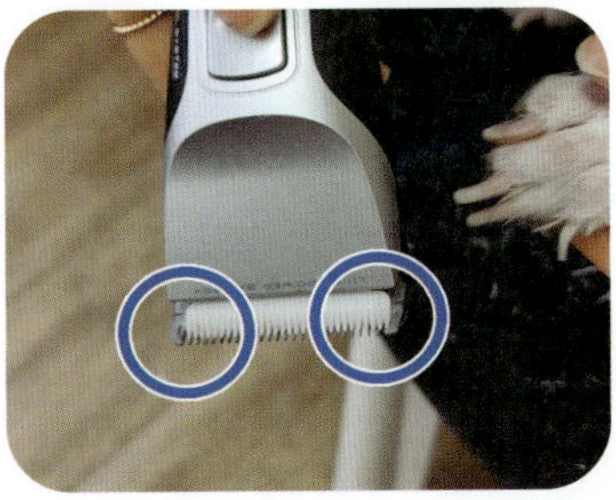
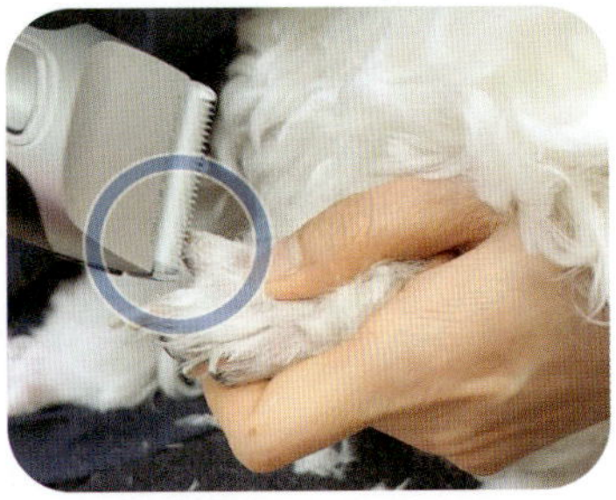

✔ 발가락 사이의 털 제거 시 검지손가락은 패드 아래, 엄지손가락은 발가락 사이 위에서 동시에 누르면 발가락 사이가 벌어진다.

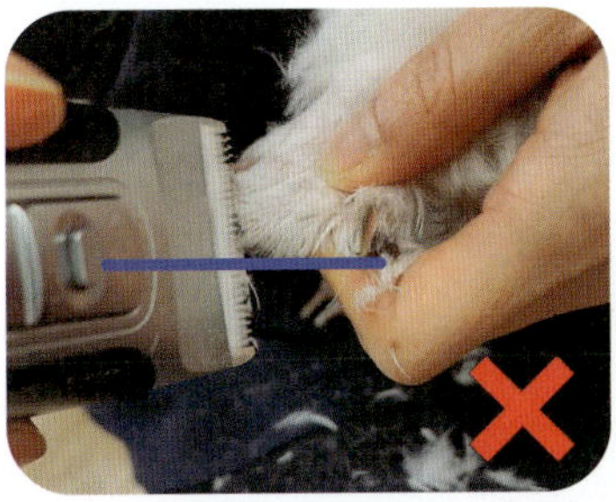

✔ 클리퍼날의 끝을 활용해서 털을 제거하면 효율적으로 제거할 수 있다. 이때 클리퍼의 다른 쪽 날이 패드 아래쪽으로 내려오게 되면 발가락 사이의 피부에 상처를 낼 수 있으므로 날이 패드 아래쪽으로 내려오지 않도록 주의한다.

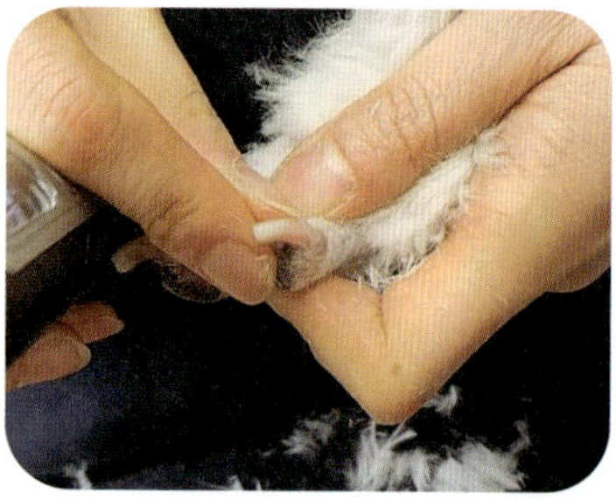

✓ 발톱 주위의 털을 깔끔하게 제거한다. 발톱에 밀착되어 있는 털은 클리퍼로 긁지 말고, 털을 손가락으로 세워 털과 발톱 사이의 공간을 만들어서 밀면 깔끔하게 제거할 수 있다.

④ 발바닥 털을 클리핑한다. 털 제거 시 클리퍼는 최대한 피부에 닿지 않고 털을 걷어낸다는 느낌으로 털을 제거한다. 무리하게 털을 제거하려다 피부에 자극이 되면 반려견이 그 부분을 계속 핥아 2차 질병이 발생할 수 있으므로 조심해야 한다.

발바닥 털 제거 시 발톱 잡는 방법

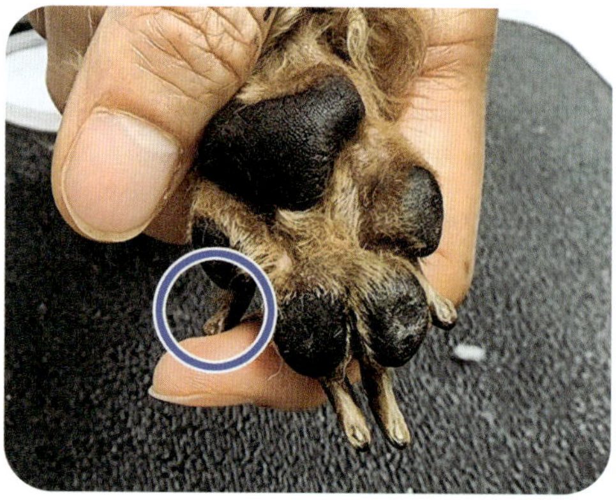

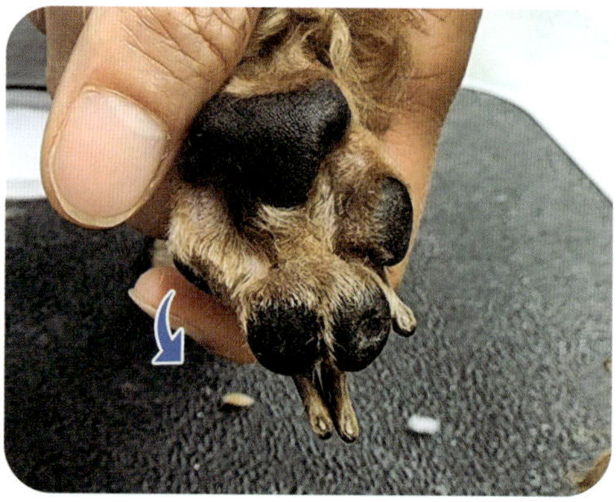

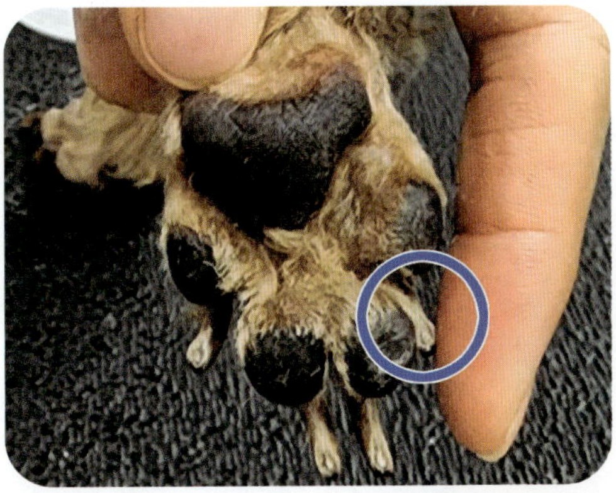

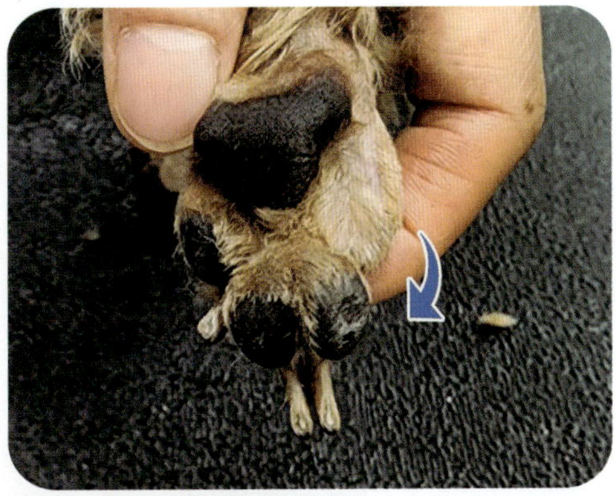

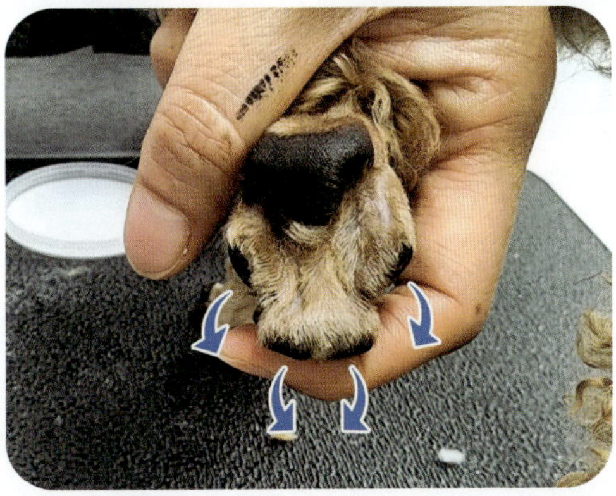

✔ 패드 안쪽 털을 제거할 때에는 발톱을 잡아 바깥쪽으로 짝 펼쳐 사이의 털을 제거한다.

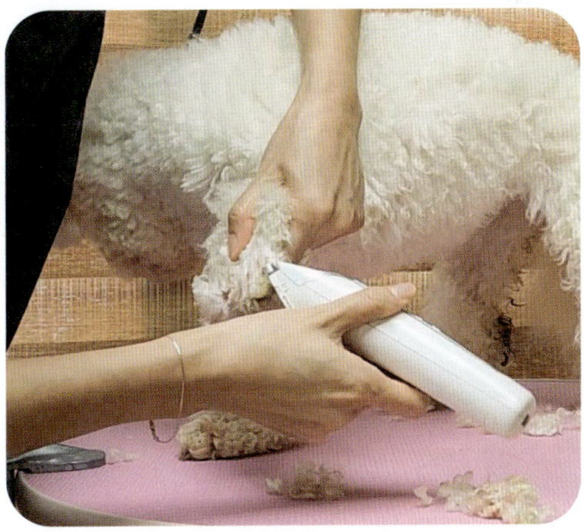

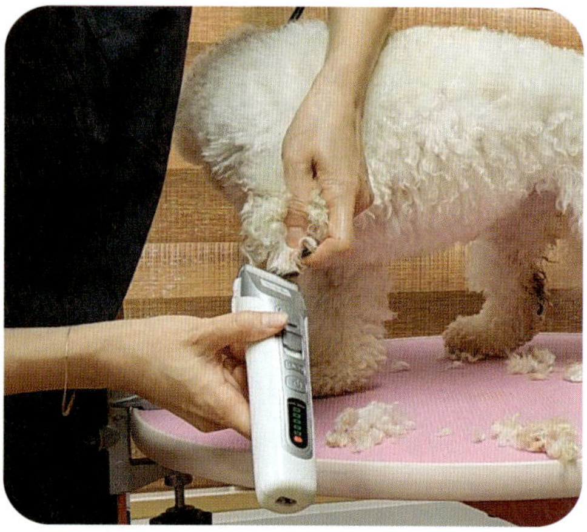

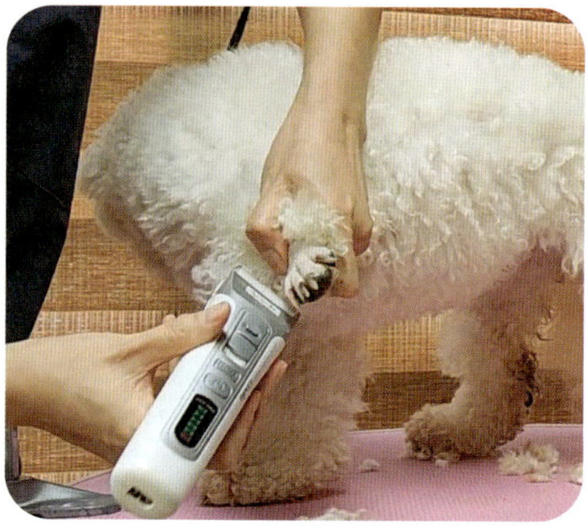

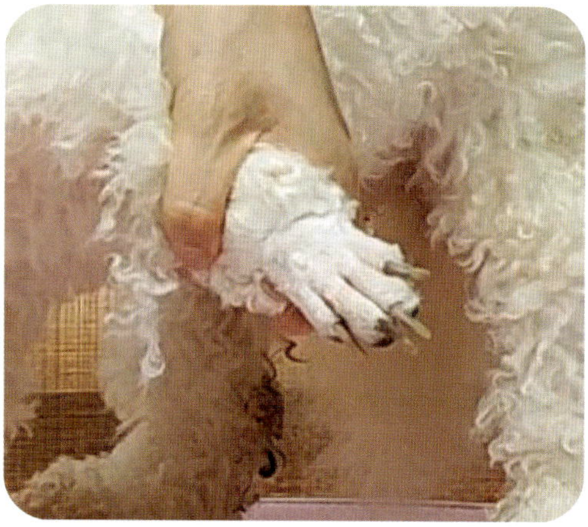

⑤ 왼쪽 앞발을 가볍게 잡은 후 지면에서 들어 올려 발톱이 보이도록 발등을 클리핑하고, 발가락 사이의 털을 제거한다.

✔ 엄지발가락 주위 털을 깨끗이 제거한다.

⑥ 왼쪽 앞발의 발바닥이 위로 보이게 가볍게 들어 올려 발바닥 털을 클리핑한다.

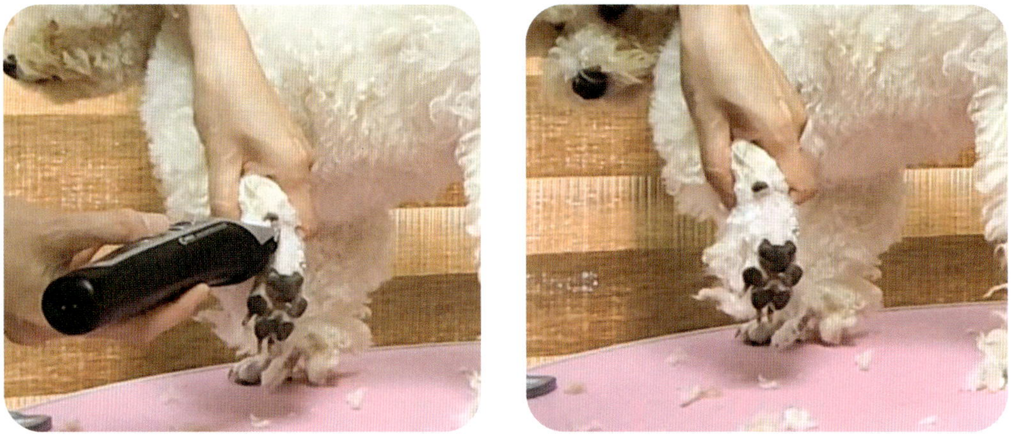

⑦ 수근구(손목 패드)까지 클리핑한 후 수근구 주위의 털을 깨끗이 클리핑한다.

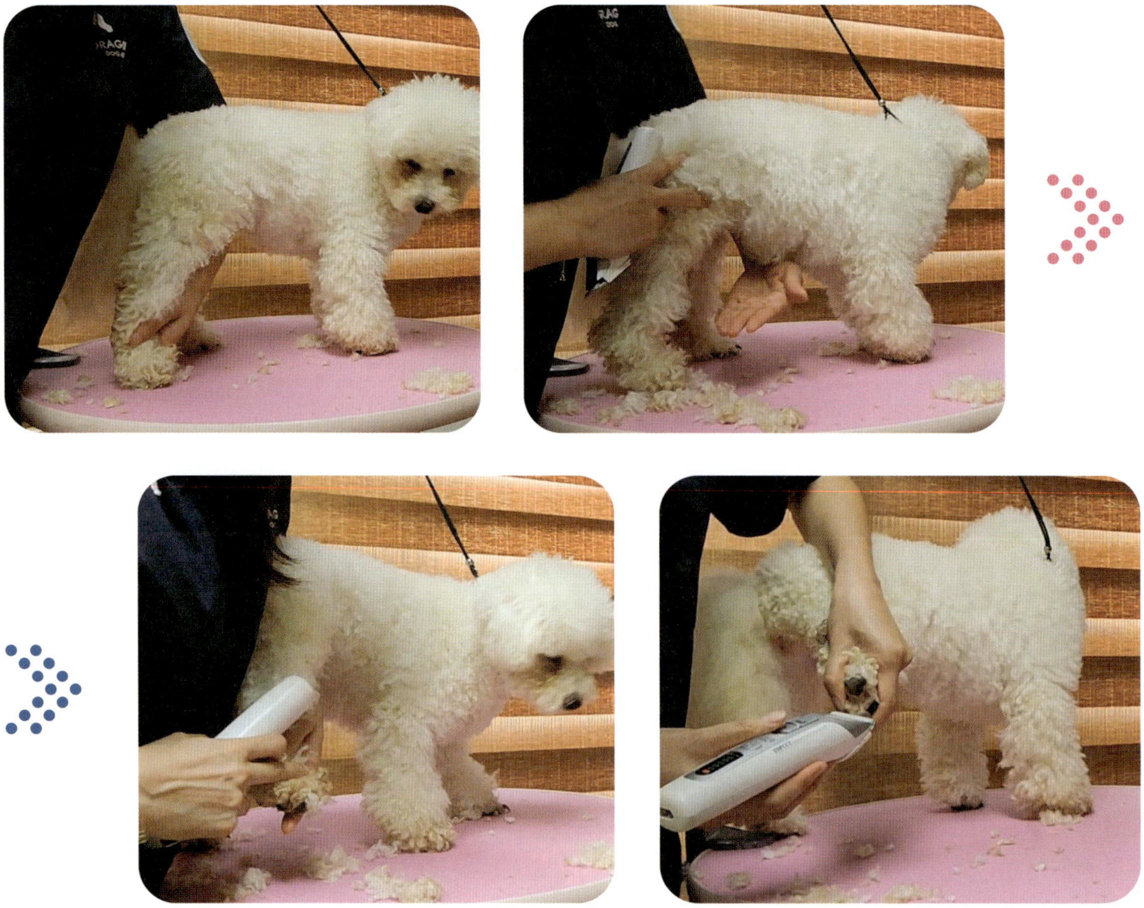

⑧ 반려견의 엉덩이를 작업자 왼쪽 겨드랑이 쪽으로 밀착을 시키고, 작업자 왼팔을 반려견의 배 아래로 집어넣어 오른발을 가볍게 잡은 후 지면에서 위로 들어 올려 발등, 발바닥을 클리핑한다.

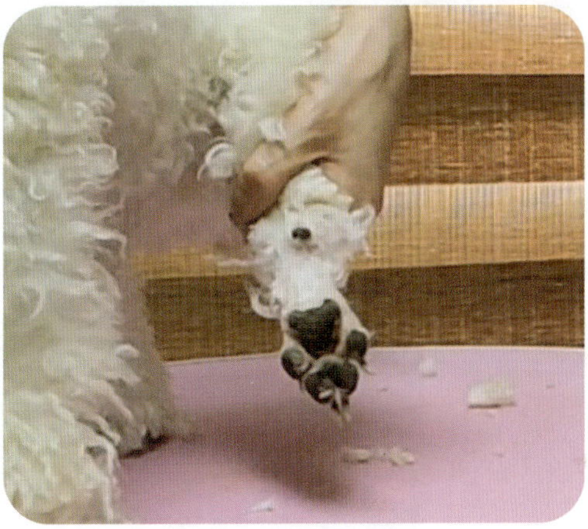

⑨ 오른쪽 앞발의 발목을 가볍게 잡아 위로 올린 후 발등, 발바닥, 수근구까지 클리핑한다.

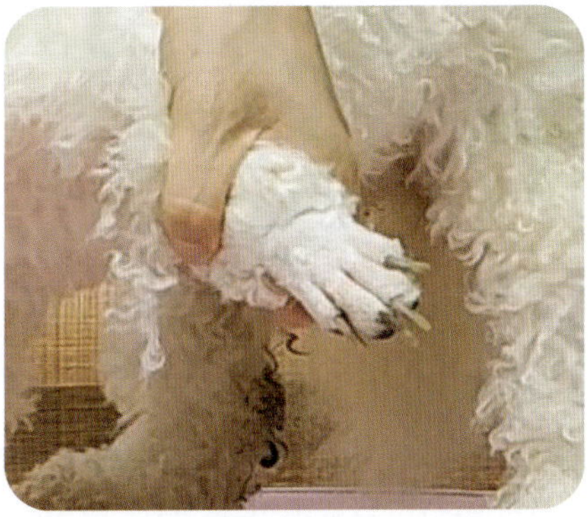

발등 클리핑 후

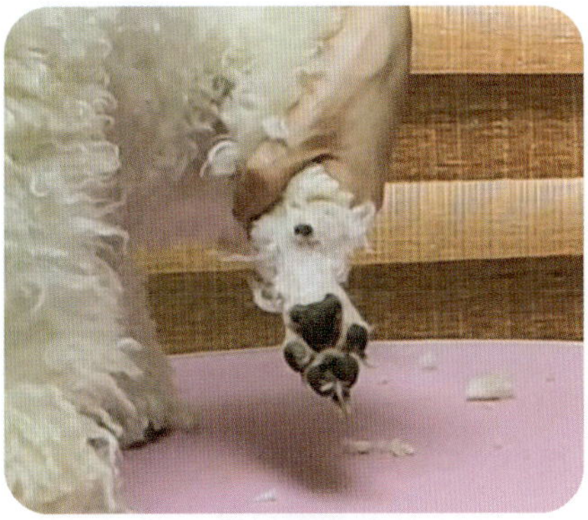

발바닥 클리핑 후

✔ 발등은 발목(p.4 참고)까지 클리핑하고, 발바닥은 수근구까지 클리핑한다. 발등을 수근구 위치까지 클리핑하지 않도록 한다.

② 항문, 생식기, 배 클리핑하기

클리퍼날 길이는 1.5~2mm 정도(중간 클리퍼 제일 긴 날)의 날을 이용하여 가볍게 클리핑한다.

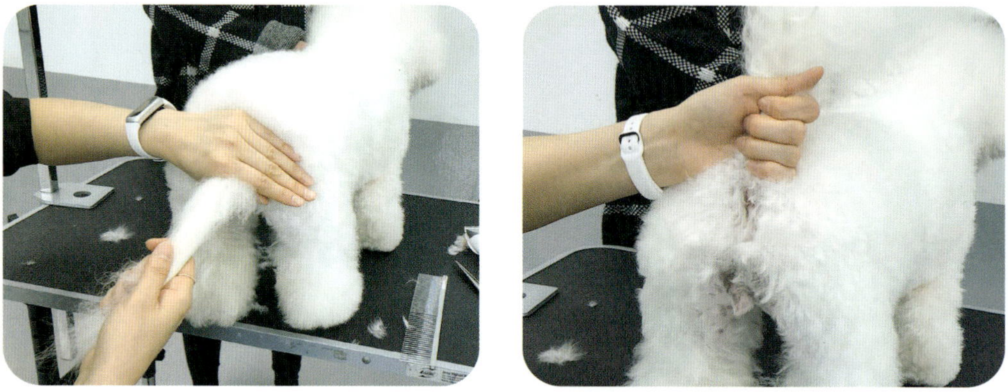

① 꼬리뼈가 항문보다 앞으로 나오지 않게 꼬리를 시작하는 부분을 잡아서 머리 쪽으로 당긴다. 잘못 잡으면 클리핑 시 꼬리에 상처가 날 수 있으므로 주의해야 한다.

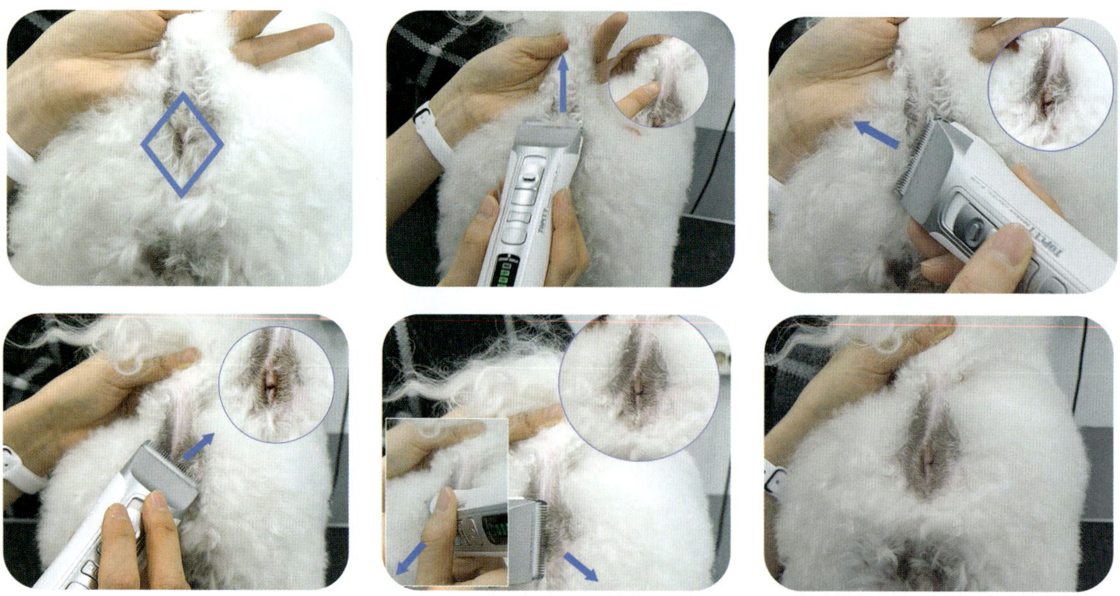

② 항문을 다이아몬드 모양대로 클리핑한다고 생각하고 상, 좌, 우, 하 순서로 클리핑한다. 상으로 밀 때에는 항문에서 꼬리 방향으로 3cm, 항문에서 좌/우/하 방향으로는 1~2cm 정도 다이아몬드 모양을 그리며 클리핑한다. 이때 클리퍼가 항문에 닿지 않도록 털을 걷어낸다는 느낌으로 클리핑한다.

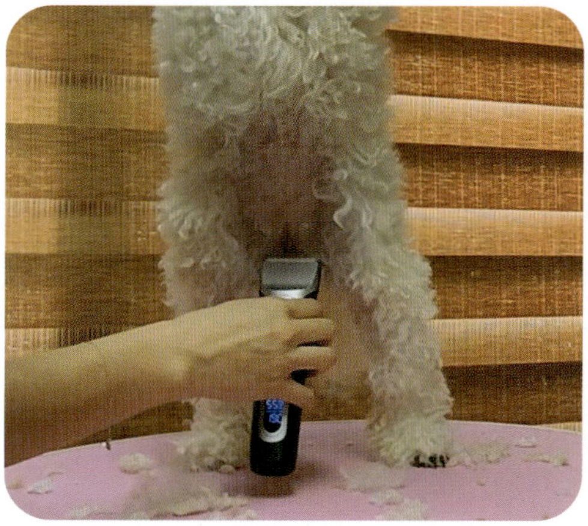 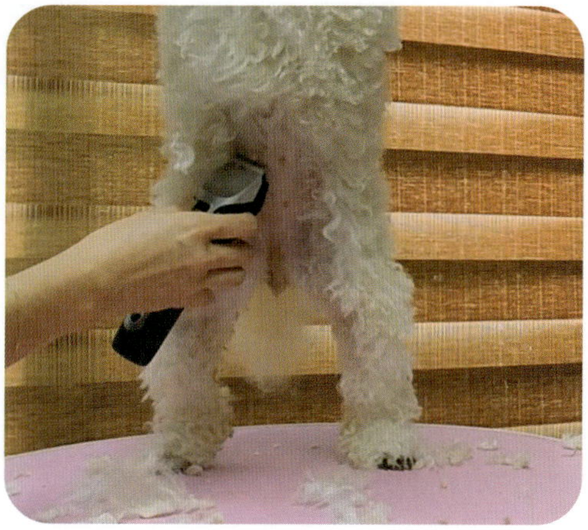

③ 앞발을 잡고 들어 올려 털을 걷어낸다는 느낌으로 보이는 부분만 클리핑한다.

○ 암컷, 수컷 배 클리핑 라인

	암컷 배	수컷 배
클리핑 라인	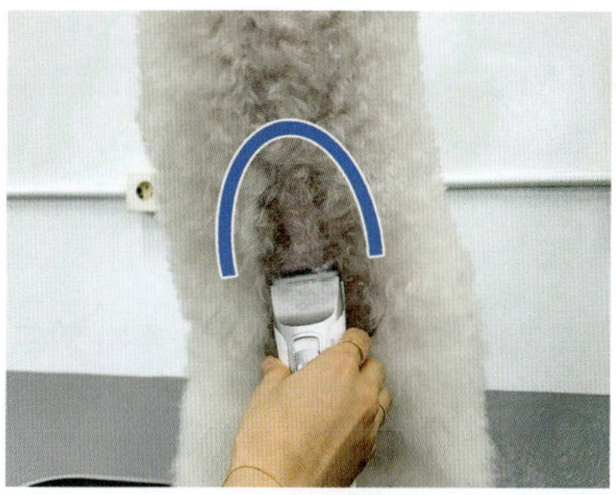	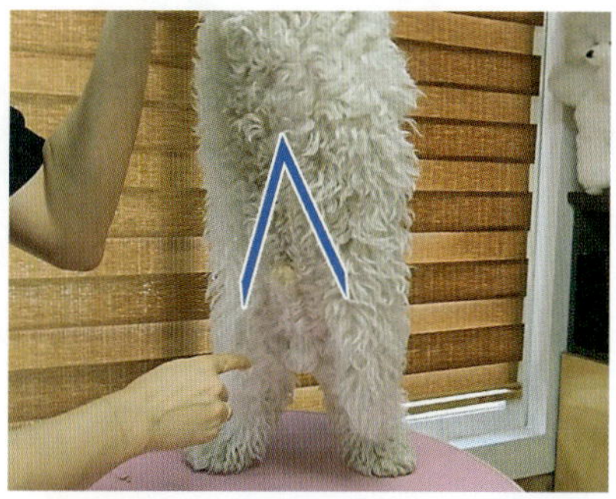
클리핑 후	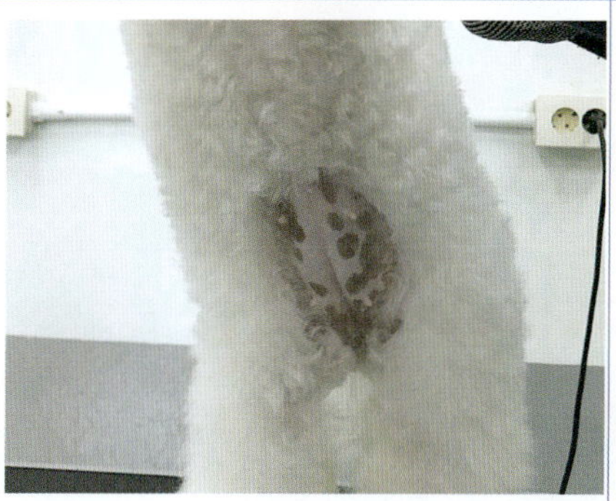	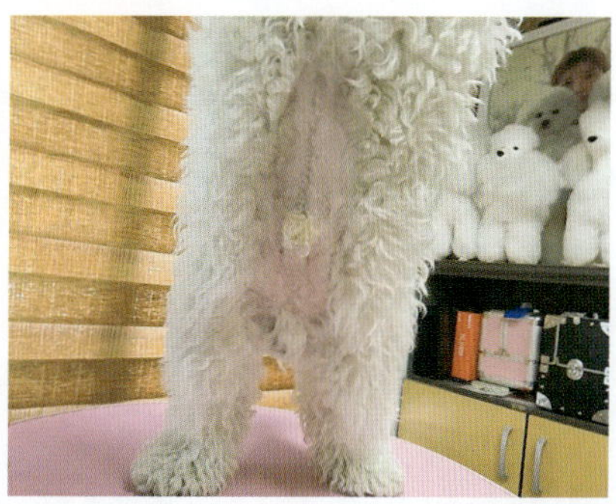

✔ 암컷은 'Ո' 모양, 수컷은 깊은 '∧' 모양으로 클리핑한다.

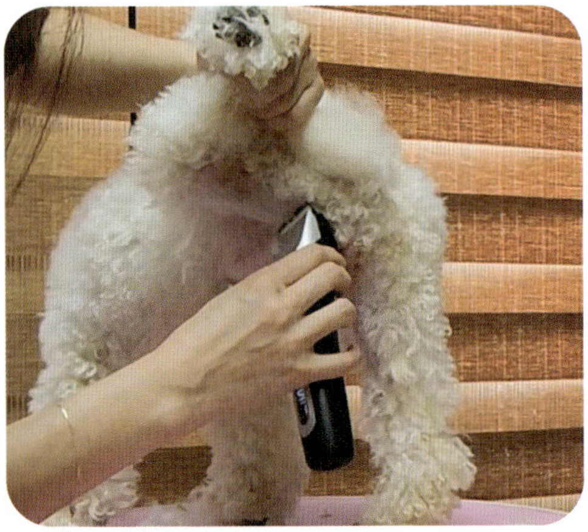

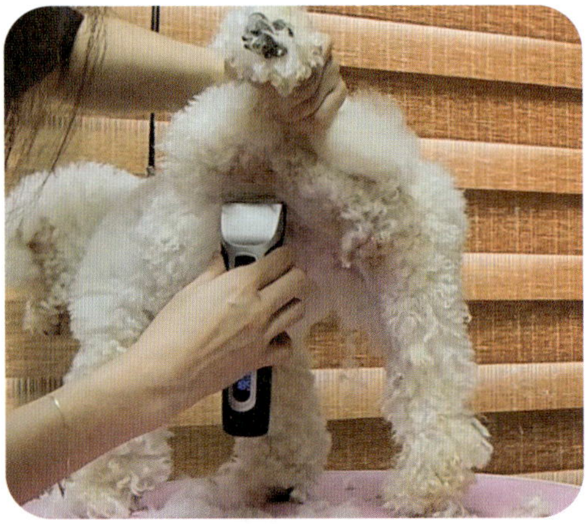

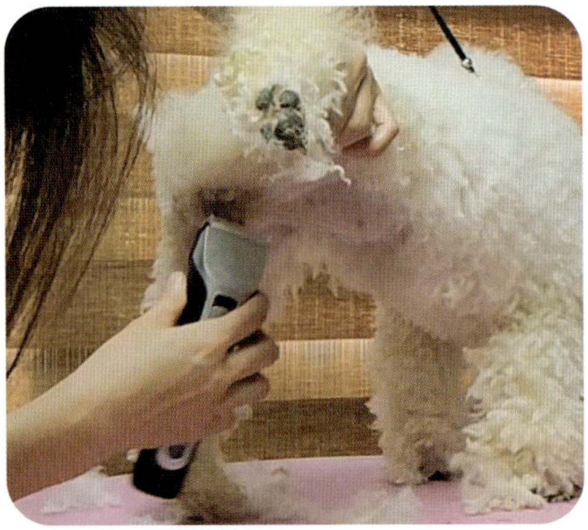

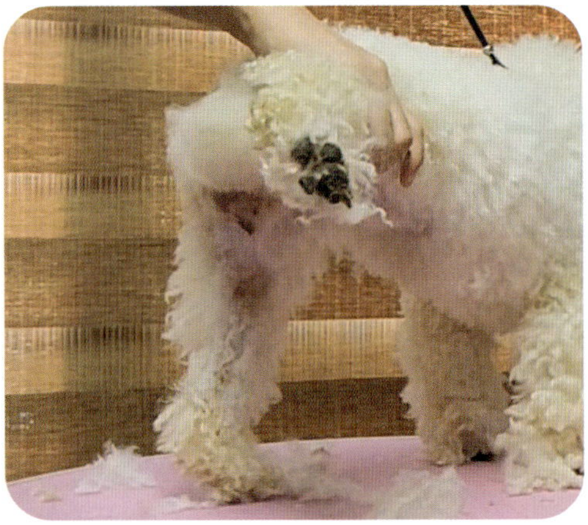

④ 뒷다리 한쪽을 가볍게 들어 올려 생식기의 털을 정방향으로 힘을 주지 않고 조심히 클리핑하고, 사타구니 쪽까지 밀어준다.

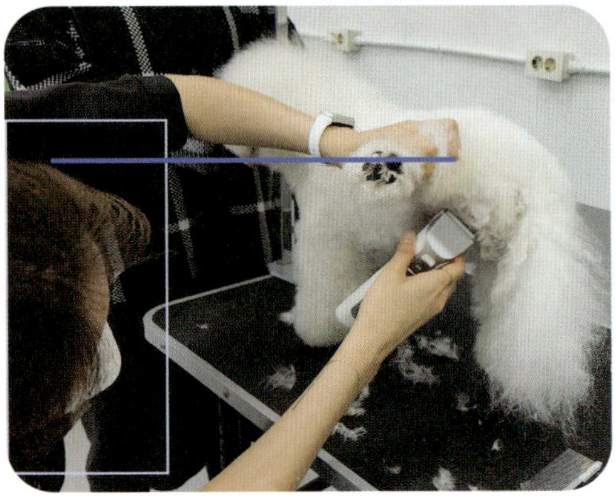

✔ 미용사의 왼손으로 반려견의 뒷다리 한쪽을 동물의 등 높이 정도 들고, 동물의 생식기가 미용사의 한눈에 들어올 수 있도록 미용사의 머리는 다리 높이와 맞춰 자세를 낮춘다.

◎ 암컷 · 수컷 생식기 클리핑하는 방법

생식기는 털의 정방향으로 털을 걷어낸다는 느낌으로 힘을 주지 않고 조심히 클리핑한다. 생식기 주변의 털은 역방향으로 깔끔히 클리핑하여도 되며, 사타구니 쪽까지 밀어준다. 단, 클리퍼날에 예민한 동물이라면 털의 정방향으로 밀어주는 것이 좋다.

· 암컷 생식기 클리핑 방법

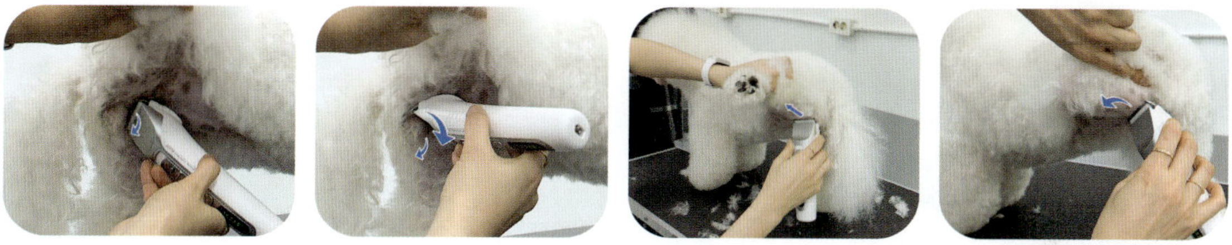

생식기에 클리퍼날이 최대한 닿지 않게 클리핑한다.

· 수컷 생식기 클리핑 방법

고환을 클리핑 시 깨끗이 털을 제거한다기보다 털을 걷어낸다는 느낌으로 클리퍼날이 고환에 닿지 않도록 클리핑한다.

③ 뒷다리, 앞다리 클리핑하기

몸을 클리퍼날 3mm로 역으로 클리핑하면 다리 부분은 2mm로 클리핑한다. 몸 클리퍼날과 동일한 날로 다리를 클리핑하면 깔끔하게 클리핑되지 않아 반복적으로 클리핑을 해야 해서 피부에 자극이 될뿐더러 작업시간도 오래 걸린다. 단, 검은색, 갈색 등 짙은 털 색상을 가진 견종은 클리핑 작업 시 몸과 다리에 클리퍼날 길이가 같은 걸 사용하도록 한다. 클리퍼에 민감한 반려견이라면 클리퍼날 2~3mm 정으로 클리핑하도록 한다.

✓ 몸 5mm → 다리 3mm , 몸 3mm → 다리 2mm 클리퍼날로 역으로 클리핑하면 된다.

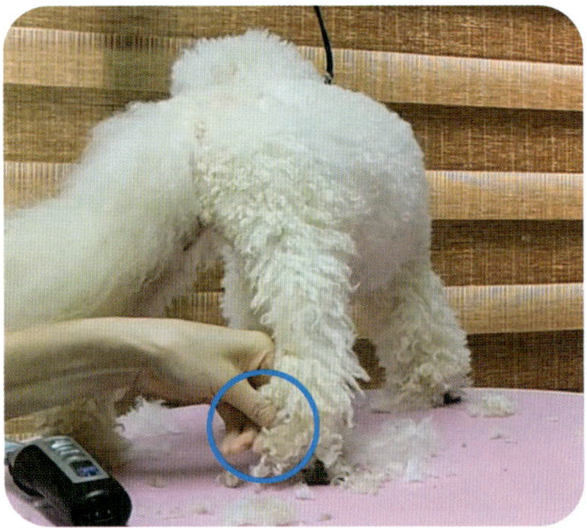

① 뒷다리에 며느리발톱이 있는지 확인한다.

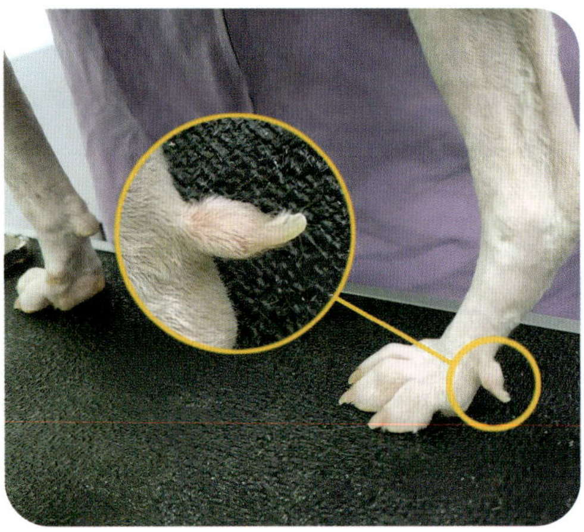

✓ 뒷다리 며느리발톱은 앞다리와 다르게 살에 대롱대롱 달려있다. 보통 뒷다리에는 며느리발톱이 많이 없지만, 확인하지 않고 바로 클리핑을 했을 때 뒷다리 며느리발톱에 상처를 내거나 절단 사고가 발생할 수 있으니 꼭 체크해야 한다.

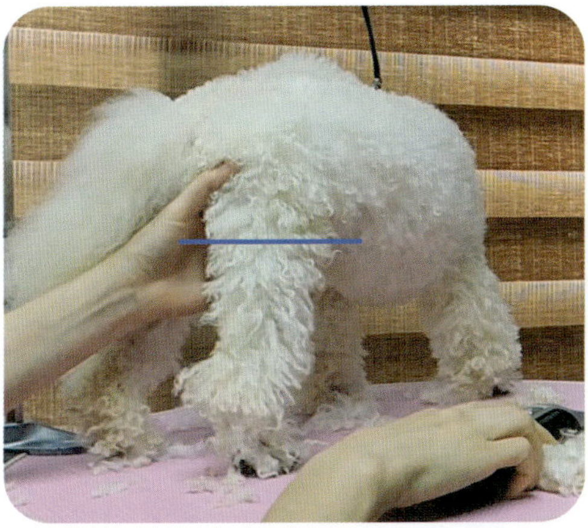
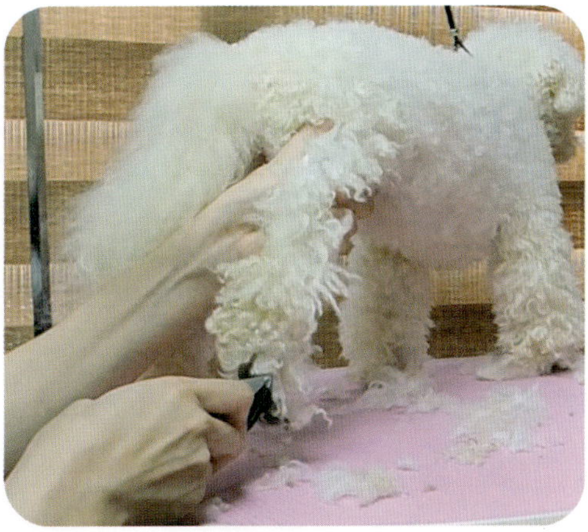
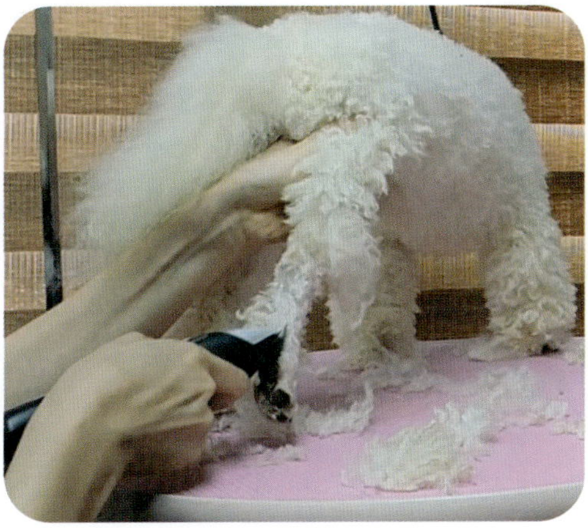
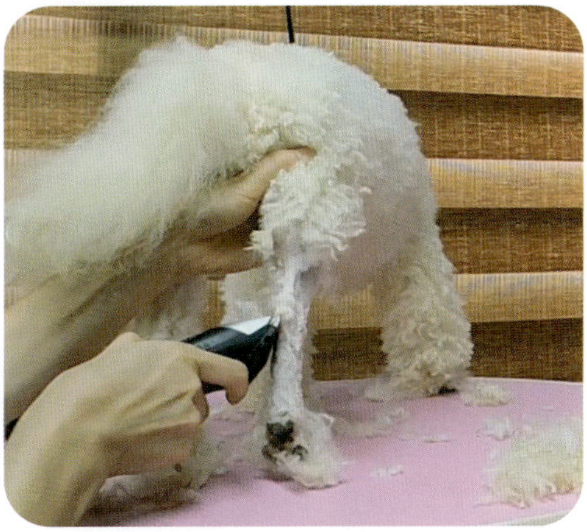

② 뒷다리의 2/3 지점까지 아래에서 위로 2mm 클리퍼날로 역으로 클리핑한다.

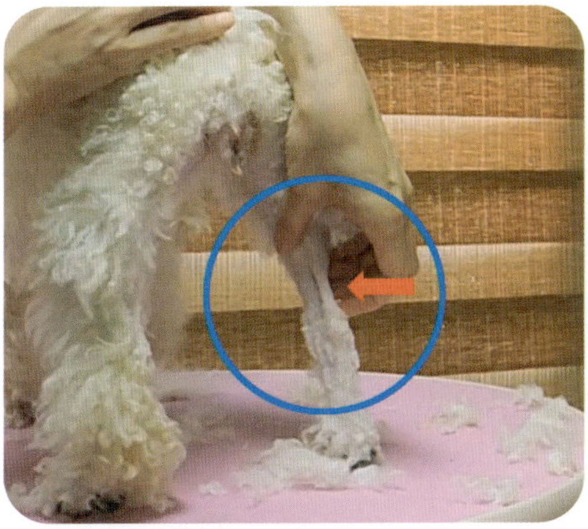
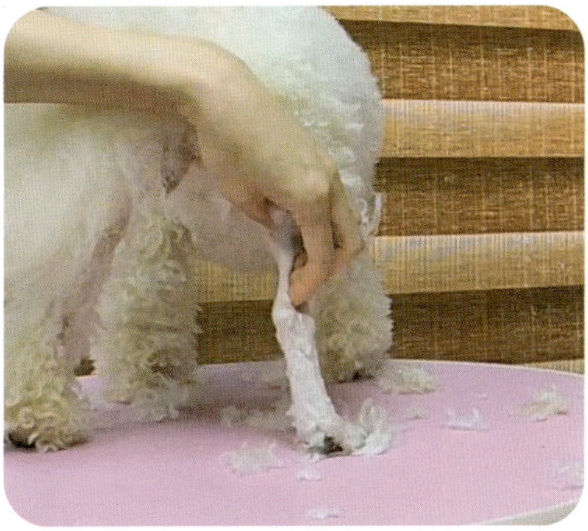

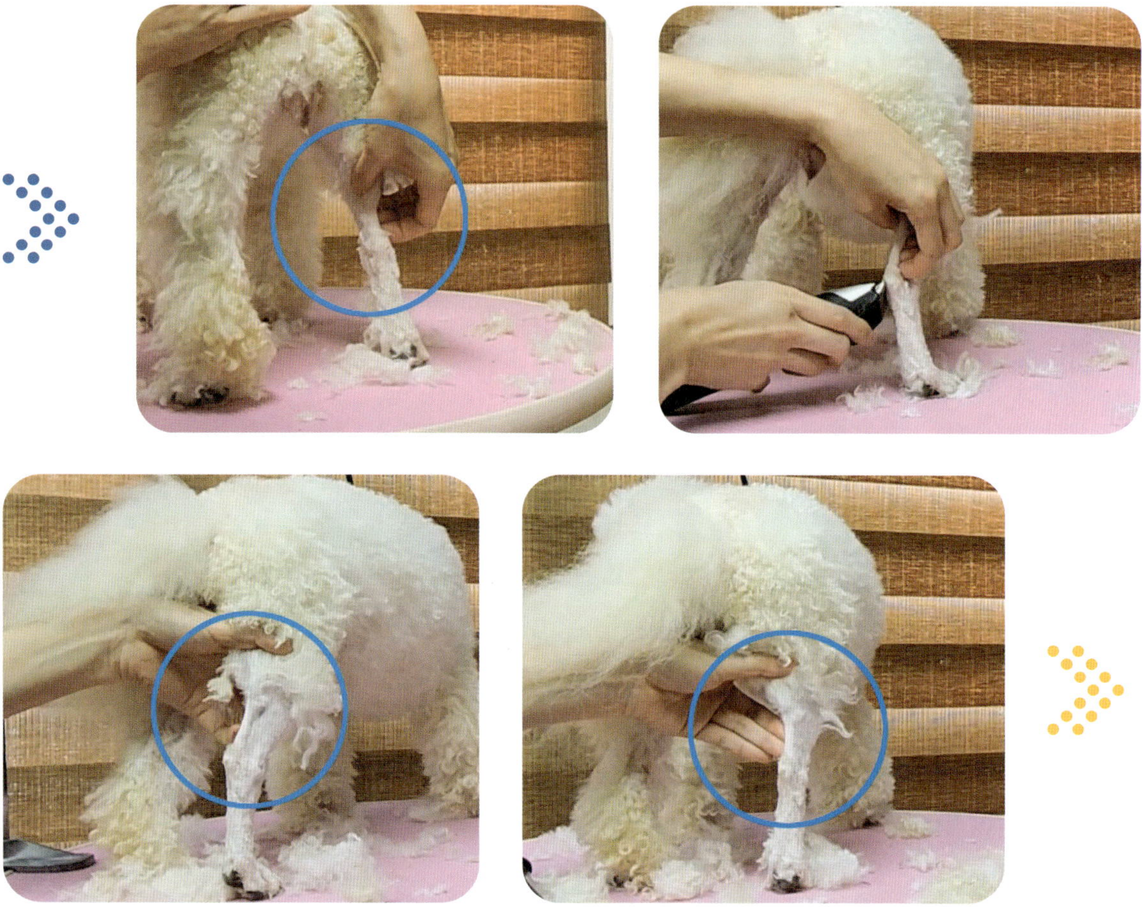

✔ 뒷다리 양옆 쪽에 움푹 파인 곳은 손가락으로 반대쪽으로 밀어 살 부분을 볼록하게 만든 다음 클리핑한다.

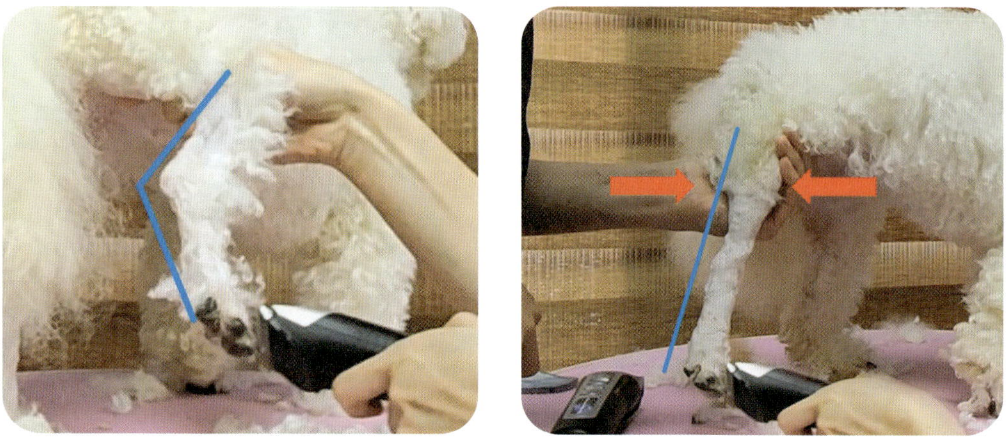

③ 굴곡이 있는 부분은 대퇴부를 잡아서 살짝 눌러주어 다리가 펴지면 부드럽게 클리핑한다.

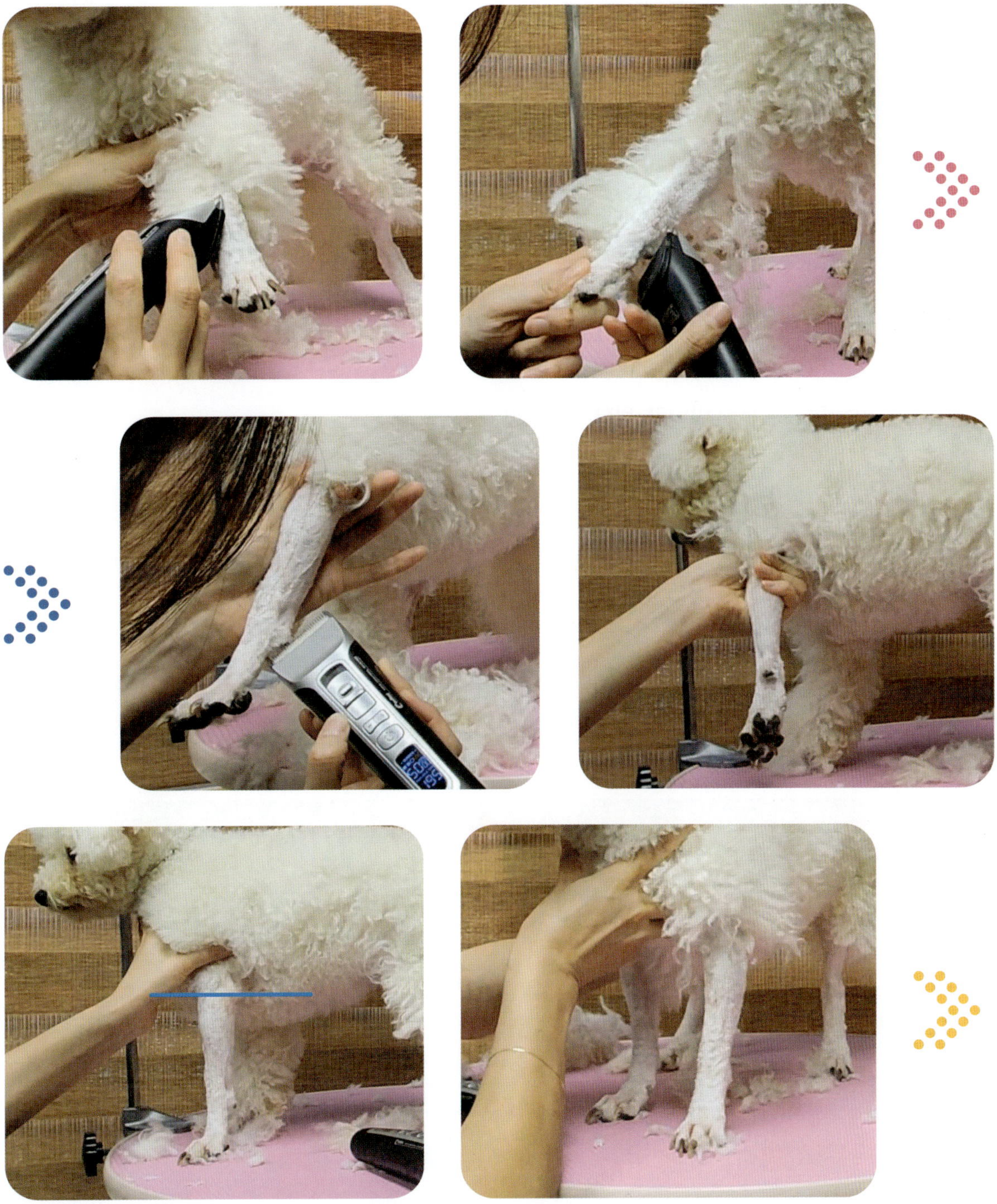

④ 앞다리를 엘보 위치까지 클리퍼날 2mm로 역으로 클리핑한다.

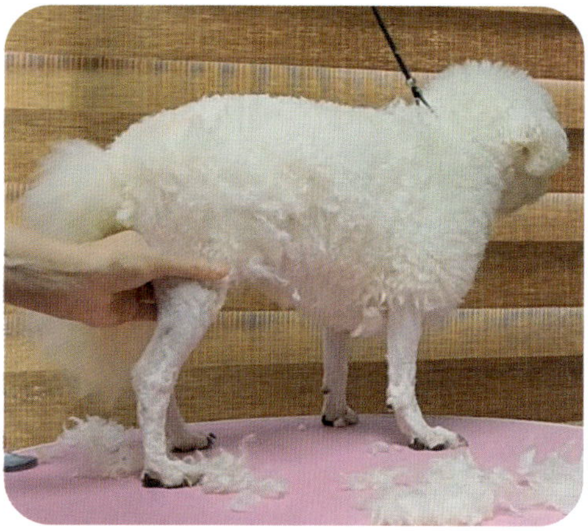

⑤ 남아 있는 털이 없는지 앞다리, 뒷다리 클리핑 부위를 재확인한다.

4 몸통 클리핑하기

몸통의 반을 전구, 후구로 나눈 후 후구 쪽부터 클리핑한다. 여기서 중요한 것은 후구를 밀고 나면 다시 후구 쪽을 밀지 않겠다는 생각을 가지고 남아있는 털이 없게 깔끔하게 클리핑하는 것이 중요하다. 후구 클리핑을 완벽히 마무리하지 않고 후구, 전구 왔다 갔다 하면서 클리핑을 하다 보면 집중도 못할뿐더러 작업시간이 오래 걸려 작업 효율성이 떨어진다.

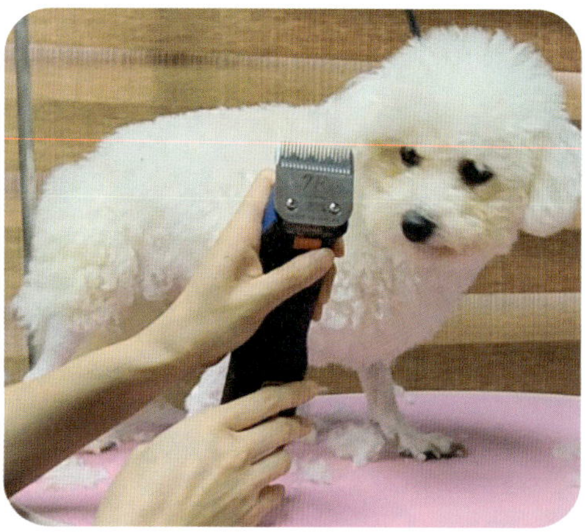

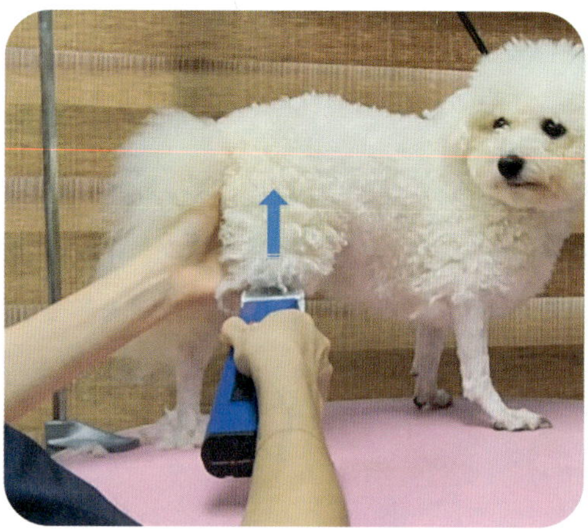

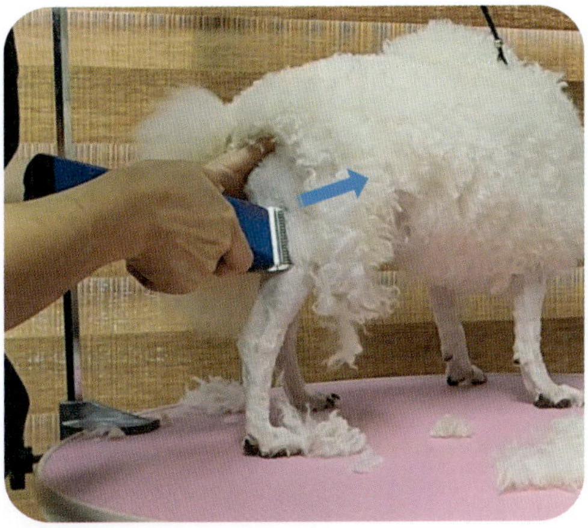

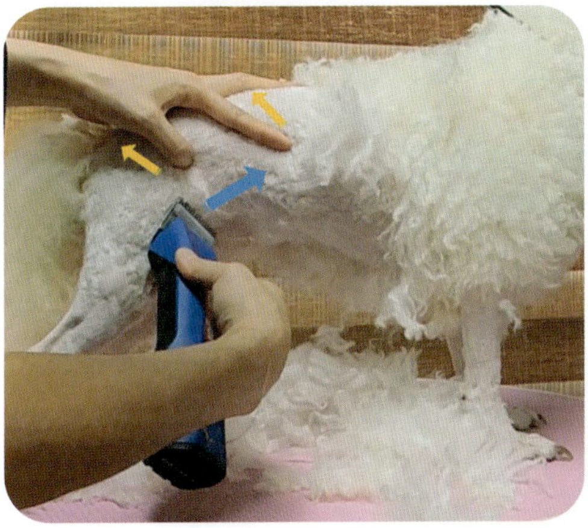

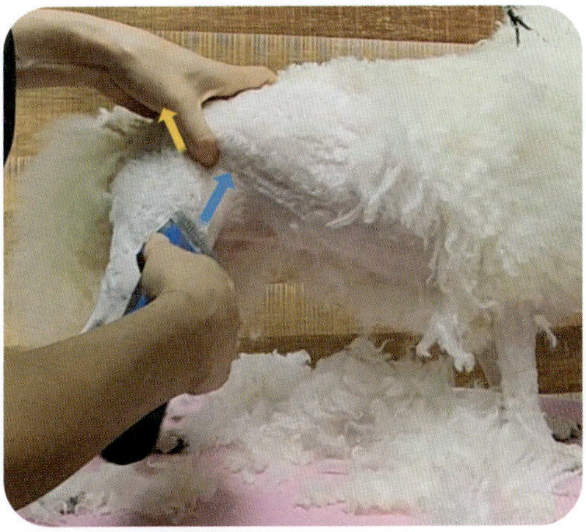

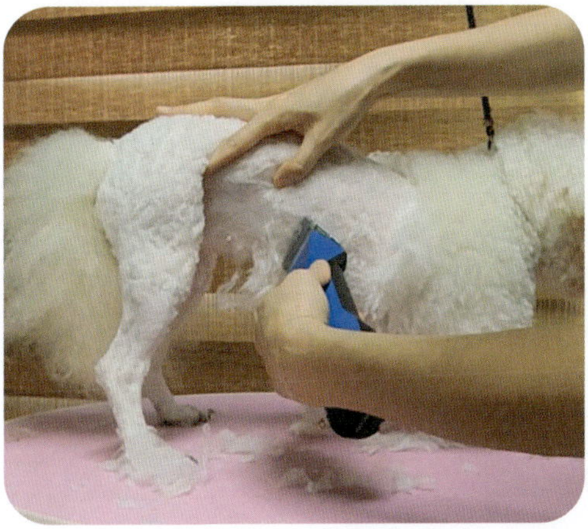

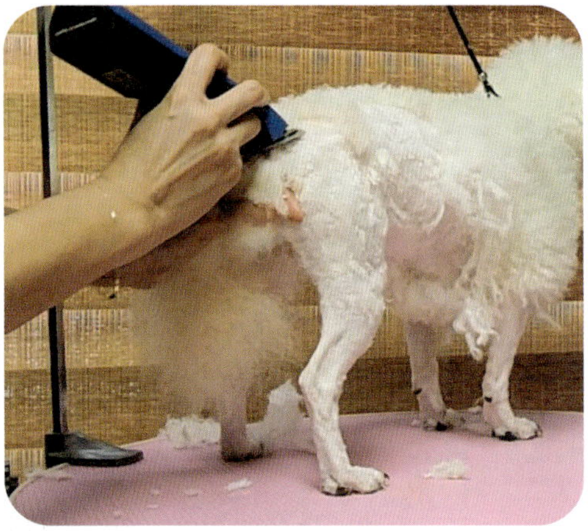
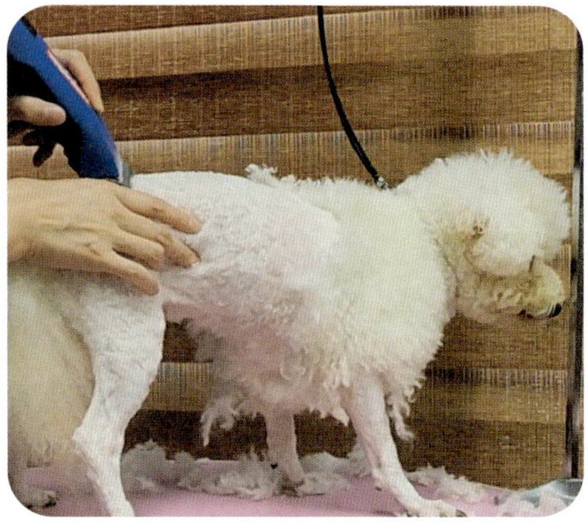
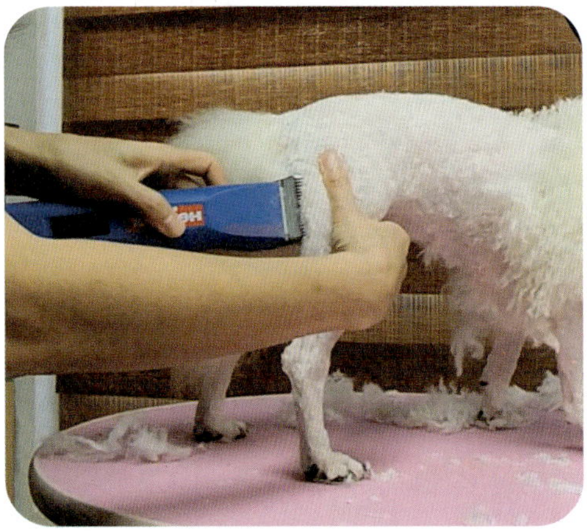
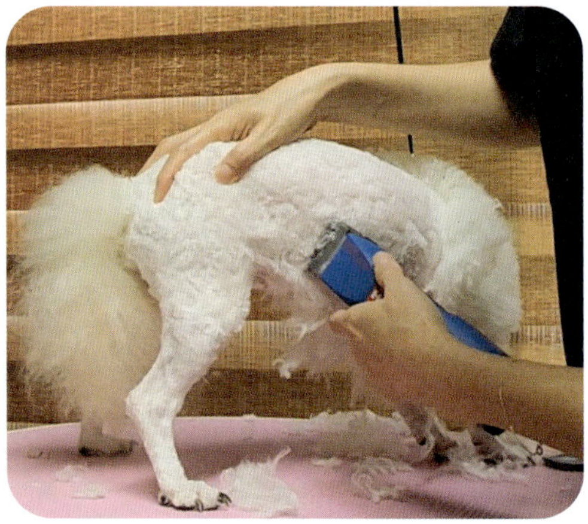

① 클리퍼날 3mm로 다리 아래부터 위로 클리핑한다. 클리핑 시 앞으로 한 번에 쭉 밀면서 클리핑하기보다 2~5cm 정도씩 끊어가며 클리핑을 한다. 작업하지 않는 손은 피부를 위아래로 당겨 피부가 팽팽해질 수 있도록 보정한다.

턱업 부분 클리핑하는 방법

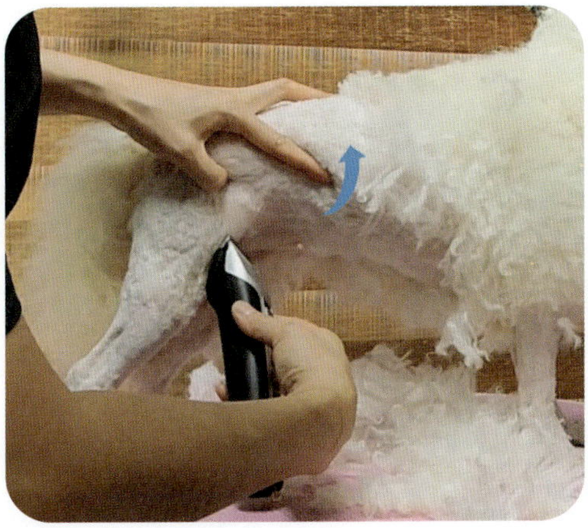

✔ 턱업 라인에 걸려있는 털은 피부를 위로 올려 아래에 있던 털을 함께 위로 올려서 클리핑하면 깔끔하게 클리핑 할 수 있다.

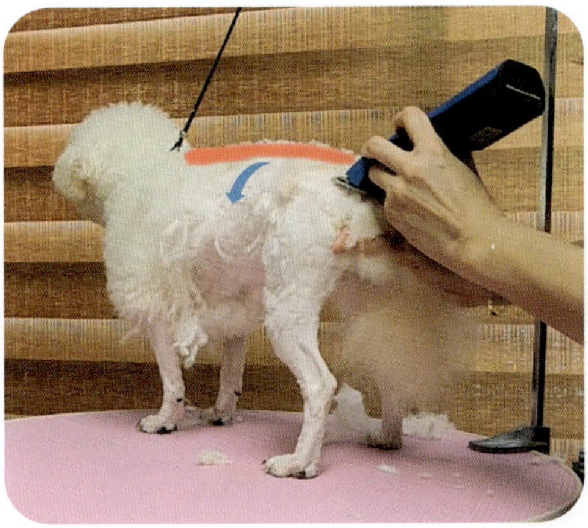

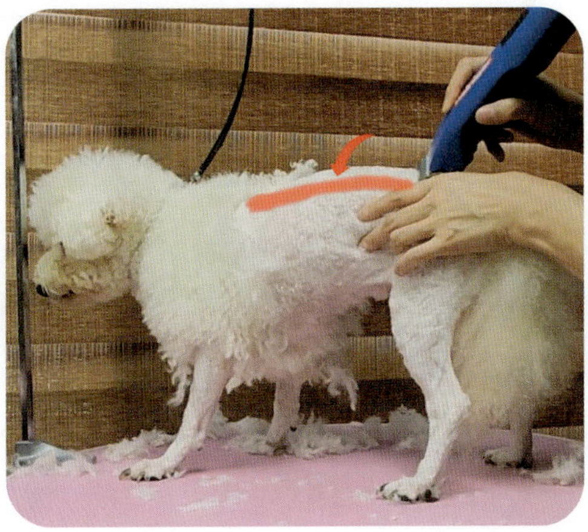

② 등 클리핑 시 등뼈 위에 있는 털을 클리핑할 때 피부를 옆으로 당겨 뼈가 없는 부분에서 클리핑을 해야 한다. 등뼈 위에 있는 털을 바로 클리핑하면 뼈에 클리퍼 날들이 부딪쳐 자극이 되므로 주의해야 한다.

③ 꼬리 부분은 꼬리뼈에서 3cm 정도 클리핑한다.

✔ 클리퍼날 3mm 역 또는 2mm 정으로 클리핑한다.

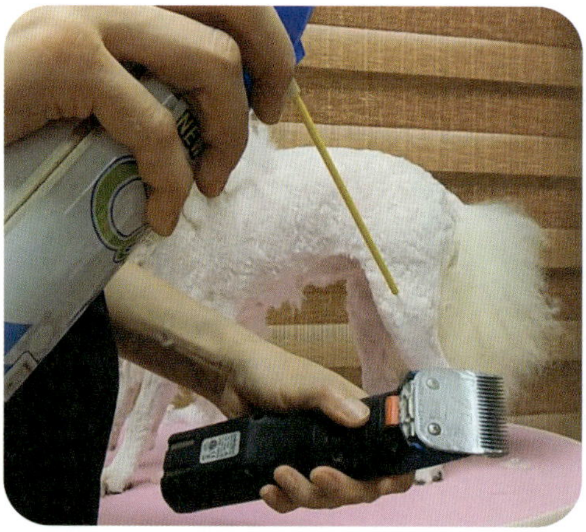

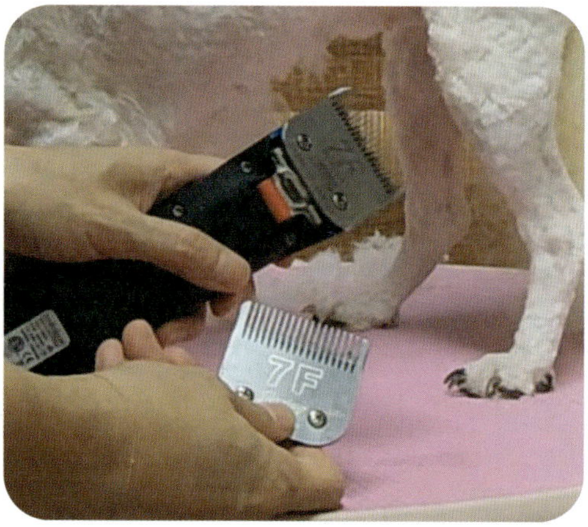

④ 수시로 날이 뜨거운지 확인하고 뜨거우면 냉각제 스프레이를 뿌리거나 새로운 날로 교체해서 사용한다.

✔ 클리퍼날이 뜨거우면 피부에 화상을 입힐 수 있으니 온도를 수시로 확인하는 것이 중요하다.

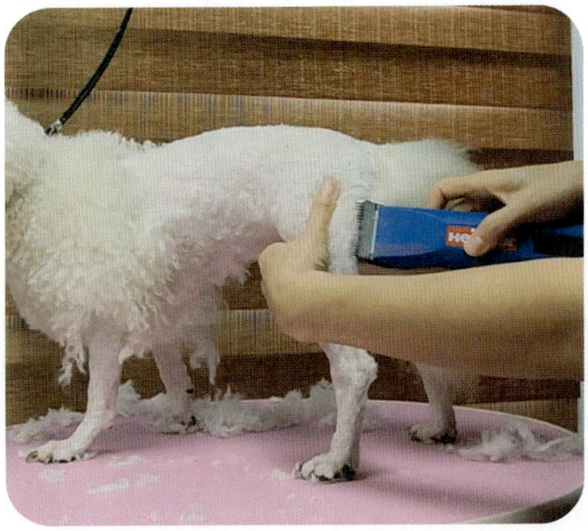

⑤ 후구 클리핑을 마무리한다.

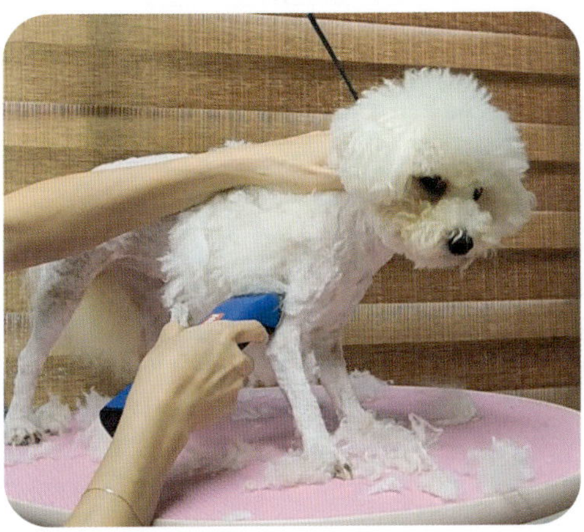

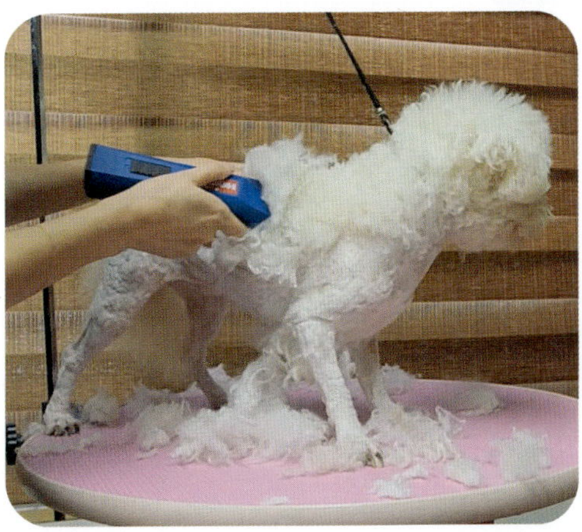

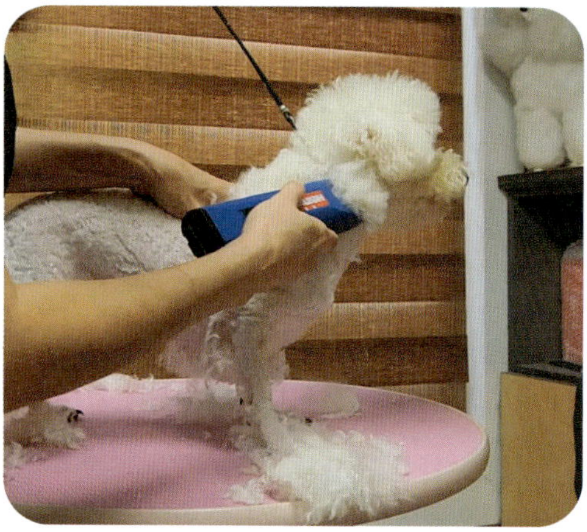
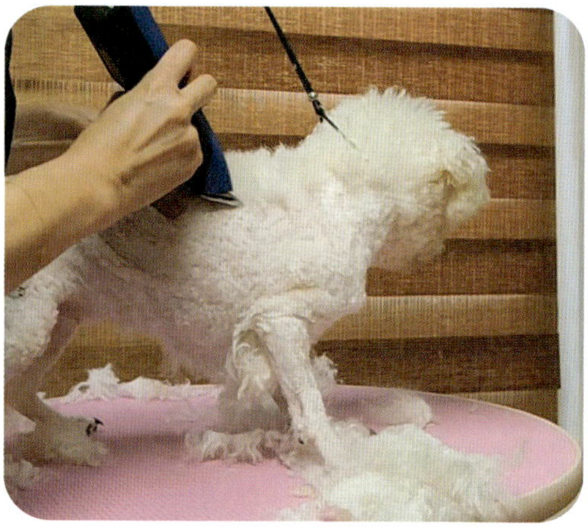

⑥ 전구를 클리퍼날 3mm로 다리 아래부터 위로 클리핑한다. 클리핑 시 앞으로 한 번에 쭉 밀면서 클리핑하기보다 2~5cm 정도씩 끊어가며 클리핑을 한다. 작업하지 않는 손은 피부를 위아래로 당겨 피부가 팽팽해질 수 있도록 보정한다.

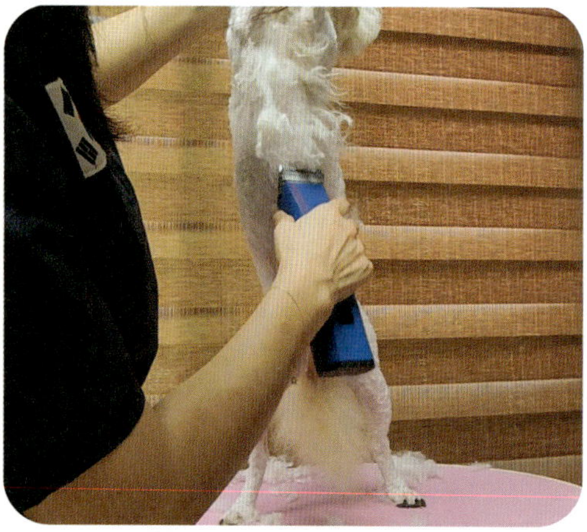
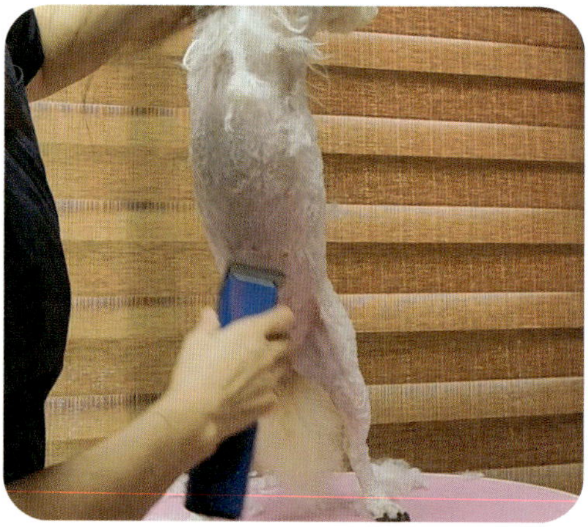

⑦ 가슴은 앞다리를 잡고 들어 올려 클리핑한다.

✔ 다리 관절에 문제가 있는 동물은 이 자세는 피하도록 하며, 다리를 한쪽씩 들어 클리핑한다.

✔ 젖꼭지 부위가 다치지 않도록 주의하며 클리핑한다.

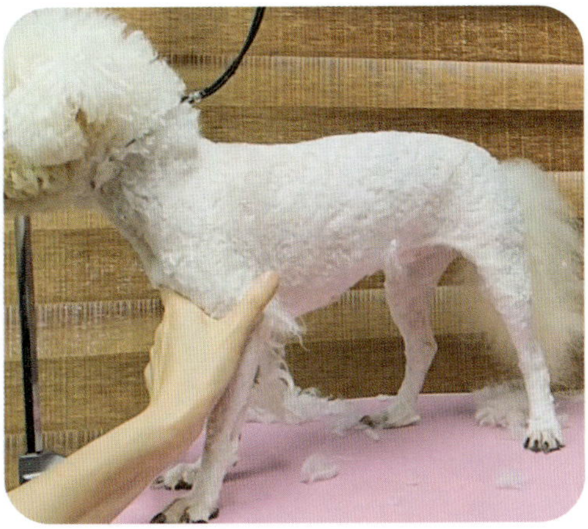

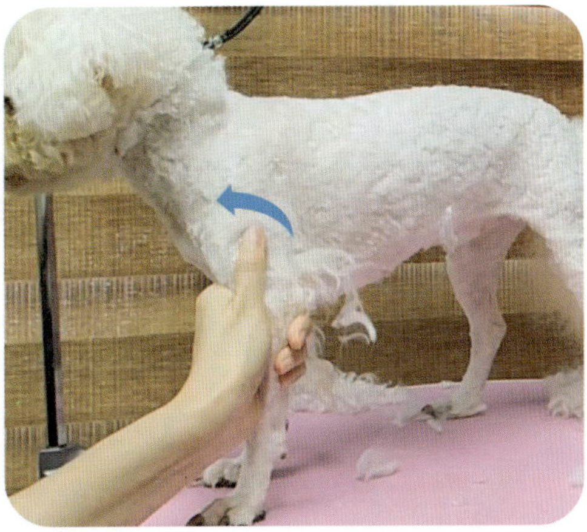

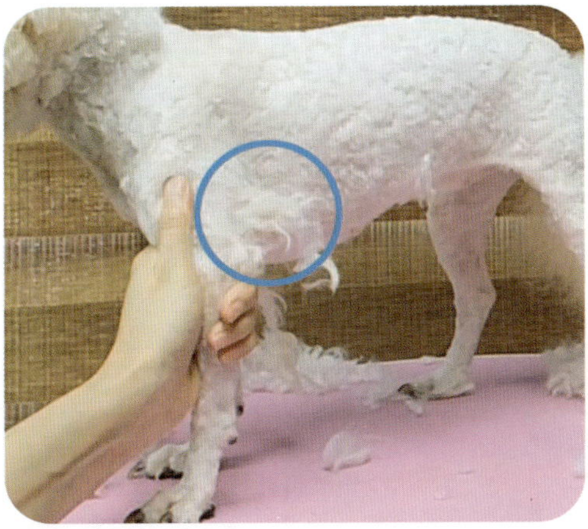

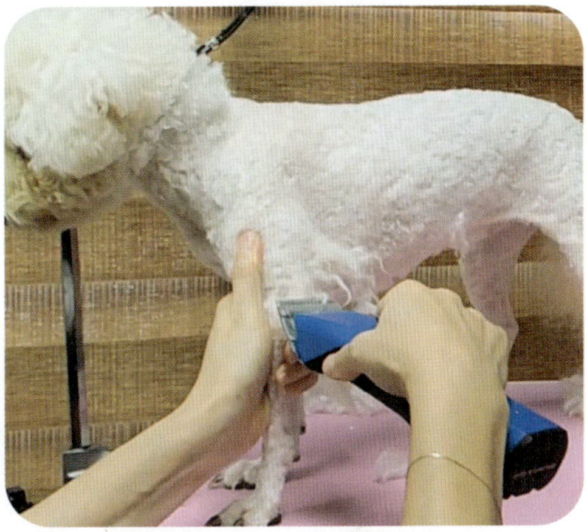

⑧ 겨드랑이(엘보) 경계선에 있는 털은 피부를 바깥으로 당겨 털이 위로 올라오도록 하여 클리핑한다.

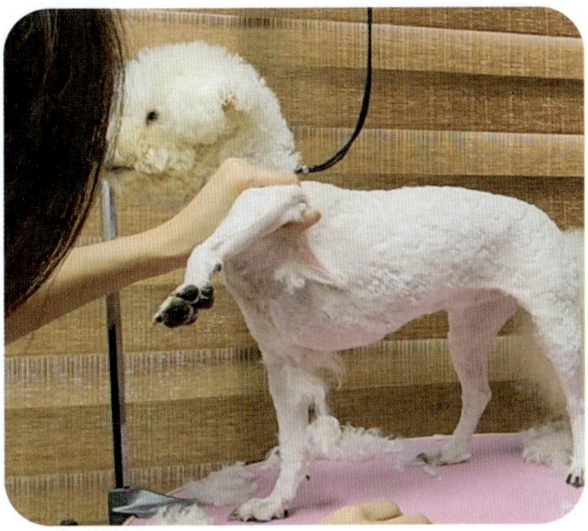

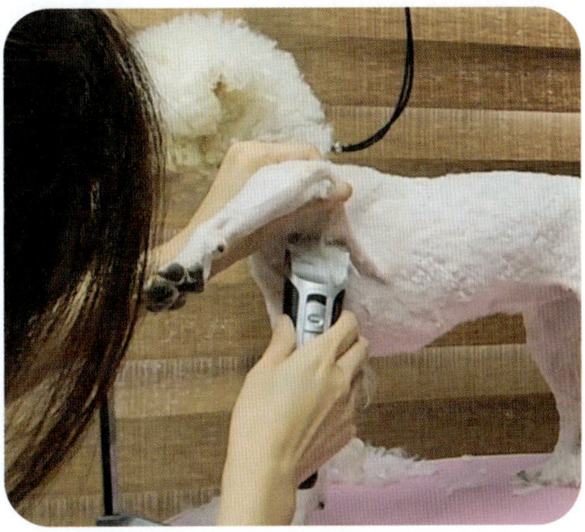

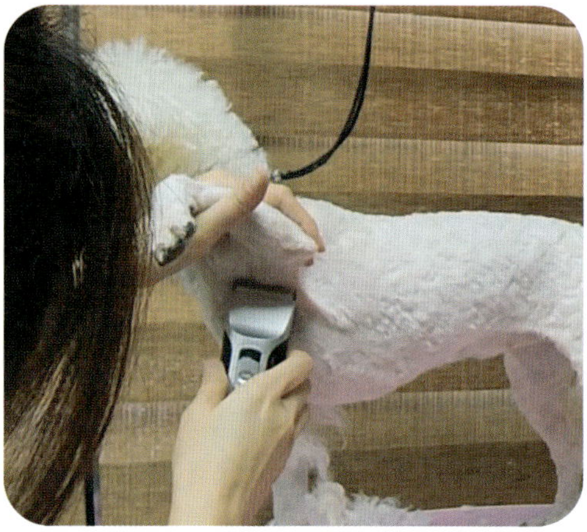

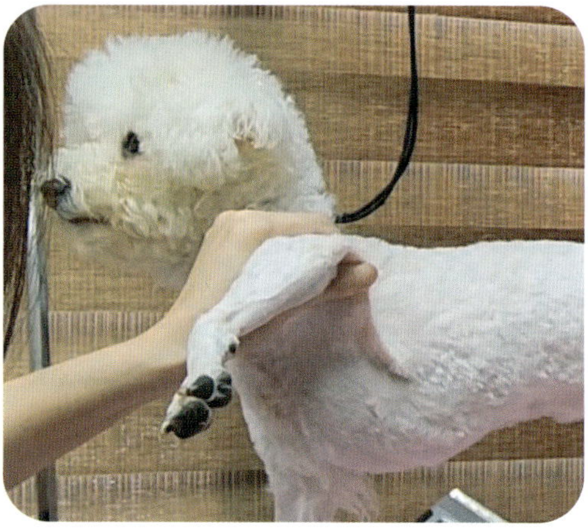

⑨ 겨드랑이 안쪽 털을 클리핑한다.

겨드랑이 안쪽 털 클리핑 시 보정하는 방법

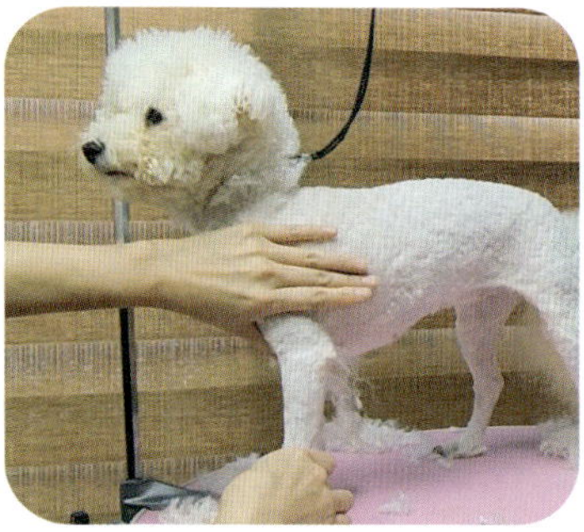

① 엘보 위쪽 부위를 손바닥으로 감싸며 잡는다.

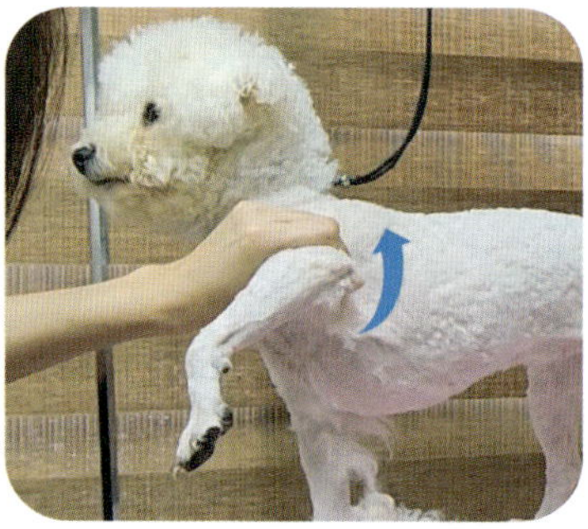

② 움켜쥔 상태에서 살짝 사선으로 위로 올린다.

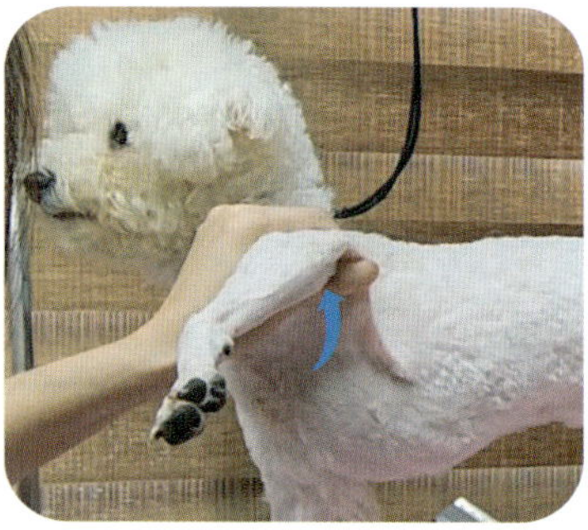

③ 올리는 동시에 엄지손가락으로 피부를 위로 잡아당겨 주름을 없앤다.

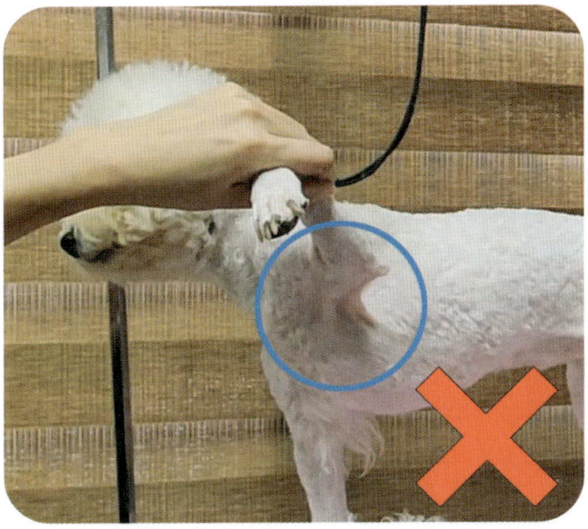

✔ 발목만 잡아 위로 올리는 경우 겨드랑이 주름이 펴지지 않기 때문에 클리핑 시 상처가 날 수 있으니 주의해야 한다.

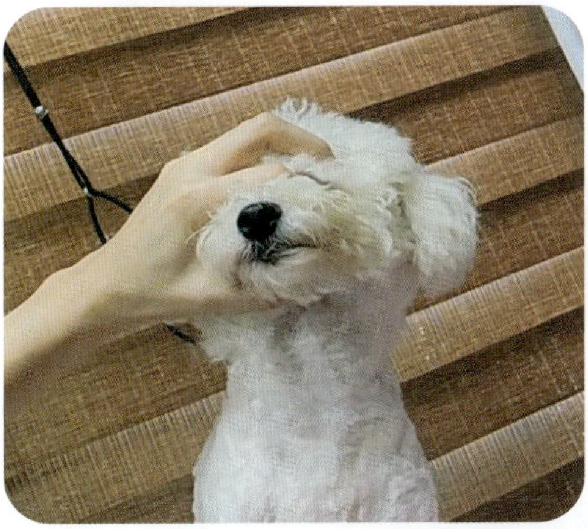

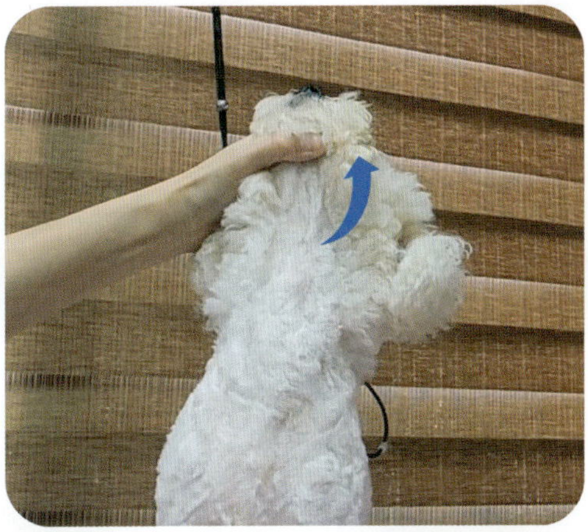

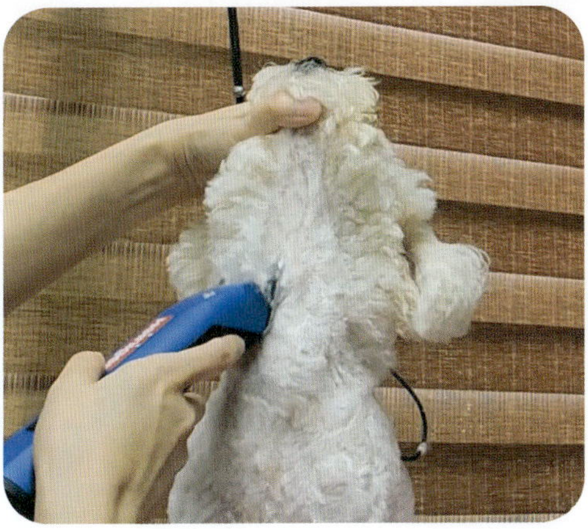

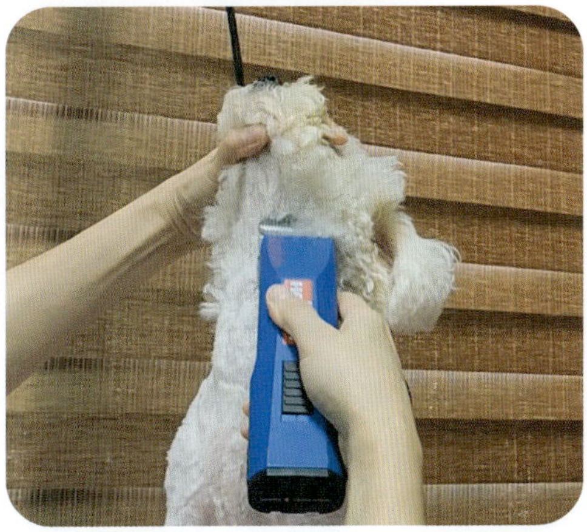

⑩ 머즐을 가볍게 잡은 후 턱을 등 쪽으로 당겨 목 부분을 주름 없이 일자로 만들어 역으로 부드럽게 클리핑한다.

5 얼굴 클리핑하기

클리퍼날 3mm로 전체적인 털을 초벌 클리핑하고, 클리퍼날 2mm로 마무리 클리핑을 한다. 대부분의 반려견은 얼굴을 만지는 것을 싫어하기 때문에 안전사고에 대비하여 조심히 미용을 해야 한다. 얼굴의 피부는 다른 곳보다 얇아 상처가 잘 나며, 굴곡이 많아 미용하기 상당히 까다롭다. 클리퍼는 힘을 주지 않고 가볍게 잡아야 하며, 반려동물의 행동을 유심히 지켜보며 돌발행동에 빠른 대처를 해야 한다.

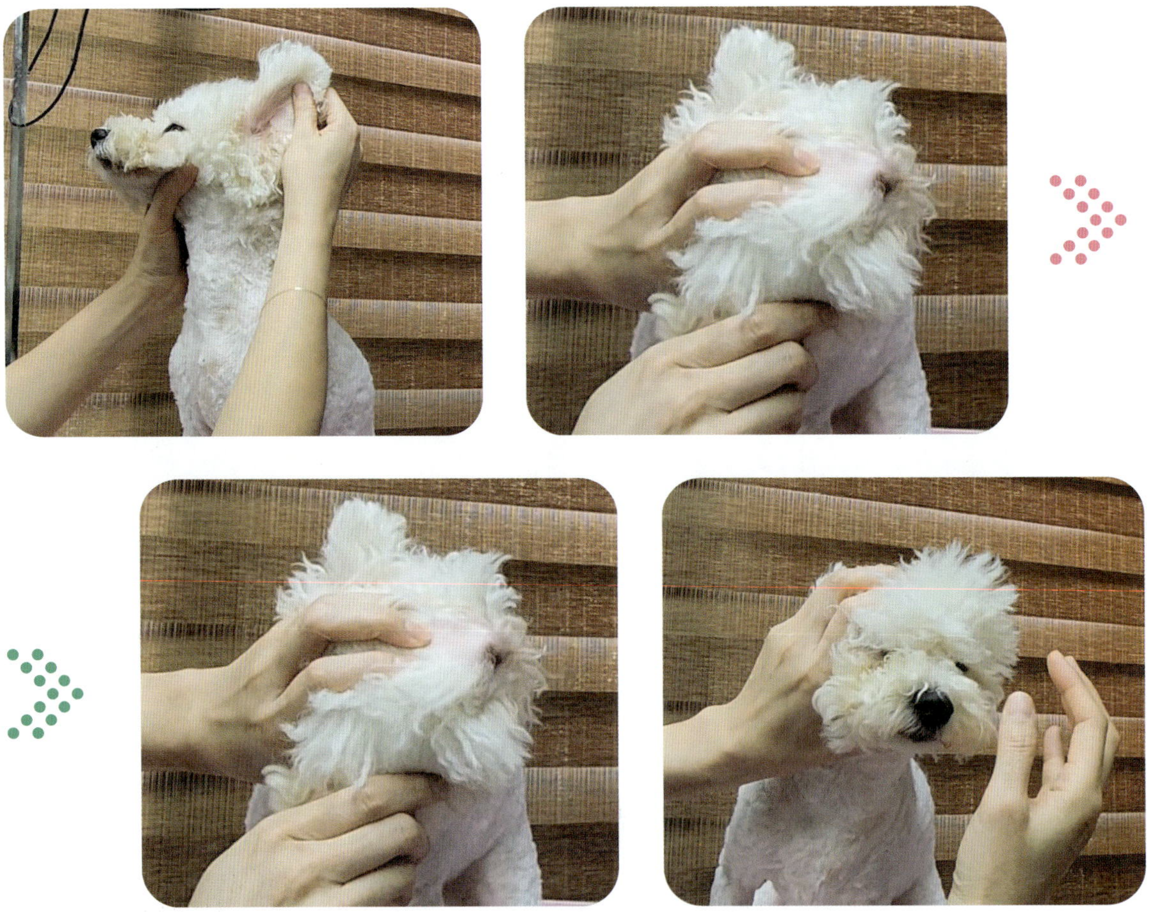

① 볼 클리핑 시 귀가 다칠 수 있으므로 귀를 반대쪽으로 넘겨잡는다.

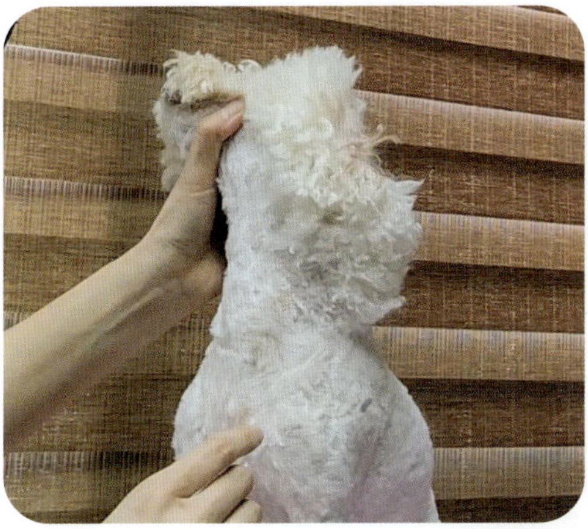

② 얼굴을 반대쪽으로 올려 잡은 후 3mm로 볼부터 눈 근처까지 역으로 클리핑한다.

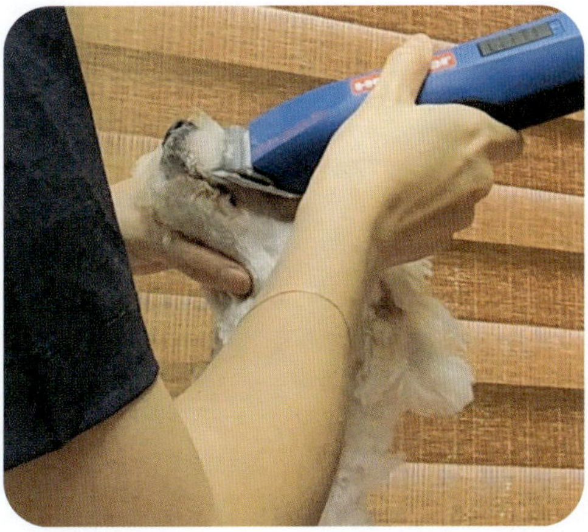

③ 머즐을 가볍게 잡은 후 3mm로 머즐을 역으로 클리핑한다.

✔ 처음부터 2mm 정으로 밀어도 된다.

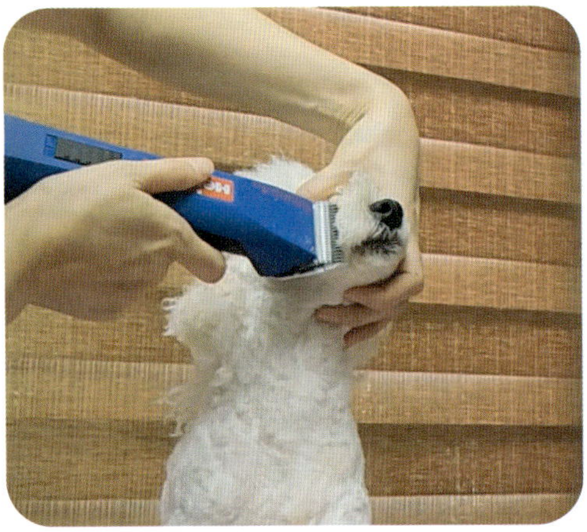

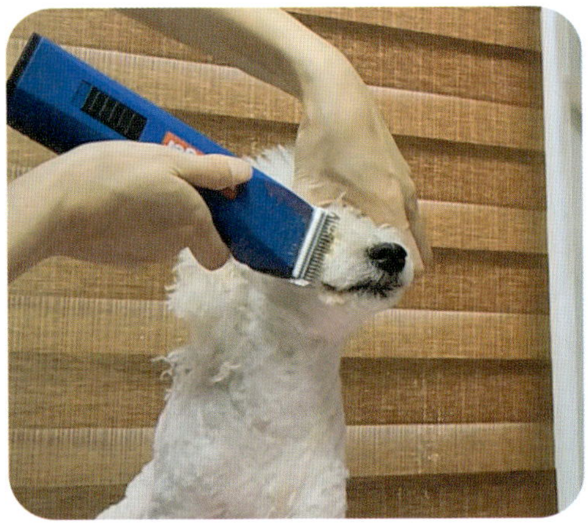

④ 반대쪽 볼과 머즐을 클리핑한다.

⑤ 엄지손가락으로 눈 아래 피부를 위로 당겨 굴곡을 없애고, 눈을 감싸 보호하면서 클리핑한다. 특히 눈 주위 클리핑 시 반려견의 돌발행동에 조심해야 한다.

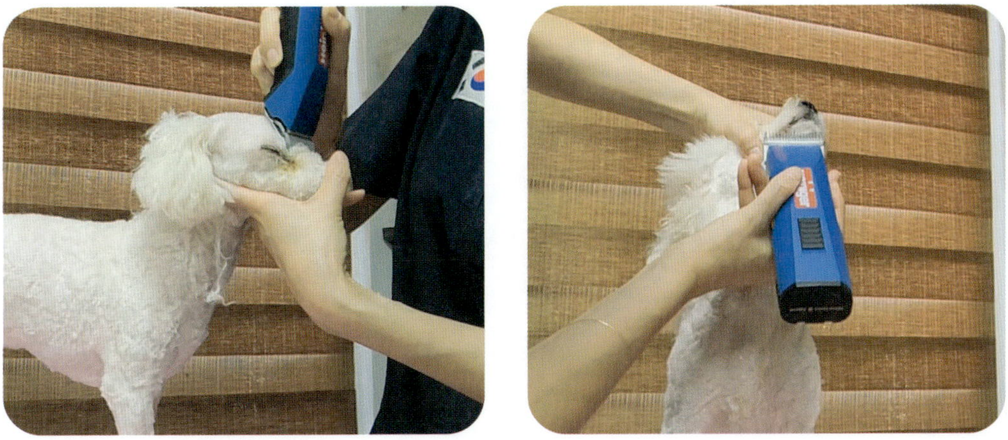

⑥ 액단과 턱 주변을 클리핑한다.

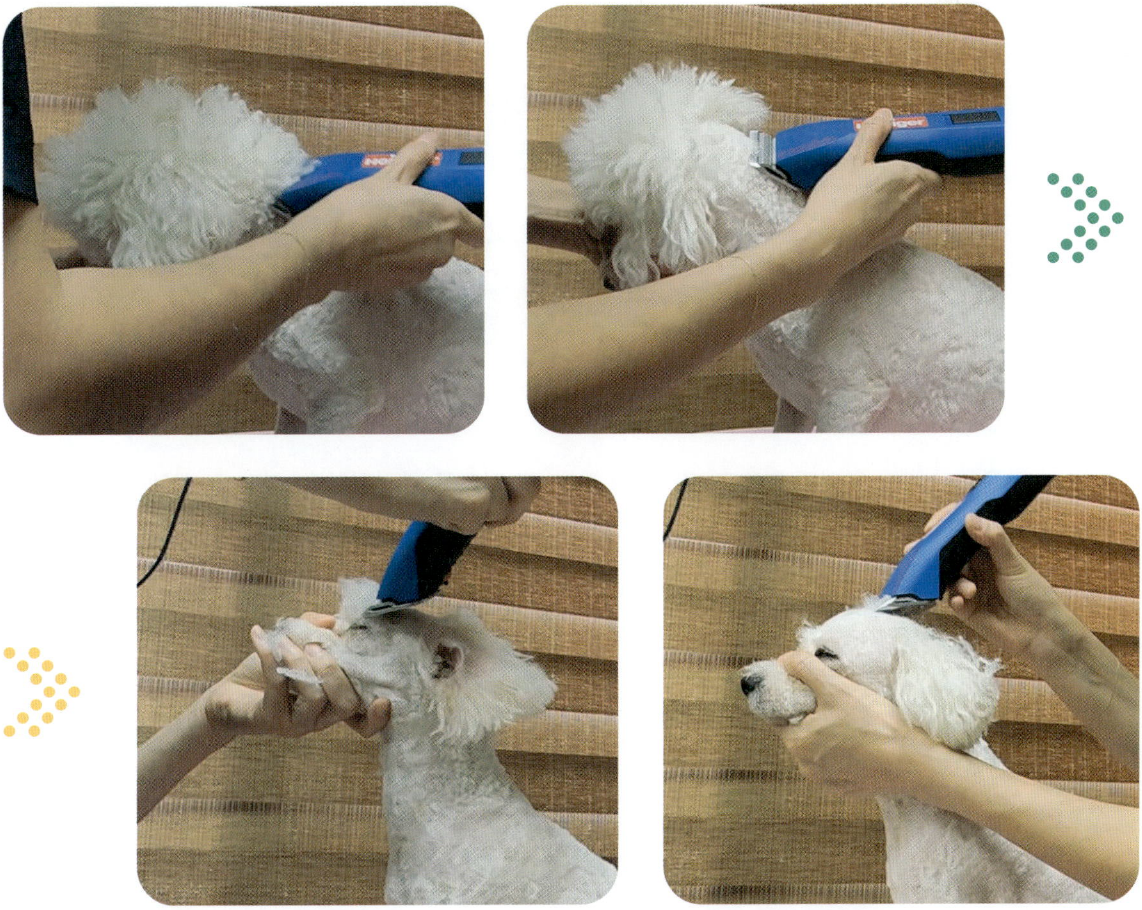

⑦ 머리와 뒤통수를 역으로 클리핑한다.

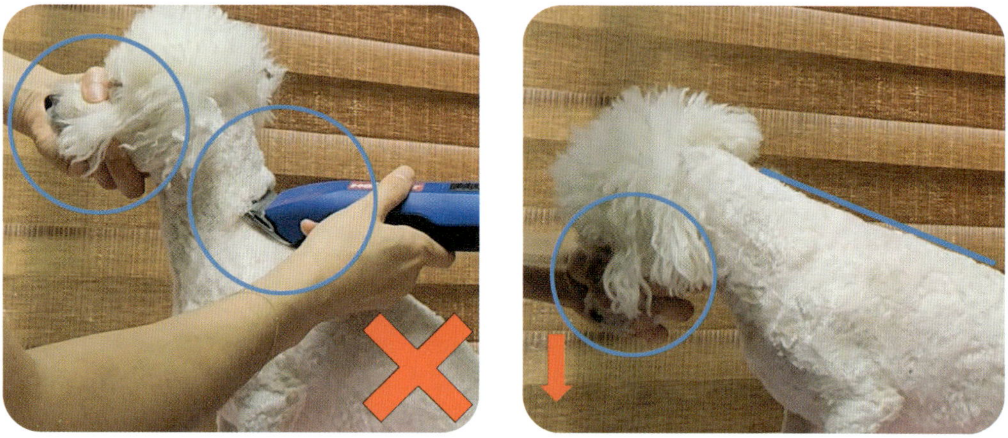

✔ 뒤통수 클리핑 시 얼굴을 아래로 숙여 목덜미 쪽 피부가 팽팽하게 당겨지게 만든다.

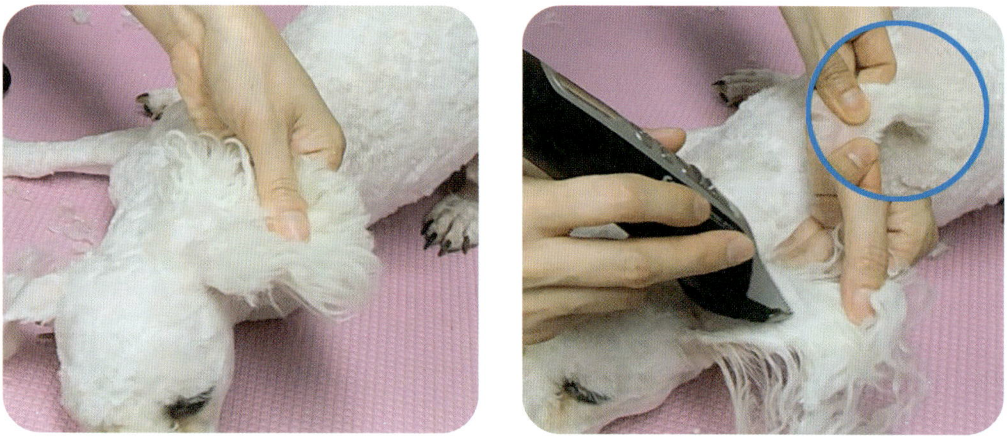

⑧ 귀 앞쪽을 손바닥 위에 올려놓고 클리퍼날 2mm로 정으로 클리핑한다. 이때 귀 끝에서 2cm 정도 털을 남겨놓는다.

✔ 귀의 털을 모두 밀어버리면 얼굴을 털 때 귀 끝끼리 부딪쳐서 상처가 날 수 있다. 이를 방지하기 위해 귀 끝에 털 일부분을 남겨놓는다.

✓ 귀의 피부는 약하고, 얇기 때문에 역으로 밀면 피부에 자극이 클 수도 있으며, 클리퍼날에 귀 끝이 껴서 상처가 날 수 있으므로 절대로 역으로 밀지 않는다.

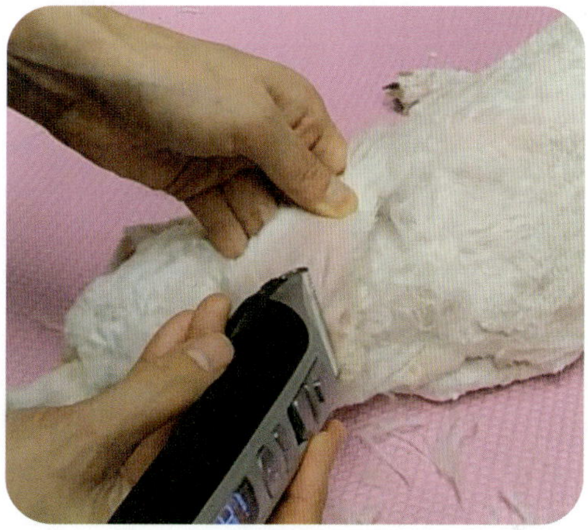

⑨ 손바닥 위에 귀 안이 보이도록 뒤집어 놓고 귀 안쪽을 정으로 클리핑한다.

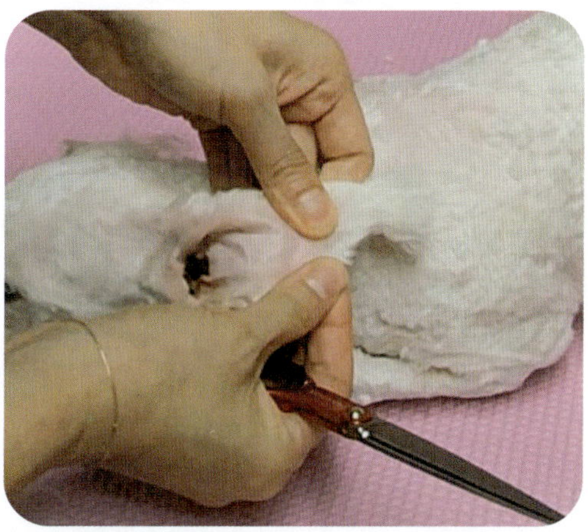

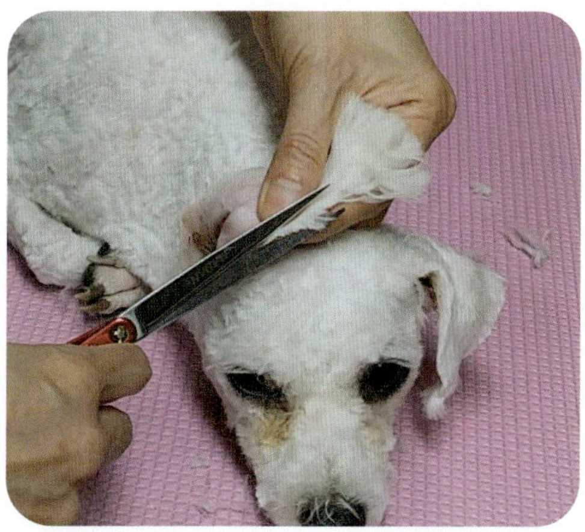

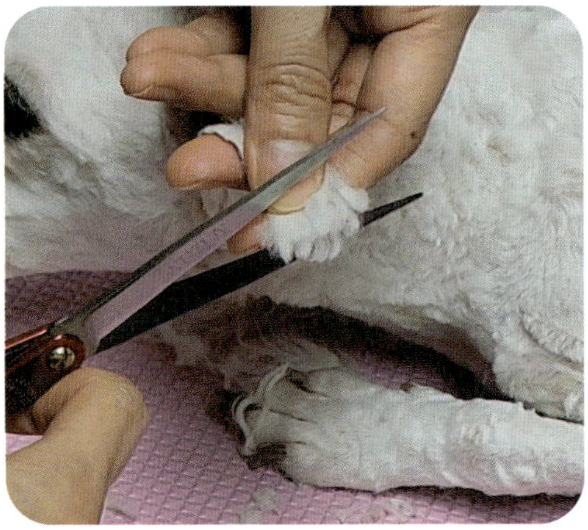

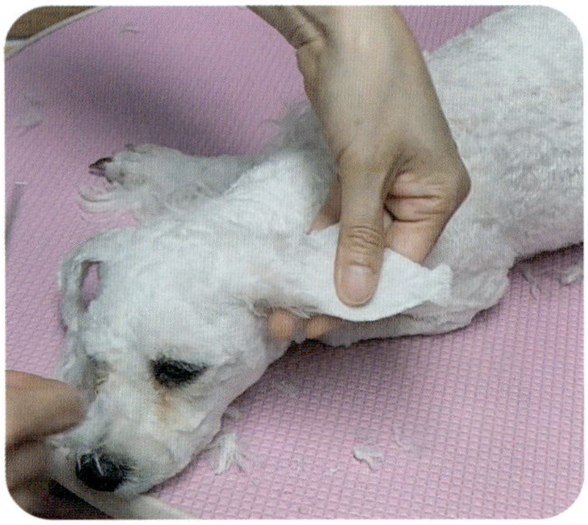

⑩ 밀착되어 있는 귀 라인의 털을 손으로 끄집어낸 다음 가위로 귀 라인을 정리한다.

✔ 귀 끝의 살이 잘려나가지 않도록 털이 얼마나 있는지 손으로 만져서 확인한 후 가위로 커트한다.

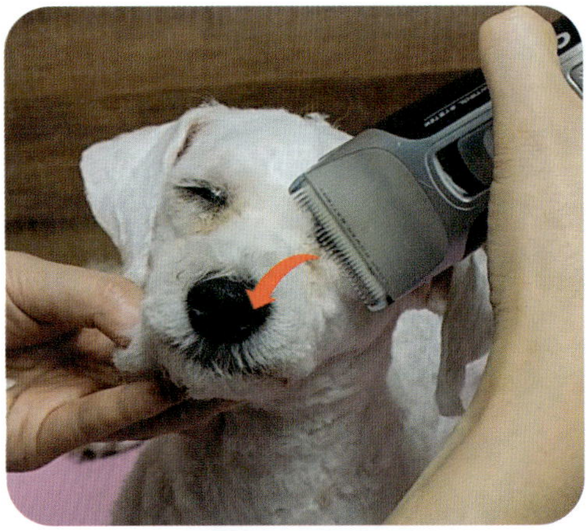

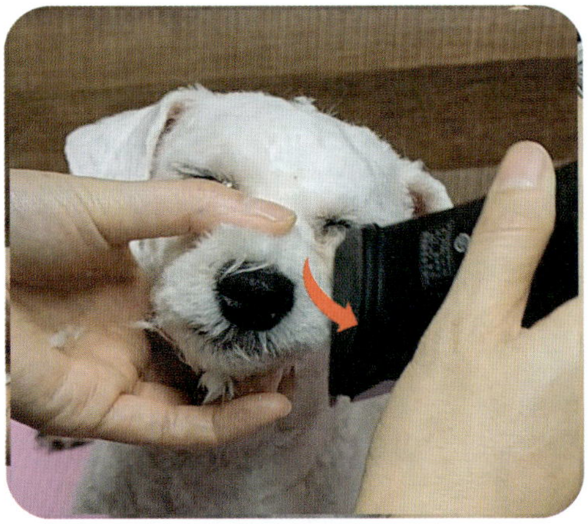

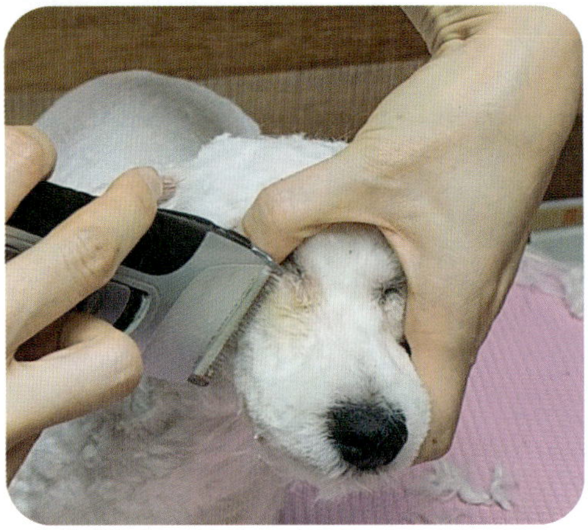

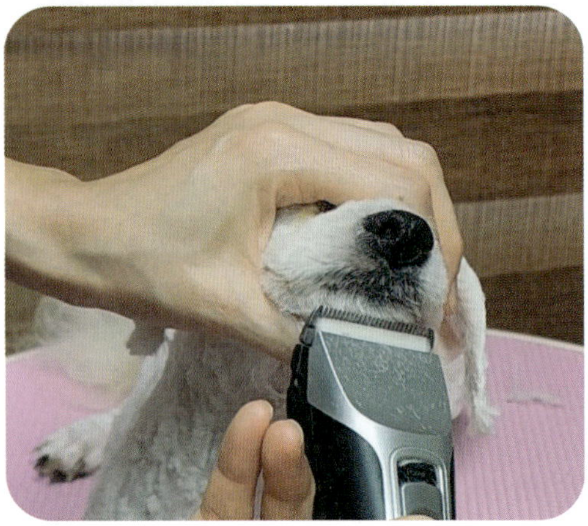

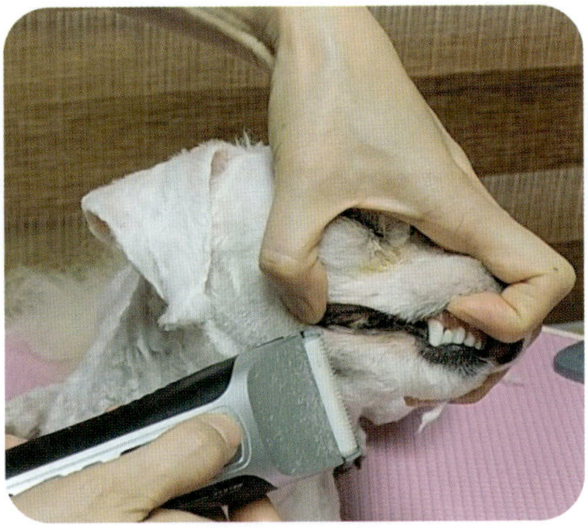

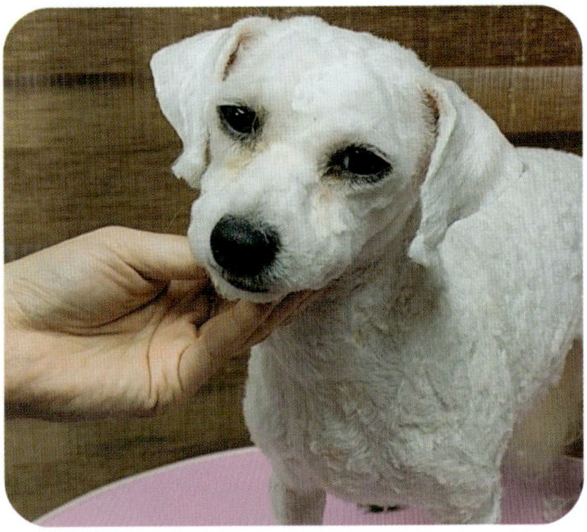

⑪ 클리퍼날 2mm로 얼굴을 마무리 클리핑한다.

✔ 얼굴 클리핑은 짧은 날로 밀면 자극이 될 수 있으므로, 최소 1.5mm 이하로 밀지 않도록 한다.

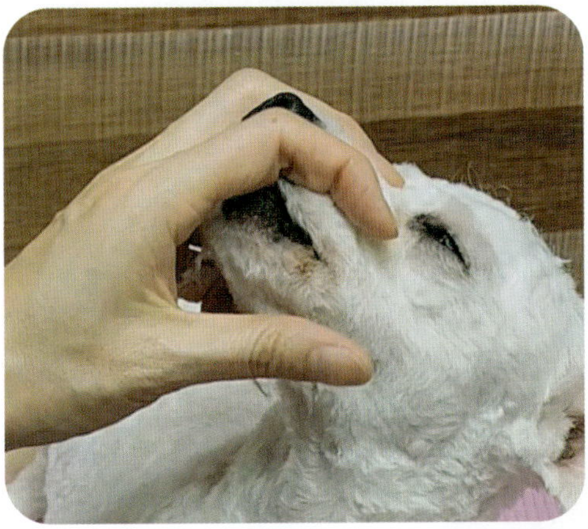

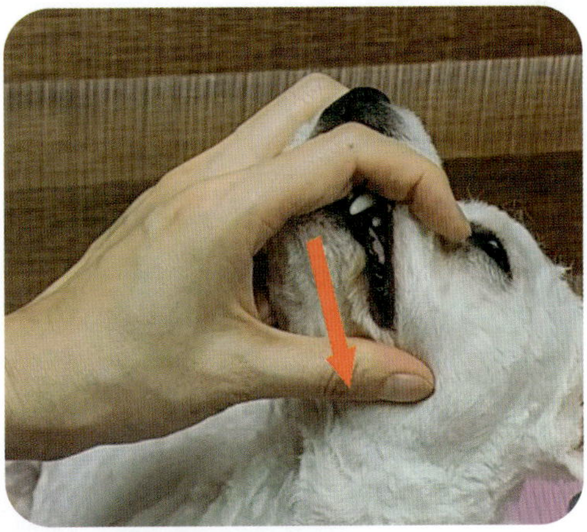

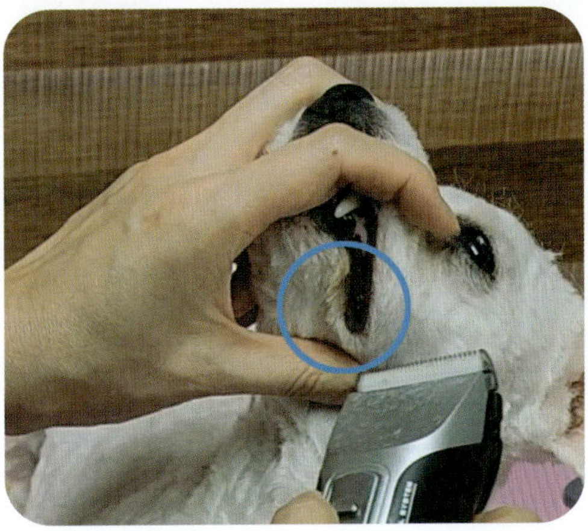

✔ 아랫입술의 살이 겹치는 부분은 피부를 당겨 그 안에 있던 털을 제거해줘야 한다.

6 발톱 자르기

발톱이 너무 길어 서 있기조차 힘들거나 발톱이 패드 안쪽을 파고들은 경우 외에는 발톱 자르기는 전체 클리핑 후 목욕 전 단계에서 시행하는 것이 좋다. 그 이유는 발바닥, 발등 클리핑 시 발톱을 잡아야 발가락 사이 클리핑하기가 용이하기 때문이다. 투명한 발톱은 혈관 앞까지 잘라주고, 검은색 발톱은 혈관이 외관상 보이지 않기 때문에 조금씩 여러 차례 깎다가, 발톱 단면에서 사진처럼 혈관(검은색 점)이 보일 때 멈추면 된다.

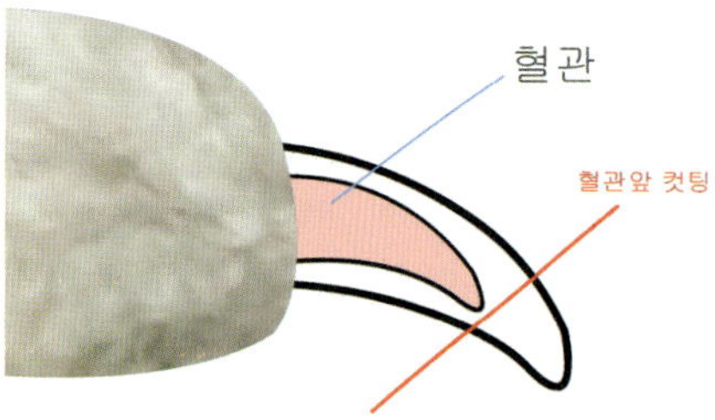

그림 I - 1 발톱 자르는 범위

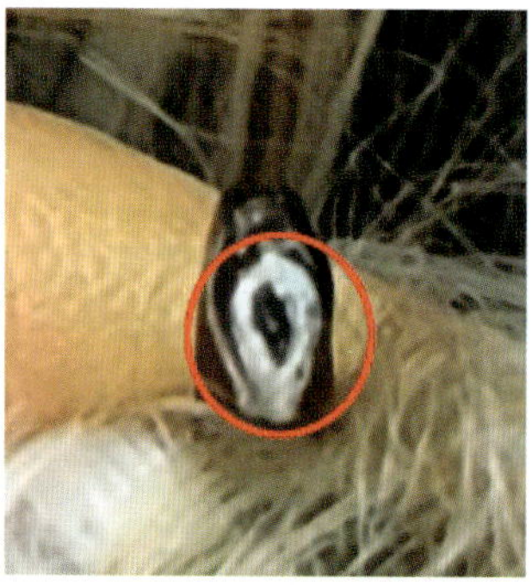

그림 I - 2 검은 발톱 단면

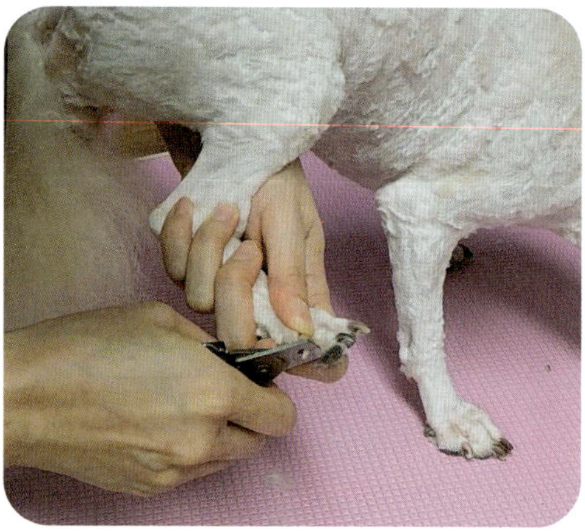

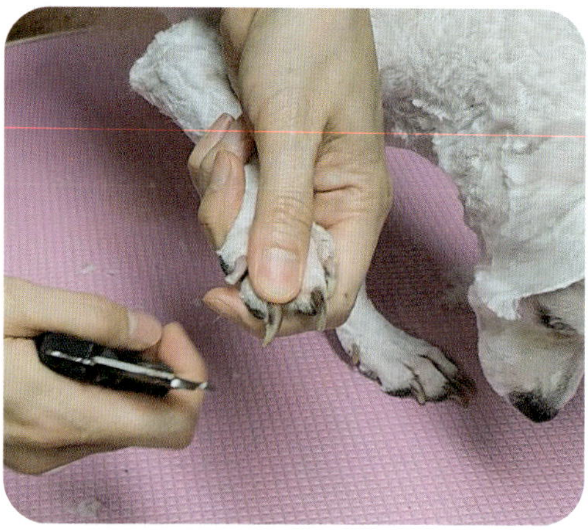

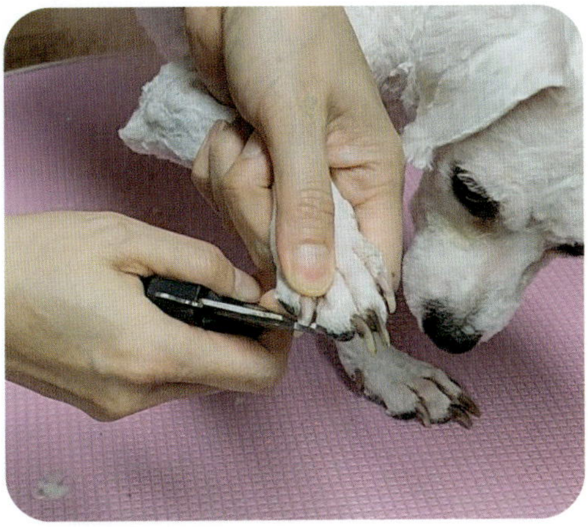

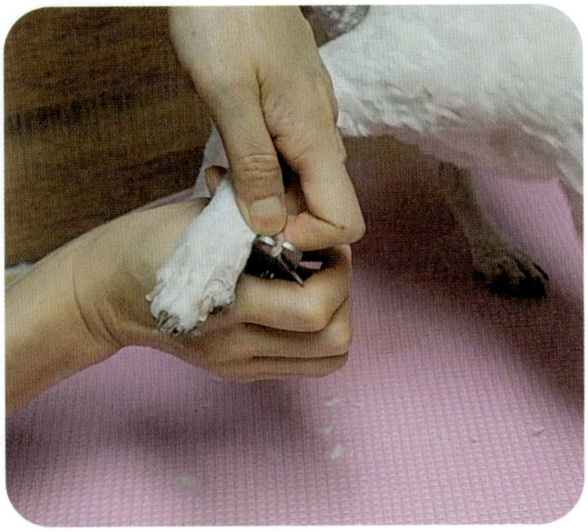

① 발톱을 깎을 발의 발목을 움켜쥐어 잡는다.

✔ 발을 쉽게 빼지 못하도록 살짝 힘을 주어 잡는다.

② 발톱의 혈관을 확인한 후 발톱을 하나씩 잡은 뒤 뒷발부터 발톱깎이로 혈관 2~3mm 앞에서 발톱 표면이 일직선이 되게 자른다.

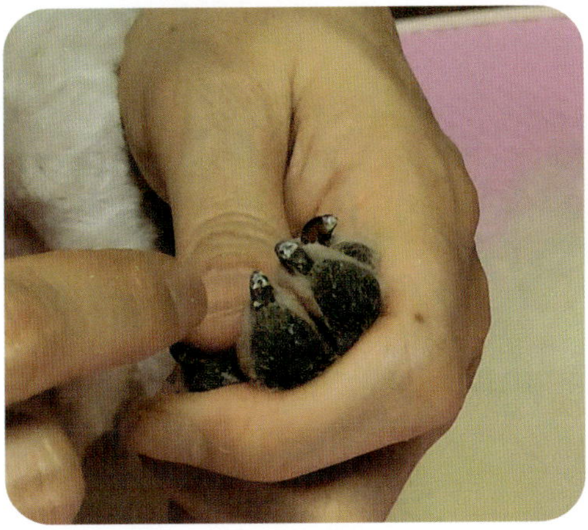

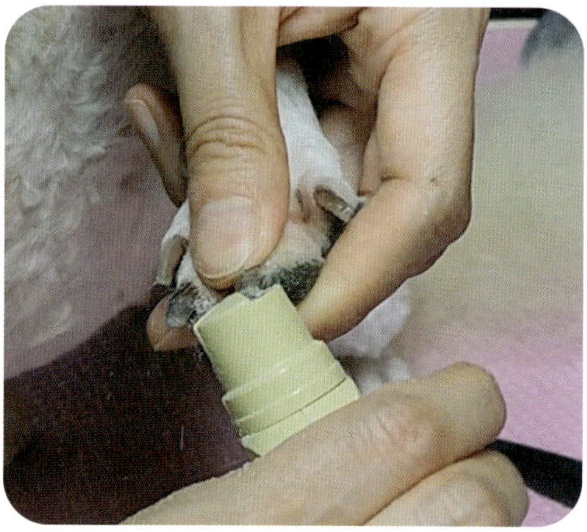

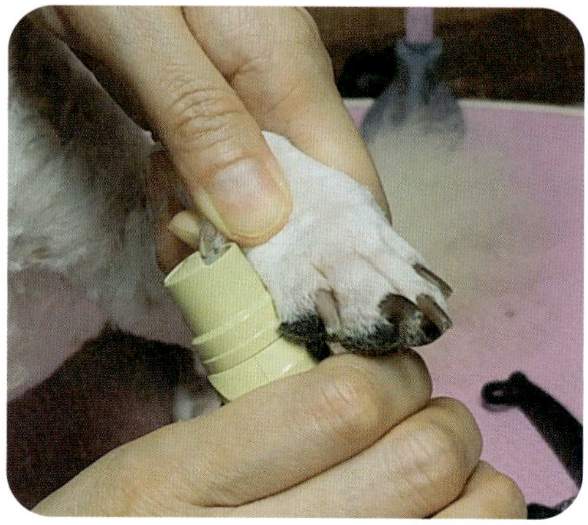

③ 거칠어진 발톱을 하나씩 잡은 후 전동발톱갈이를 이용해서 절단면의 거친 모서리 부분을 갈아 둥글게 다듬어준다.

✔ 발톱의 단면(깎은 전체면)이 아닌 모서리 부위를 다듬어야 한다.

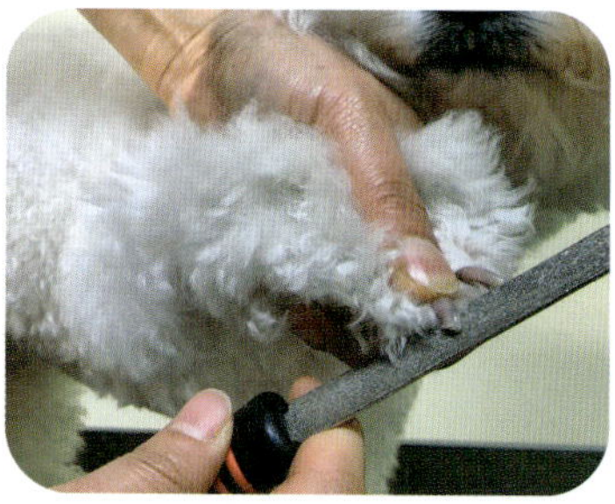

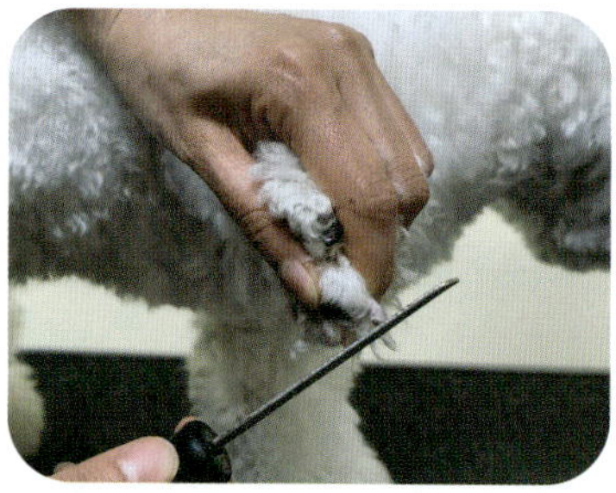

✔ 전동발톱갈이가 없는 경우에는 줄을 이용하여 위아래로 움직이며 발톱 절단면의 거친 모서리 부분을 갈아 둥글게 손질해준다.

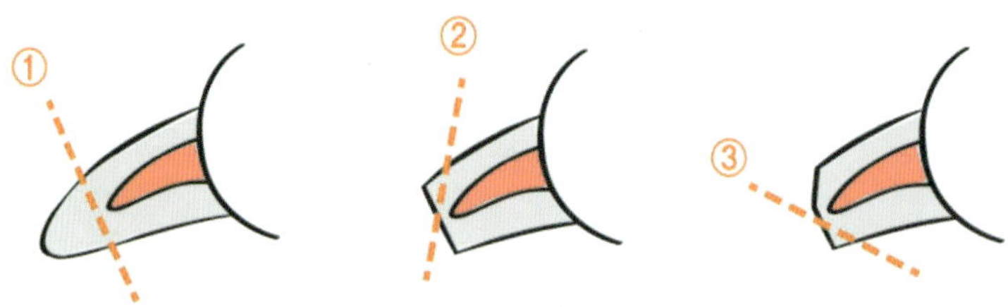

① 발톱의 길이를 자른다. ②위의 각을 자른다. ③ 밑의 각을 자른다.

그림 I - 3 발톱 깎는 순서

출처: NCS 모듈 05. 애완동물 기본미용 p.26

✔ 전동발톱갈이, 줄 둘 다 없을 때에는 발톱깎이로 최대한 발톱의 모서리 각을 다듬으며 자른다.

✔ 발톱을 자를 때 혈관을 잘라 출혈이 나면 지혈제를 면봉이나 솜에 묻혀 출혈이 나는 발톱에 20초 이상 꾹 눌러 지압한다. 지혈이 안 되었다면 한 번 더 반복한다. 지혈제가 없다면 면봉이나 거즈를 이용하여 출혈 부위를 피가 멈출 때까지 압박한다.

7 귀 청소하기

반려동물의 냄새는 주로 귀와 입에서 난다.

평상시 귀의 청결을 유지하여 냄새 방지 및 귀의 질병을 예방할 수 있도록 한다. 반려견의 귀는 L자 형태 구조이고 대부분 귀가 덮여 있기 때문에 통풍이 안될뿐더러 습해지기 쉽기 때문에 귓병이 자주 생긴다. 때문에 귀털이 있는 반려견은 귀털을 뽑고, 귀 청소를 해야 한다.

귀 청소는 목욕 전 1회, 목욕 후 1회, 총 2회 실시한다.

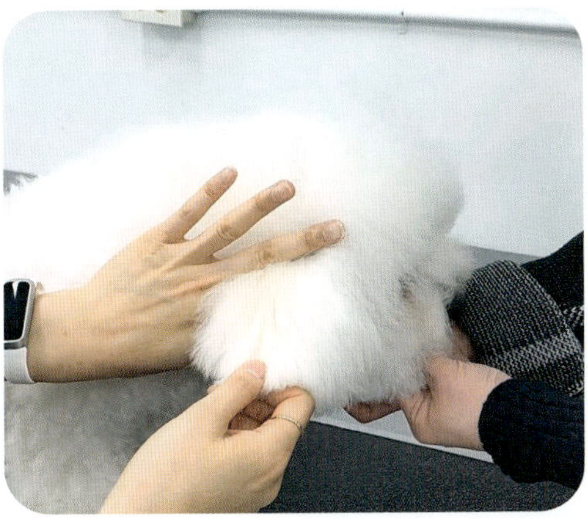

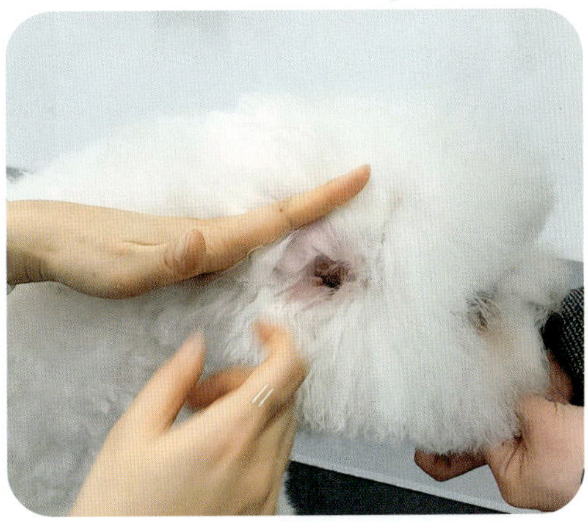

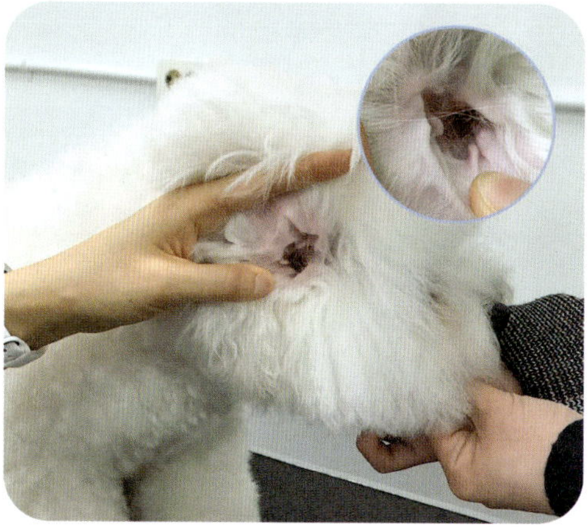

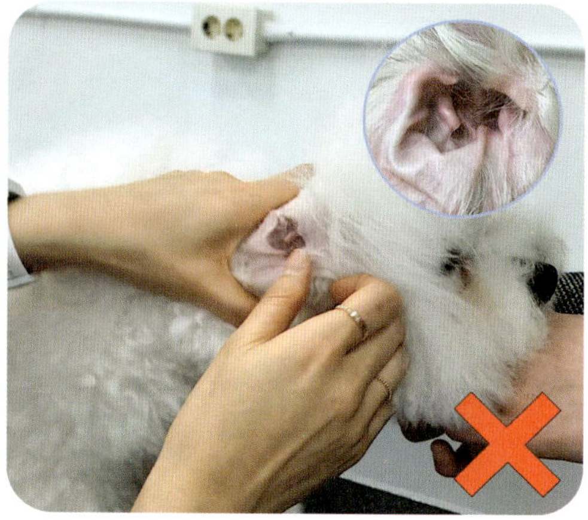

① 귀 안이 잘 보이도록 검지와 중지 사이에 귀를 끼우고, 약지와 새끼손가락은 귀 뒤, 엄지는 귀 앞을 받쳐 귀를 세워준다. 엄지와 검지를 이용하여 귓속이 잘 보일 수 있도록 벌려준다.

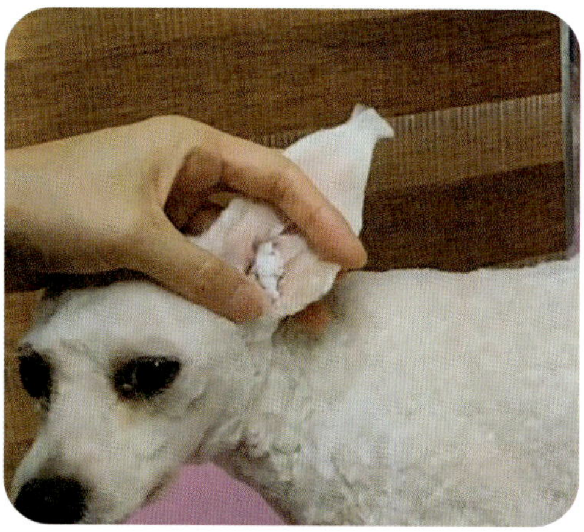

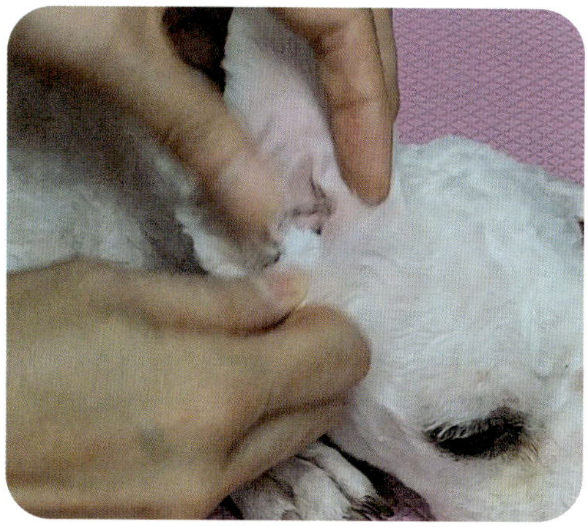

② 이도 내 귀털 제거를 위해 귓속에 이어파우더를 충분히 뿌려준 후 이어파우더가 잘 들어갈 수 있도록 귀 부분을 잡고 흔들어준다.

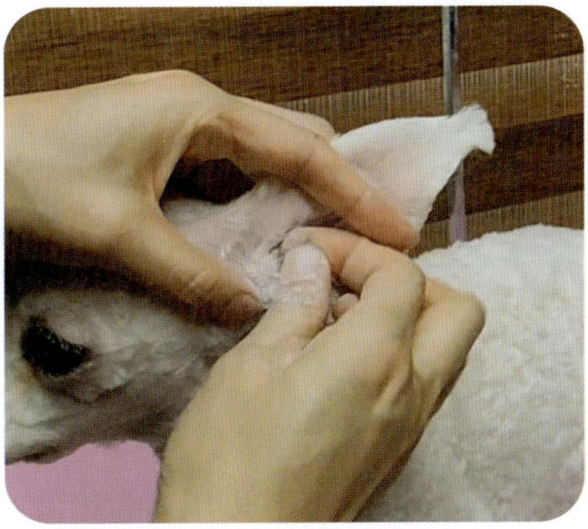

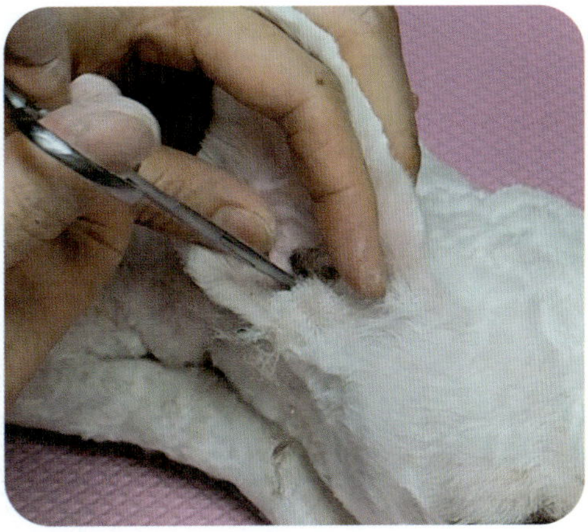

③ 엄지와 검지를 이용해 손으로 뽑을 수 있을 만큼 최대한 뽑는다. 뽑을 때 털을 한꺼번에 잡지 말고 조금씩 잡아서 뽑아준다. 손으로 뽑지 못한 깊숙한 털은 겸자를 이용하여 뽑아준다. 이때 이도 내의 피부를 겸자로 집지 않도록 주의해가며 털을 뽑는다.

✓ 미용사의 손톱은 짧고 청결해야 한다. 손톱이 길면 이도 내에 상처를 낼 수 있으므로 손톱의 관리는 필수다.

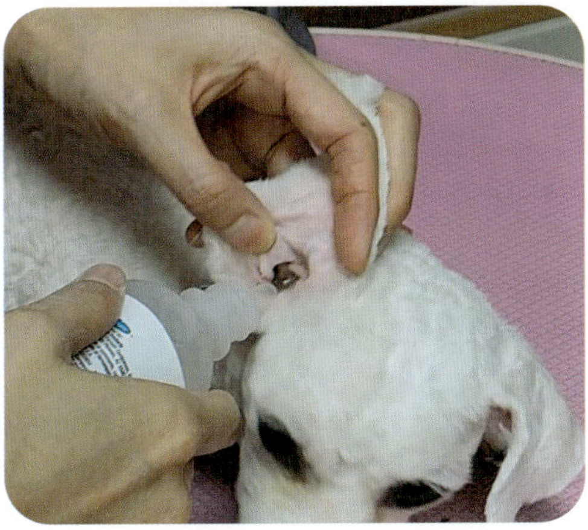

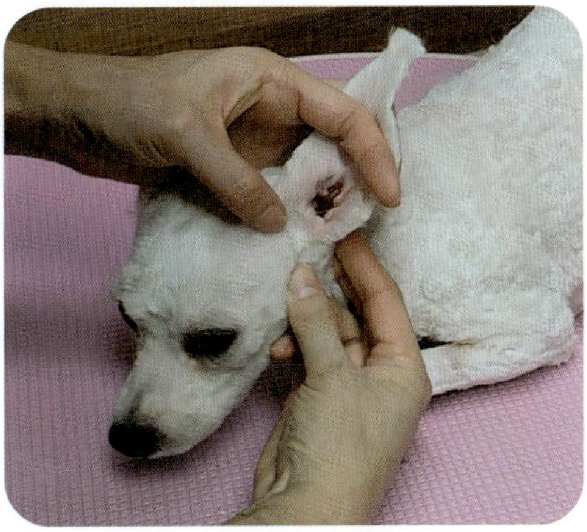

④ 귀세정제가 찰랑찰랑거릴 만큼 이도 내로 충분히 들어갈 수 있게끔 넣어준다.

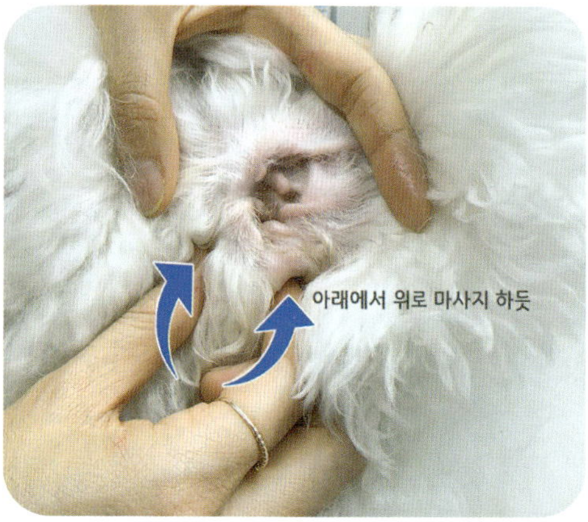

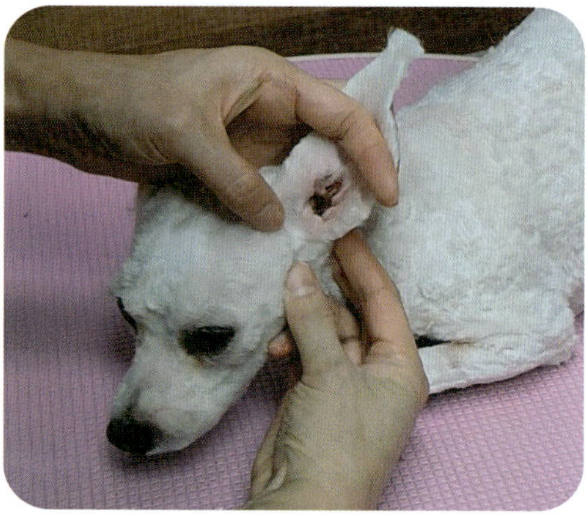

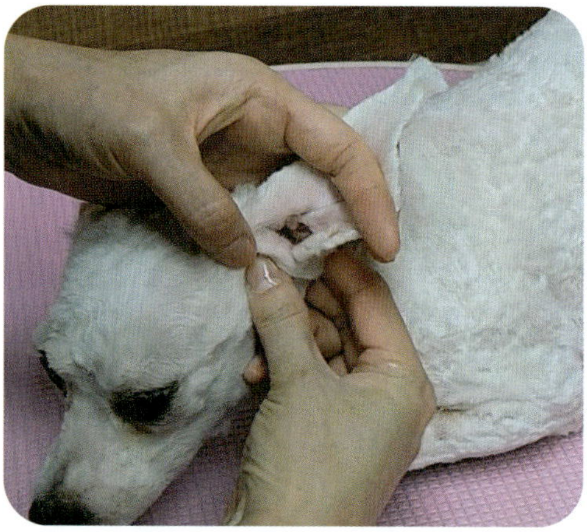

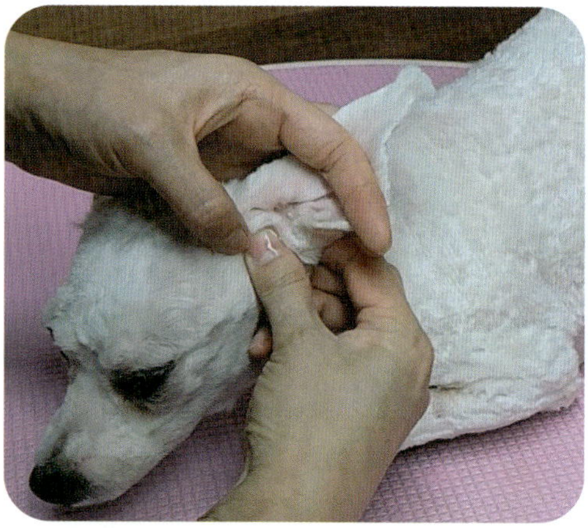

⑤ 수직이도 부분을 아래서 위로 20~30회 충분히 마사지하여 귀지를 녹이고, 밖으로 배출하게 한다. 마사지를 너무 강하게 하면 귀에 자극을 줄 수 있기 때문에 부드럽게 마사지한다.

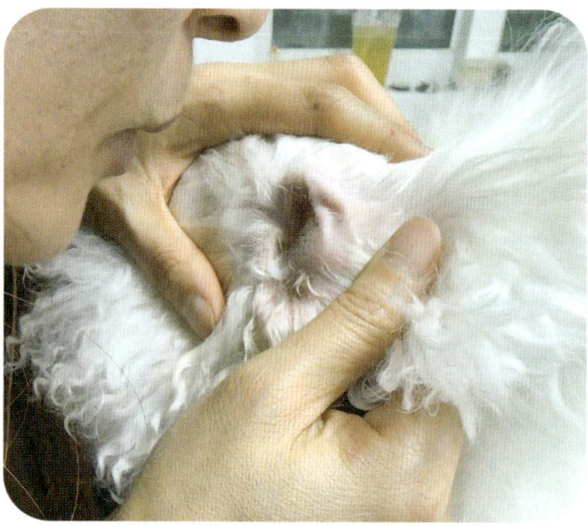

⑥ 귀지가 배출되도록 귀를 털게 한다.

✔ 귀에 바람을 불어 넣으면 반려견이 귀를 털게 할 수 있다.

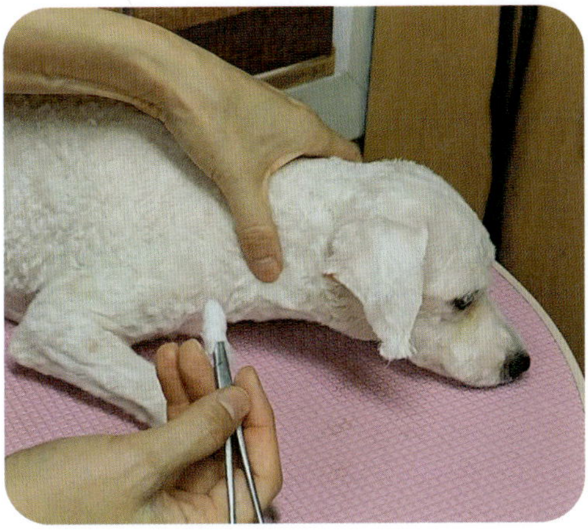
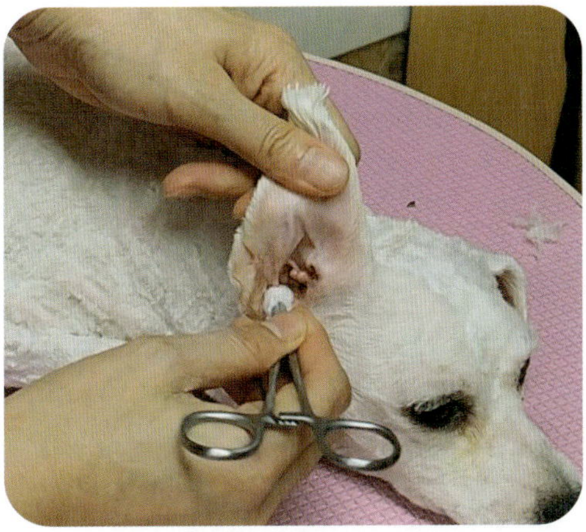

⑥ 밖으로 나온 귀지와 세정제는 솜으로 닦아주고, 이도 내의 귀지는 귓속의 크기를 감안해서 솜을 알맞게 뜯은 다음 겸자에 감아서 닦아준다.

✔ 겸자 이용 시 겸자에 솜이 잘 감겨있는지 확인한 후 사용한다. 겸자로 인해 이도 내 피부에 상처를 낼 수도 있다.

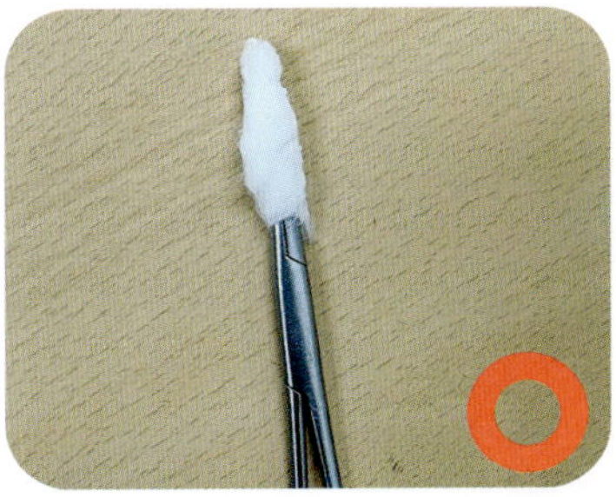
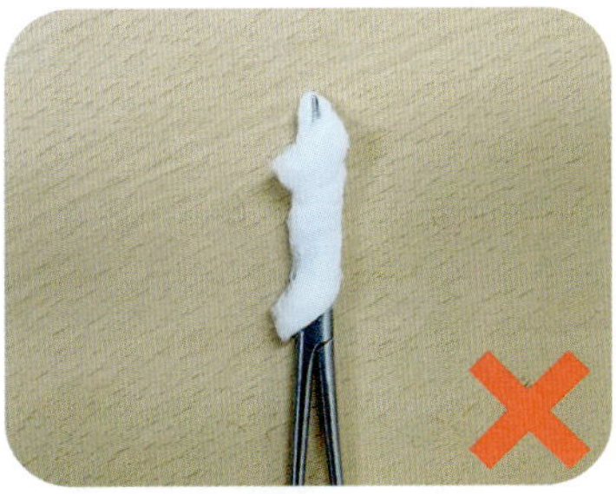
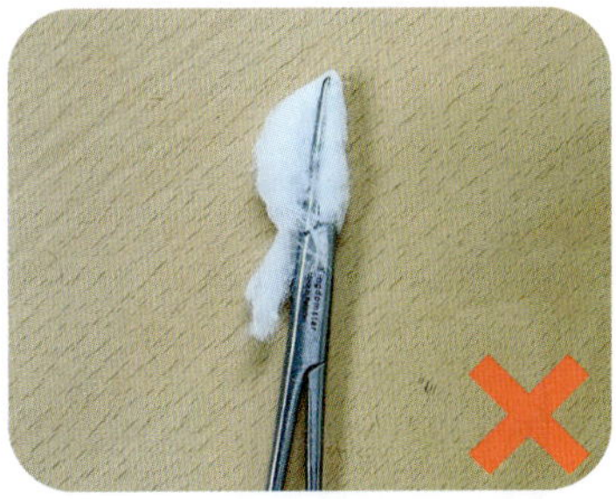

8 목욕하기

전체 클리핑을 하여 털이 없는 경우는 샴푸를 몸에 뿌리는 것보다 거품을 이용하여 목욕을 하는 것이 효과적이다.

① 물 온도를 체크한다.

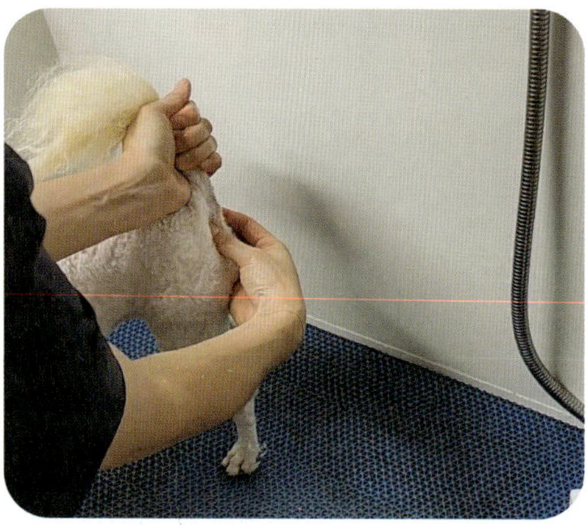

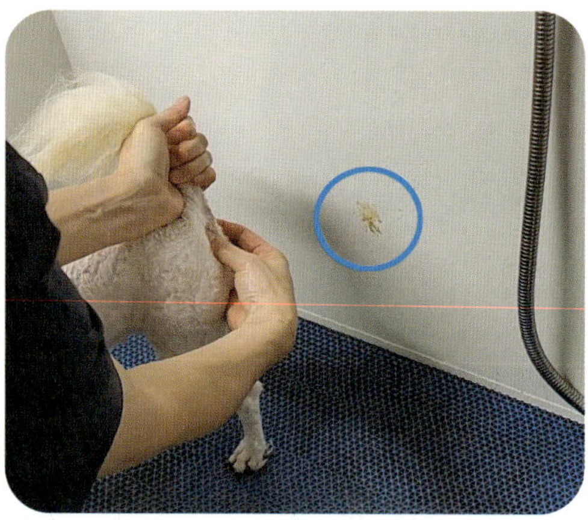

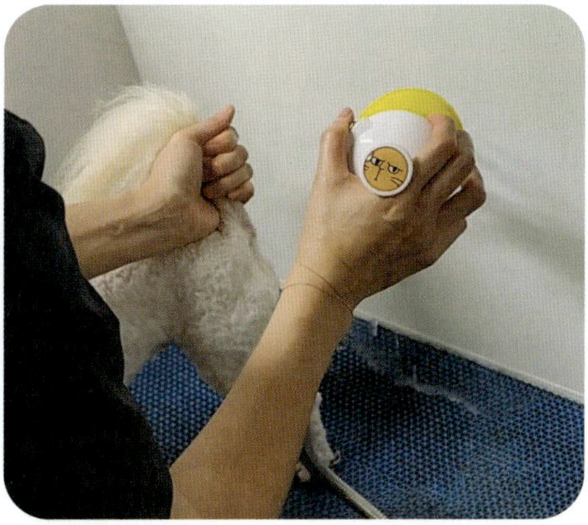

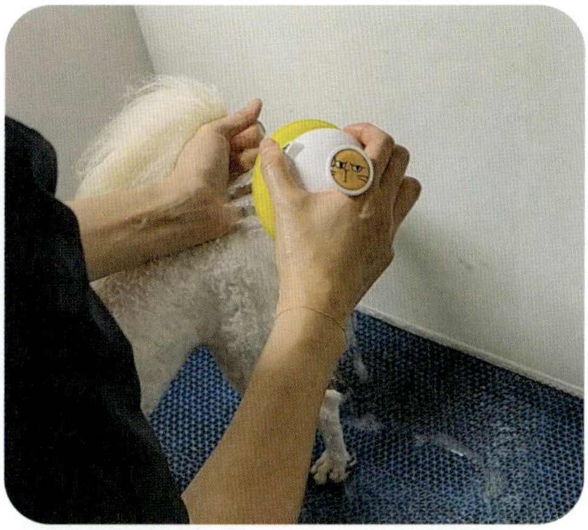

② 엉덩이를 욕조 벽 쪽으로 향하게 하여 항문낭을 짠 후 벽으로 튄 항문낭을 물로 씻어낸 후 엉덩이도 헹궈준다.

항문낭 짜는 방법

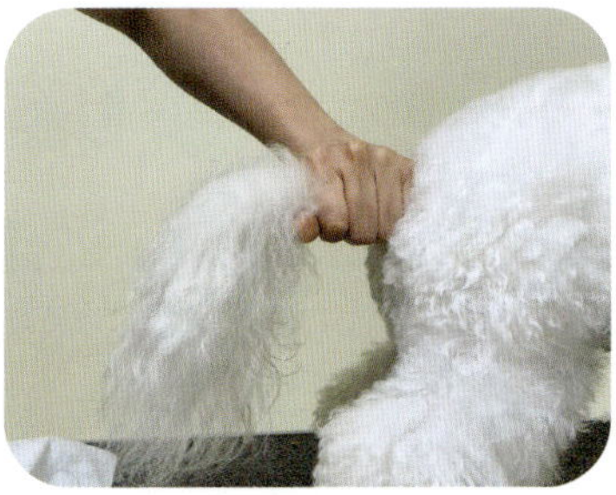

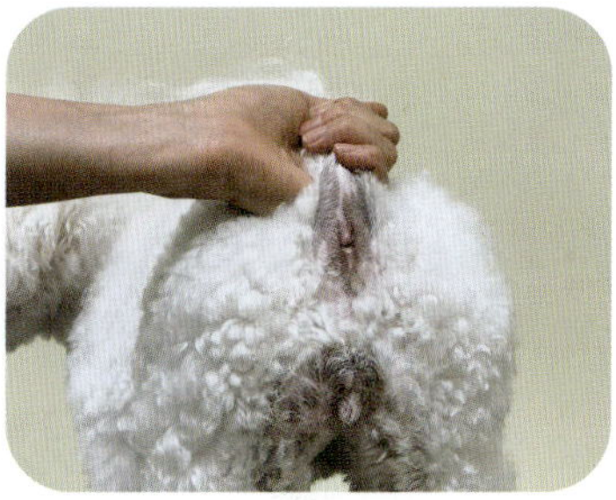

1. 꼬리를 꽉 잡고 등 쪽으로 올려 항문을 돌출시킨다.

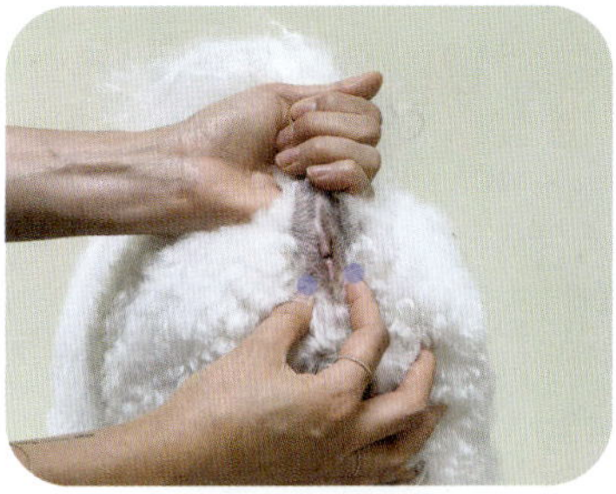

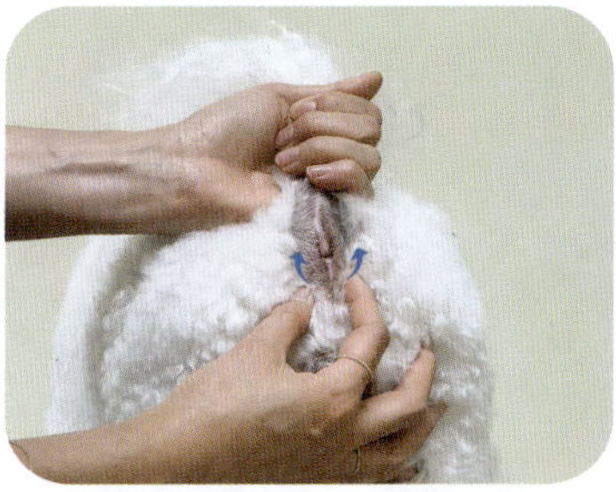

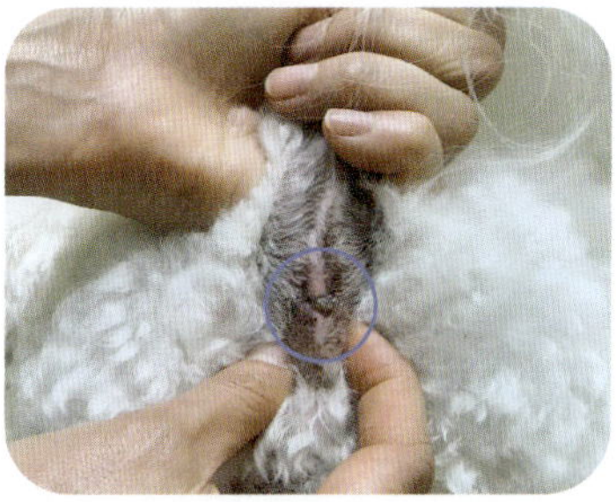

2. 손가락으로 5시, 7시 부분에 공처럼 동글동글한 것을 항문 쪽으로 끌어올리면서 누른다. 이때 강한 압으로 누르면 낭을 상하게 할 수 있으니 최대한 부드럽게 누른다.

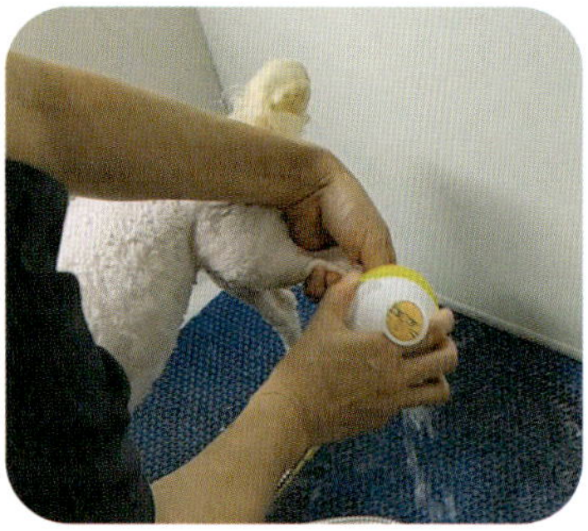
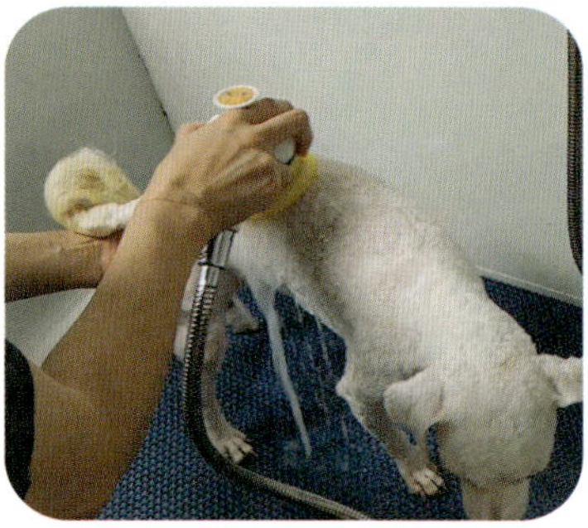
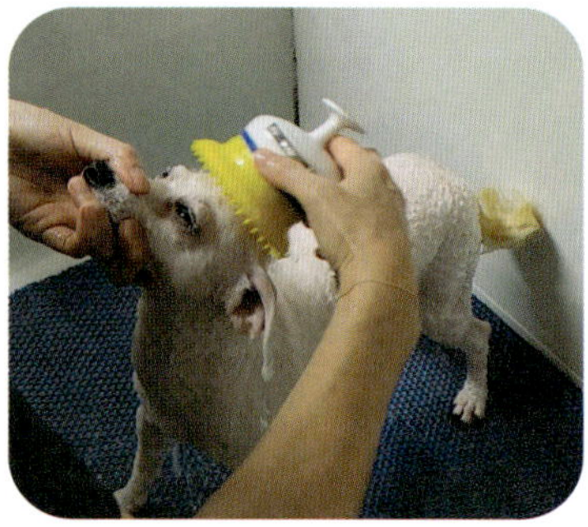

③ 놀라지 않게 천천히 후지 → 전지 → 꼬리 → 엉덩이 → 몸통 → 두부 순으로 물을 적신다.

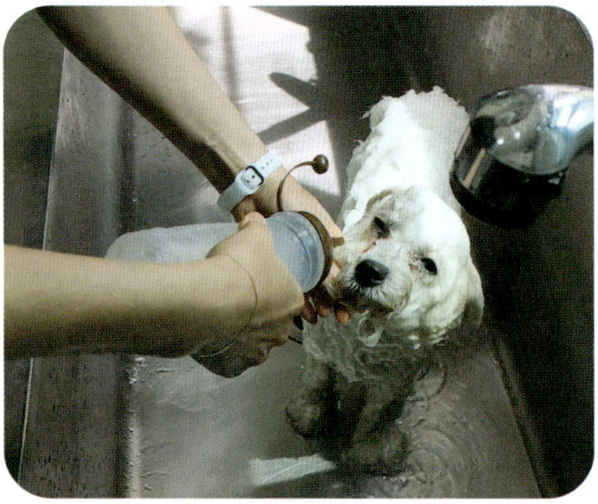

✔ 샤워기의 물줄기가 자극적이거나 물을 무서워하여 얼굴을 씻을 때 거부하는 반려견은 비어있는 샴푸통에 물을 담아 얼굴을 씻기면 거부감이 덜하다.

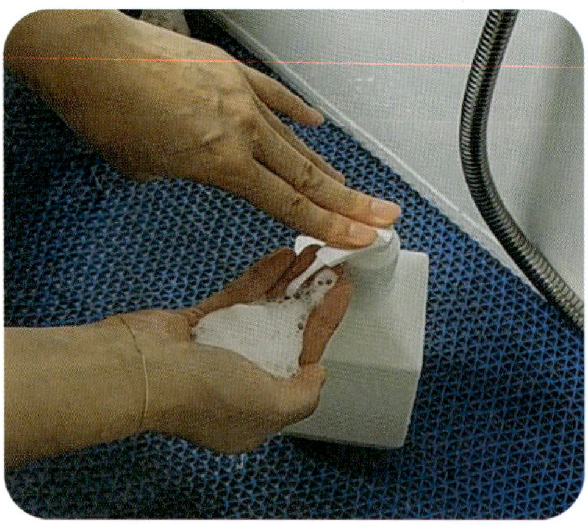
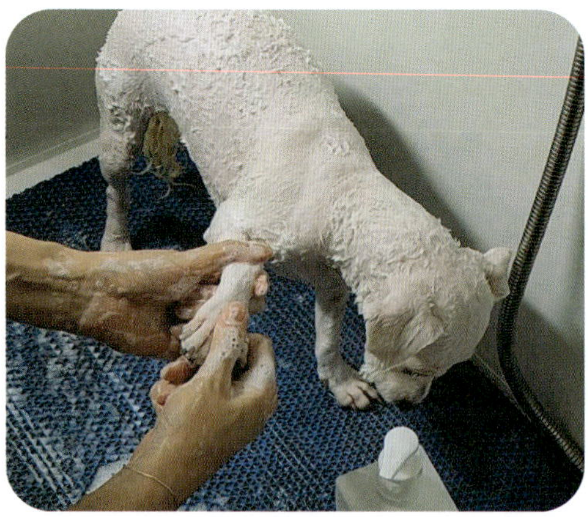

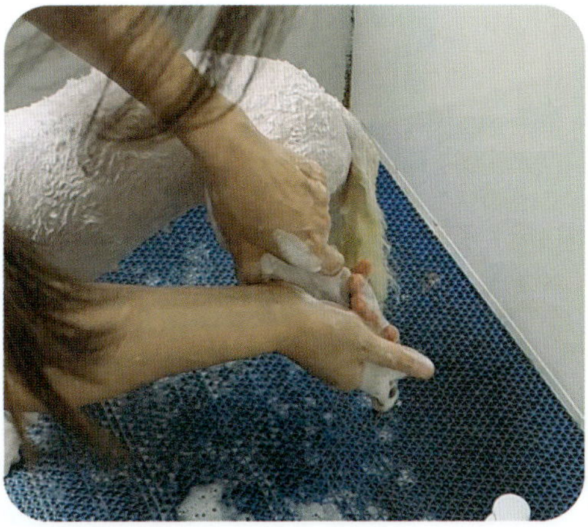

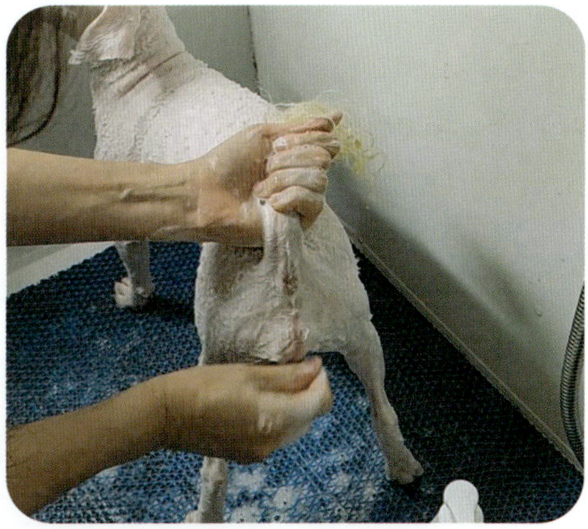

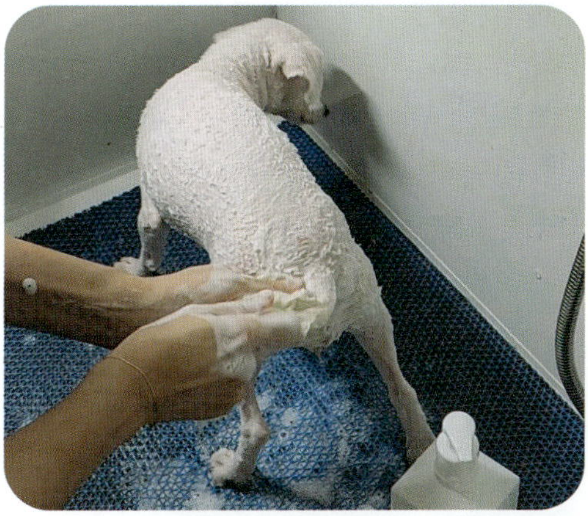

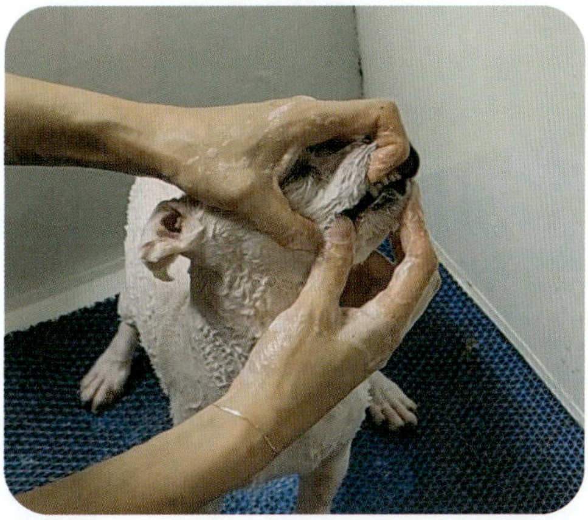

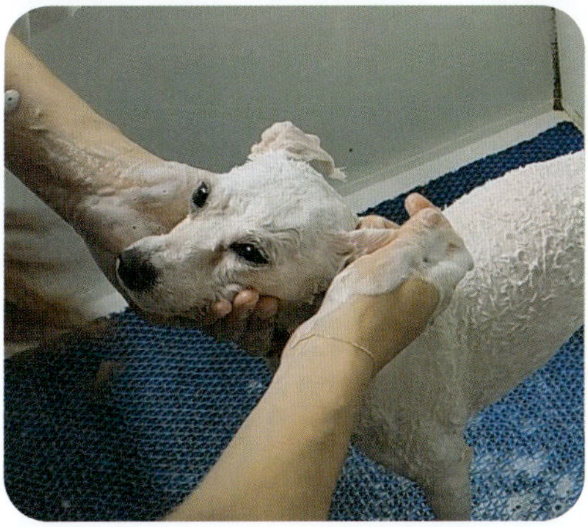

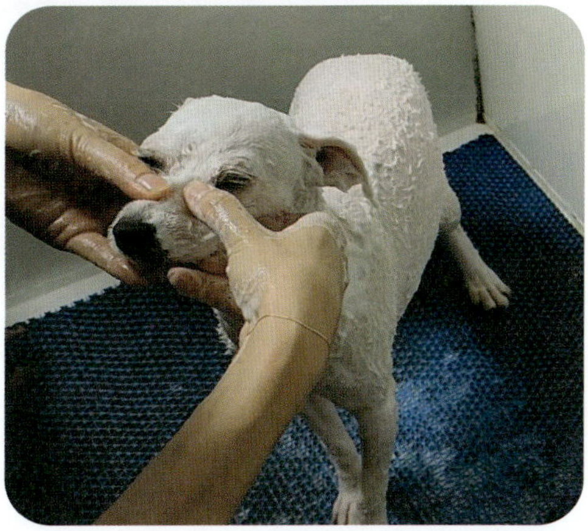

④ 샴푸 거품을 다리, 몸, 얼굴에 도포한 후 샴핑한다. 특히 발가락 사이, 귀, 눈 아래, 생식기 주변, 아랫입술 안쪽을 꼼꼼히 샴핑한다.

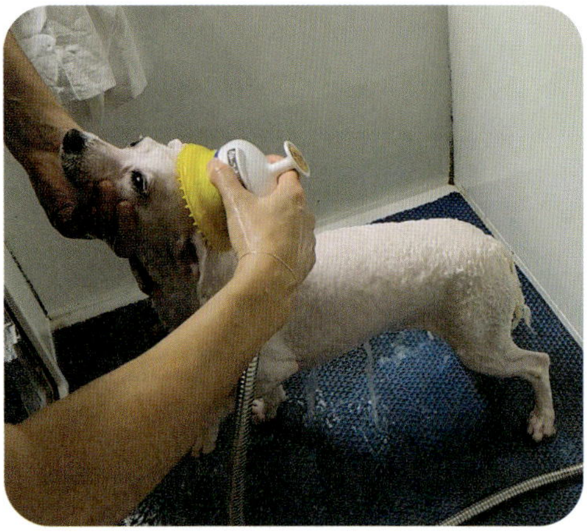
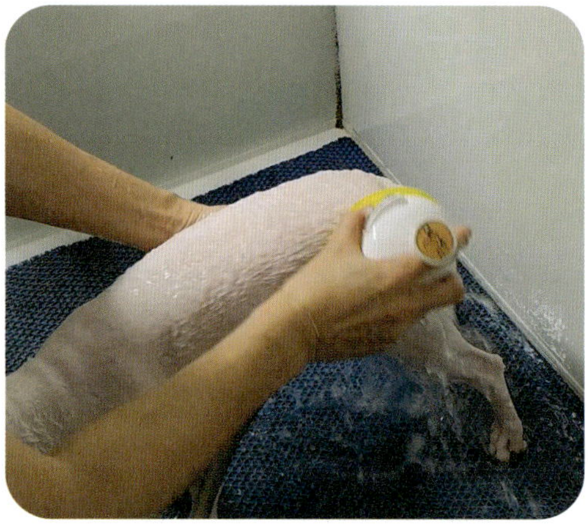

⑤ 몸에 물을 적시기 전에 물 온도를 체크한 후 턱을 잡아 머리를 뒤로 젖혀 코에 물이 들어가지 않게 머리부터 서서히 아래쪽으로 완전히 씻어낸다. 오염이 심한 경우는 한 번 더 샴핑을 한다. 샴푸액 잔여물이 남아 피부에 자극이 되어 질환을 일으킬 수 있으므로 아주 깨끗이 헹구는 것이 중요하다.

✔ 보통 두상 쪽에 샤워기를 가져다 대는 것만으로도 강하게 거부하는 경우가 많다. 이때 샤워기를 떨어트려서 씻어내지 말고, 물줄기가 느껴지지 않도록 머리 쪽에 딱 붙여서 비비듯이 씻어낸다. 얼굴뿐만 아니라 몸도 이런 방법으로 몸을 씻어내면 거부감이 줄어든다. 그러나 샤워기 자체를 거부하는 예민한 반려동물이라면 소스통에 물을 담아 얼굴을 씻을 때 사용하면 거부감 없이 효과적으로 얼굴을 헹궈낼 수 있다.

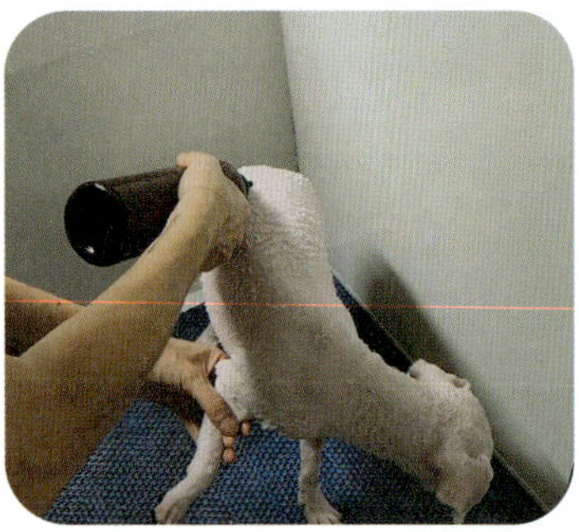
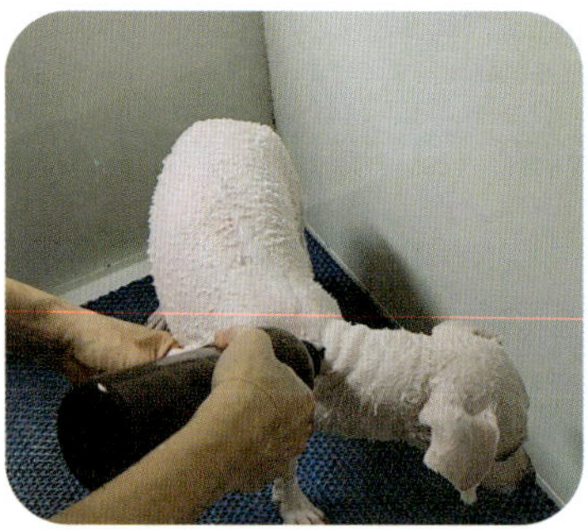
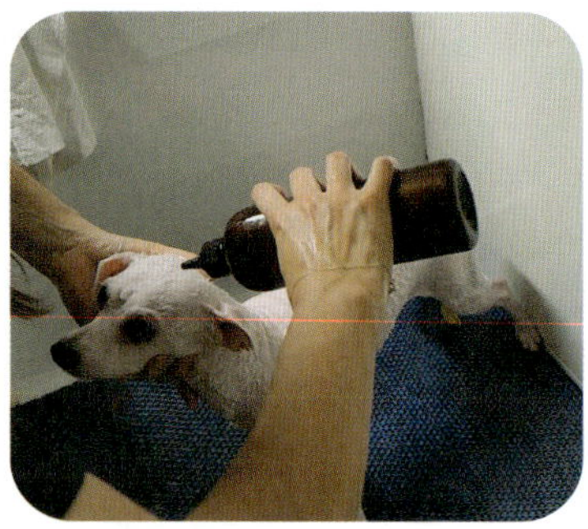

⑥ 린스 희석액을 반려견의 전신에 골고루 도포한다.

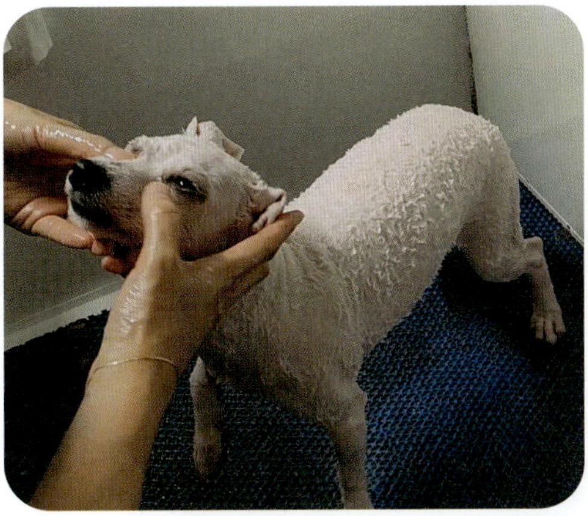
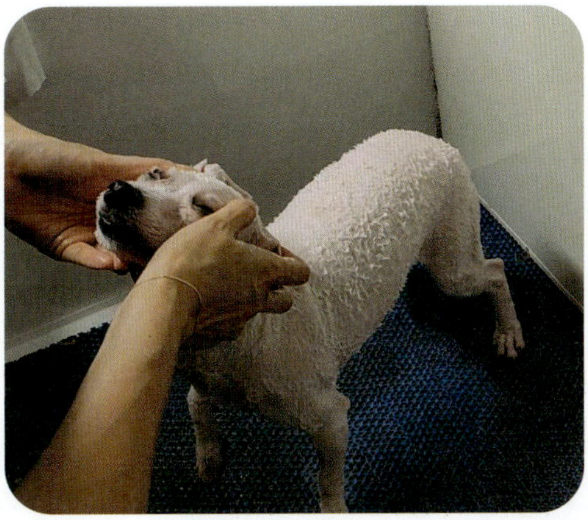
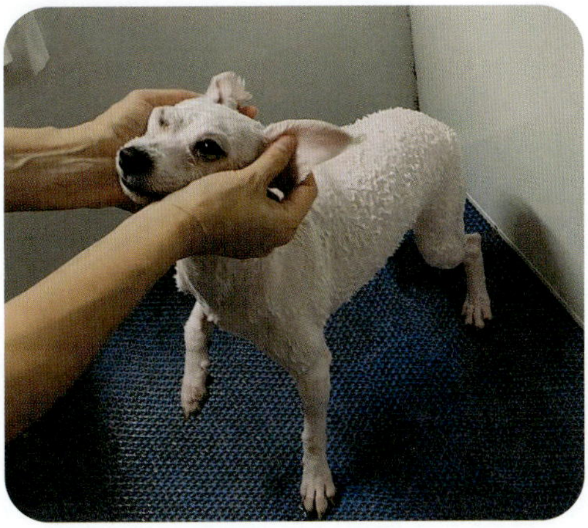
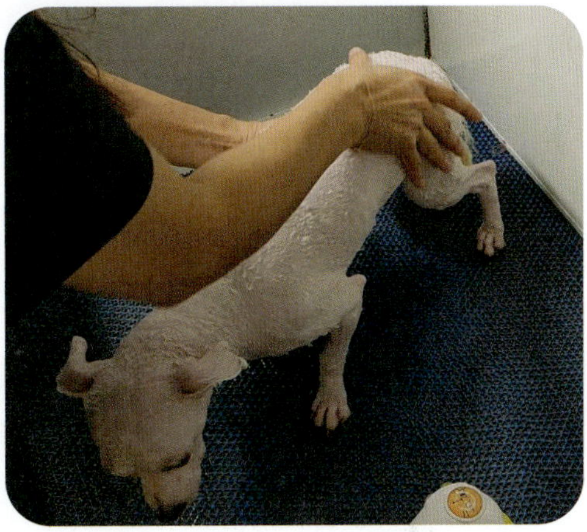

⑦ 털에 성분이 충분히 스며들 수 있도록 2~3분 정도 전신을 마사지한다.

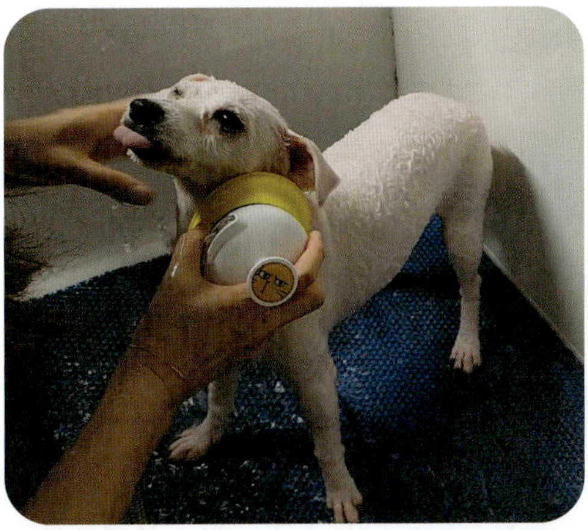
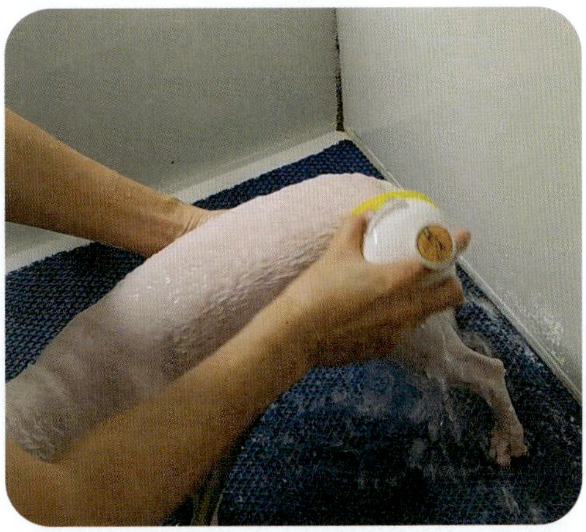

⑧ 물 온도를 체크한 후 턱을 잡아 머리를 뒤로 젖혀 코에 물이 들어가지 않게 머리부터 서서히 아래쪽으로 완전히 씻어낸다. 린스액의 잔여물이 남아 있지 않게 아주 깨끗이 헹궈준다.

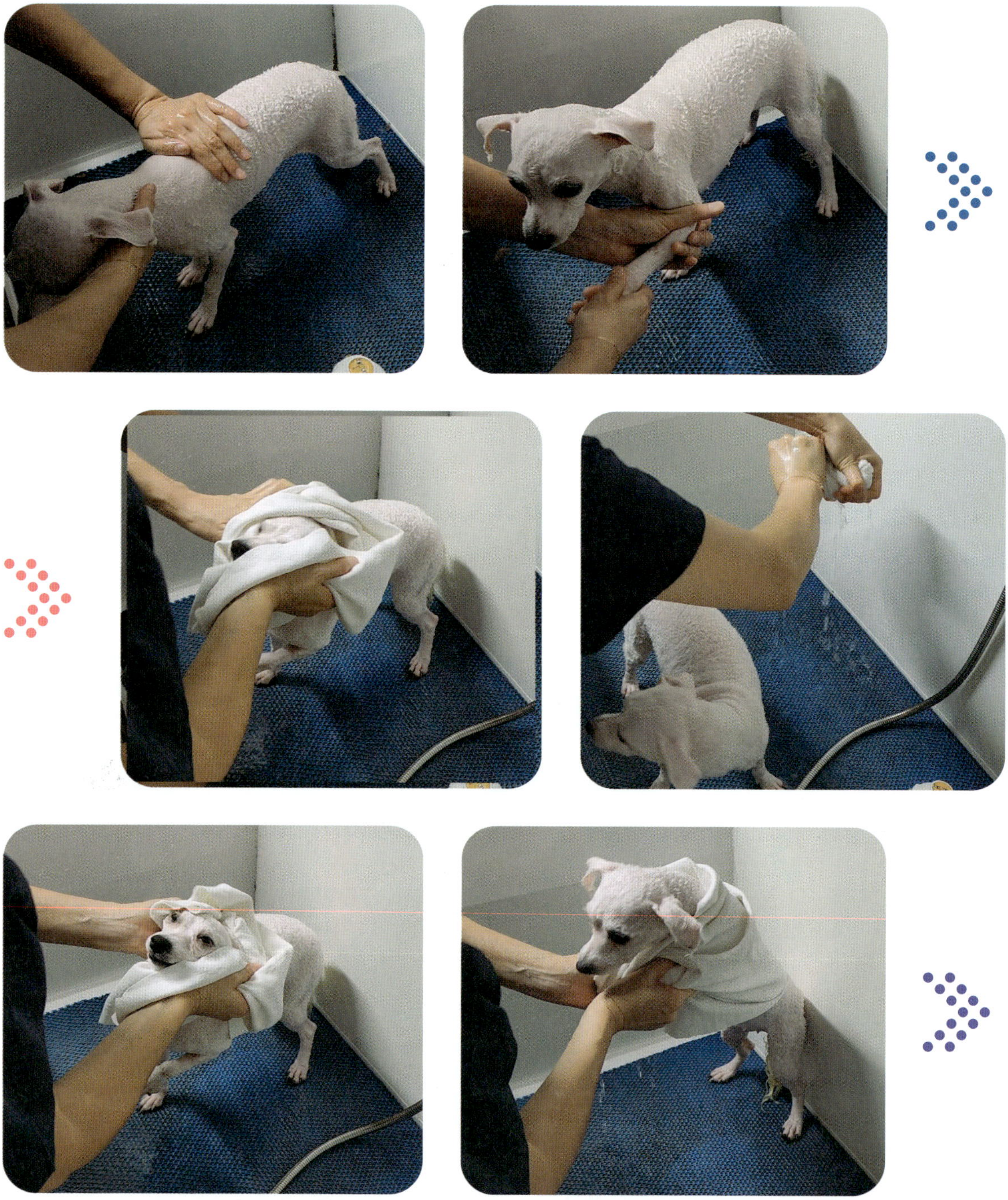

⑨ 욕조에서 반려견을 꺼내기 전에 타월로 얼굴 먼저 물기를 제거한 후 몸의 물기를 제거한다. 물기 제거 시 타월로 몸을 비비지 말고, 타월을 감싼 후 꾹꾹 눌러 물기를 타월에 흡수시킨다. 물기로 축축해진 타월은 비틀어 물기를 짜내고, 다시 물기를 제거한다. 물기가 제거될 수 있도록 여러 번 반복한다.

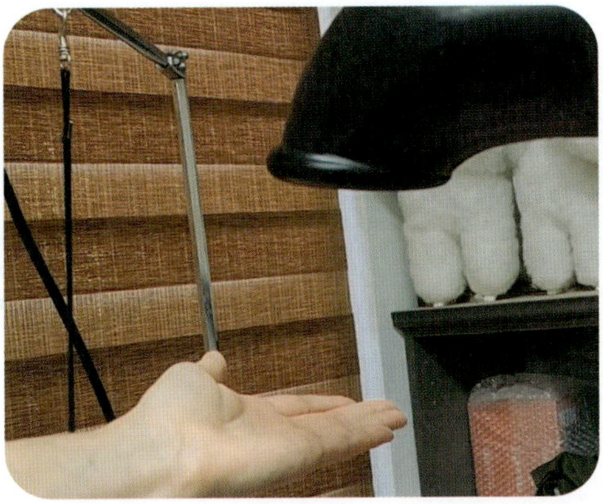

⑩ 드라이 바람구에서 10cm 정도 떨어진 지점에 손에 가져다 대어 10초간 온도 체크를 한다.

✔ 드라이 바람은 시간이 지날수록 뜨거워질 수 있으니 수시로 온도를 체크한다.

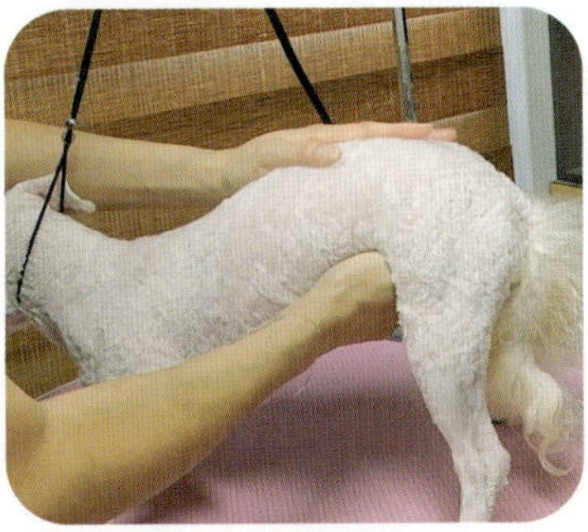
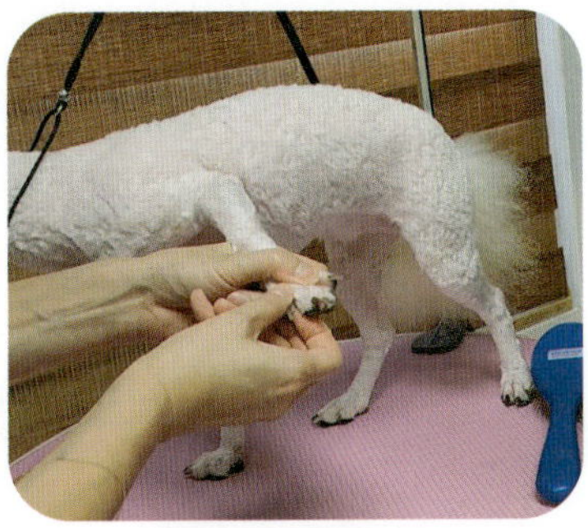
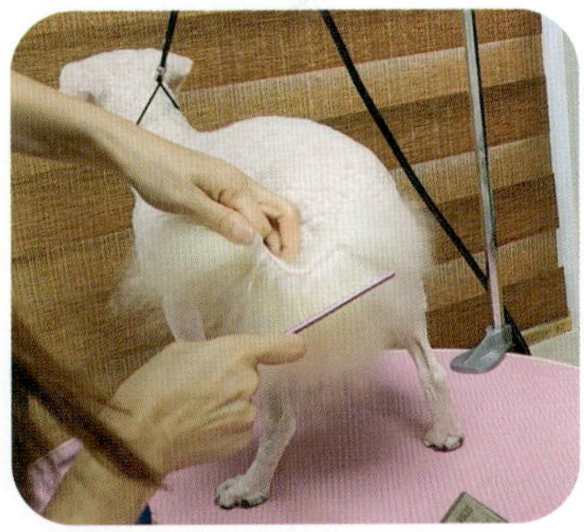

⑪ 몸부터 빠르게 말리고, 얼굴, 꼬리, 발, 발가락 사이 등을 말린다.

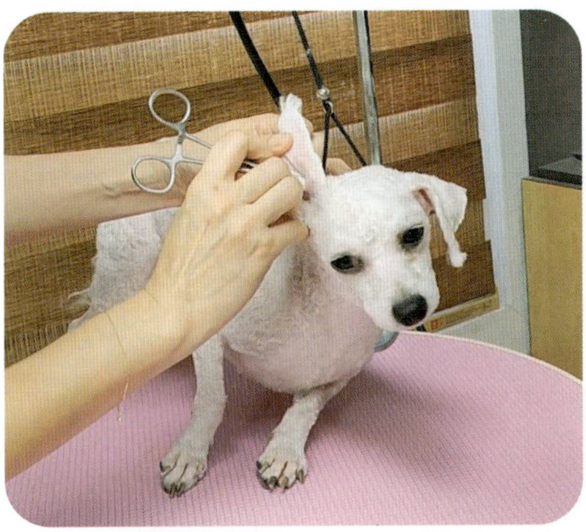
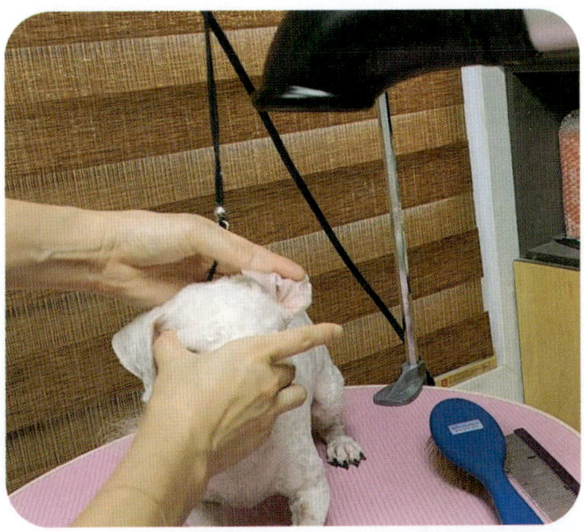

⑫ 솜에 이어클리너를 소량 도포하여 귀 주위를 다시 한번 닦아준 후 귀가 습하지 않도록 미지근한 바람으로 30초~1분 정도 말려준다.

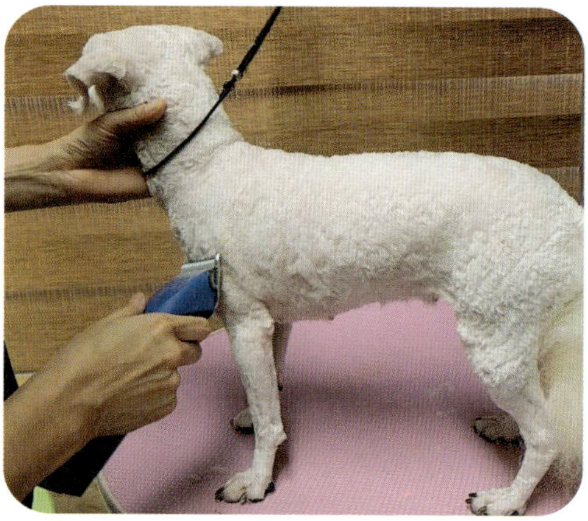

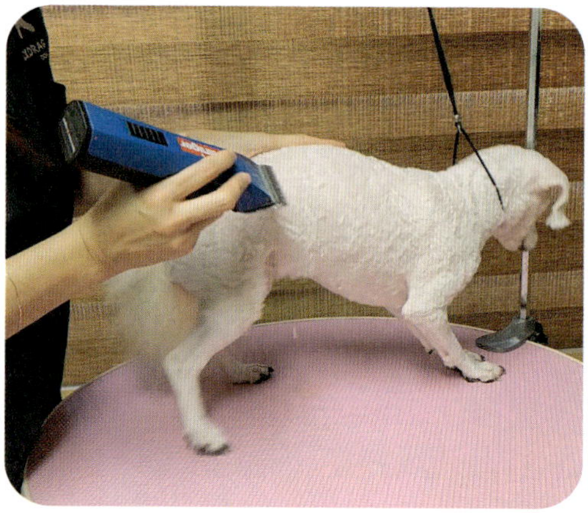

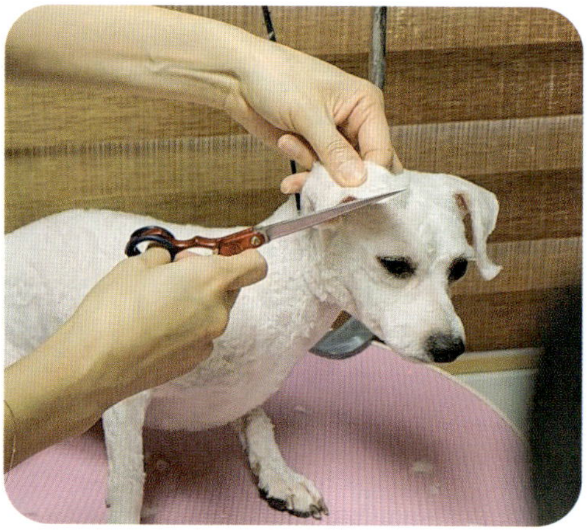

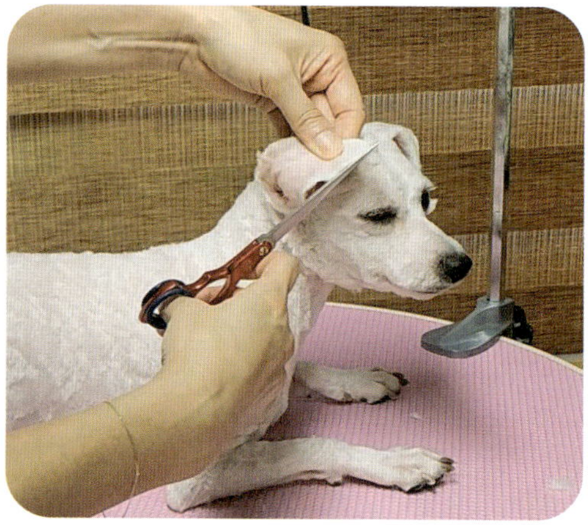

⑬ 정리가 안된 부분은 다시 한번 클리핑하고, 귀 라인 털도 정리한다.

9 꼬리 커트와 마무리하기

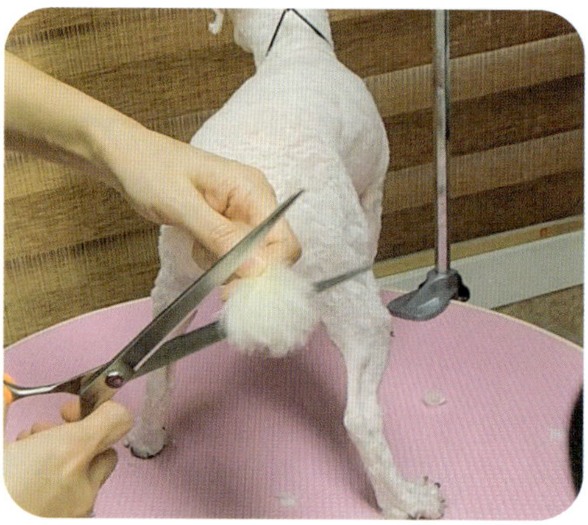

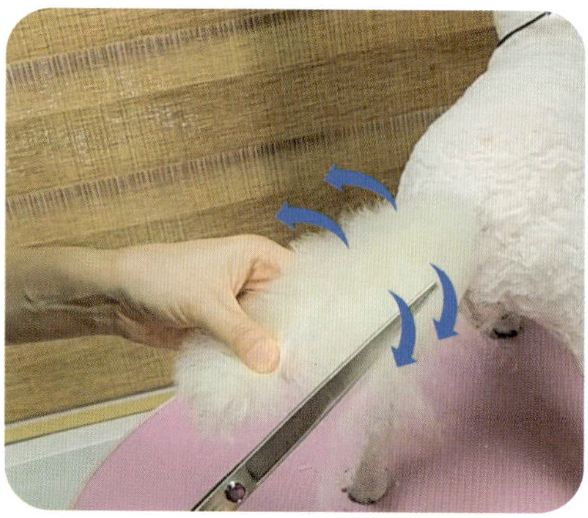

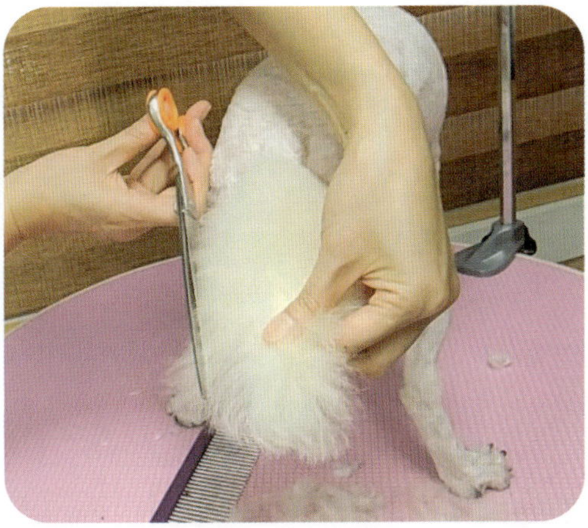
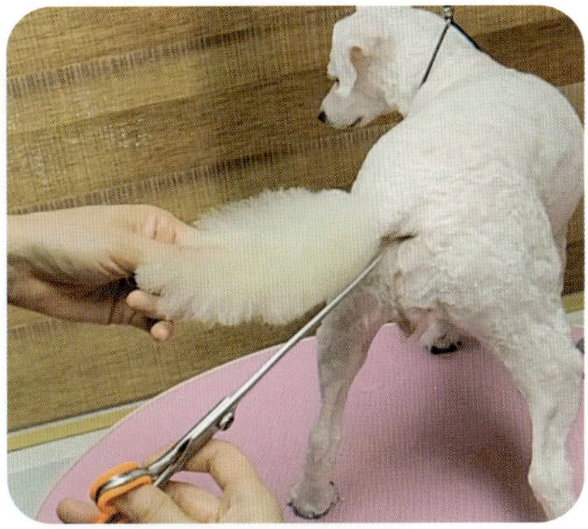
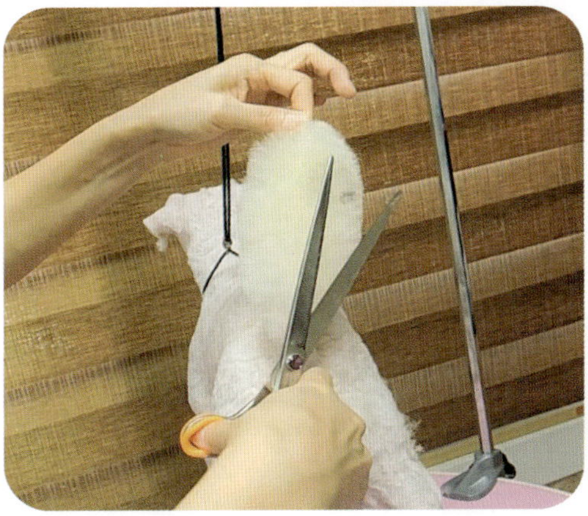
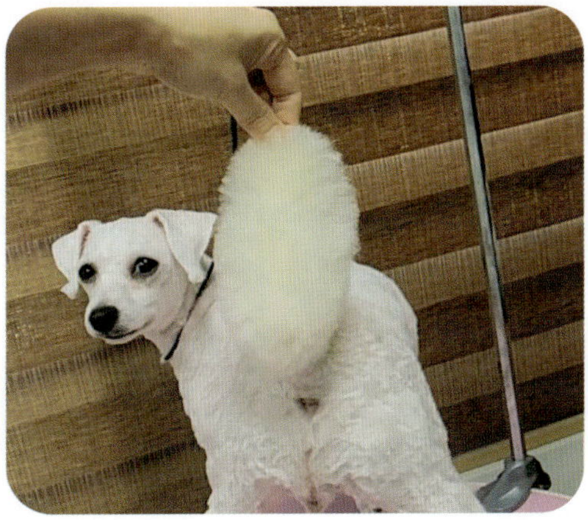

① 꼬리는 방망이 형태로 커트한다.

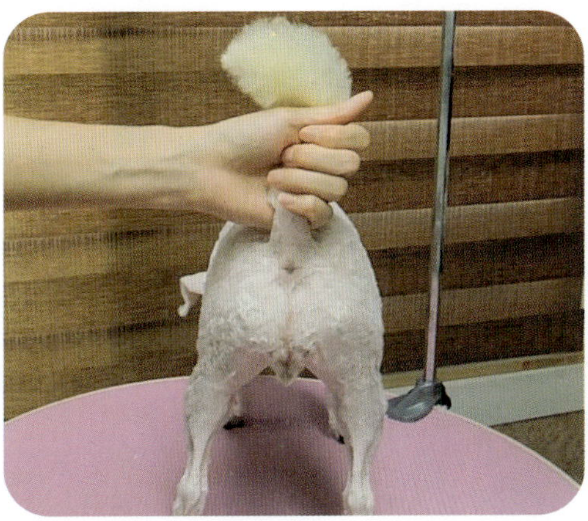
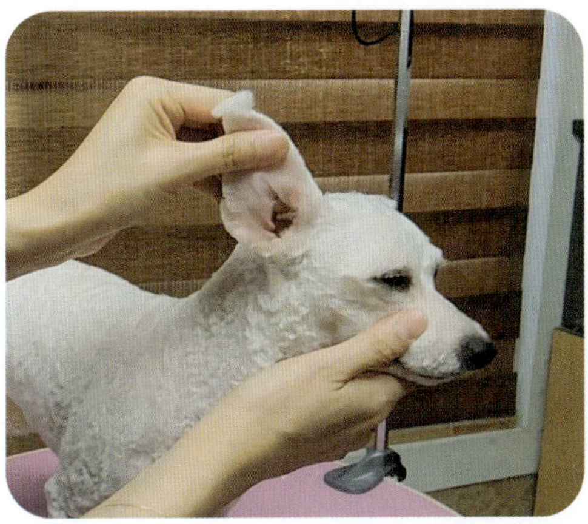

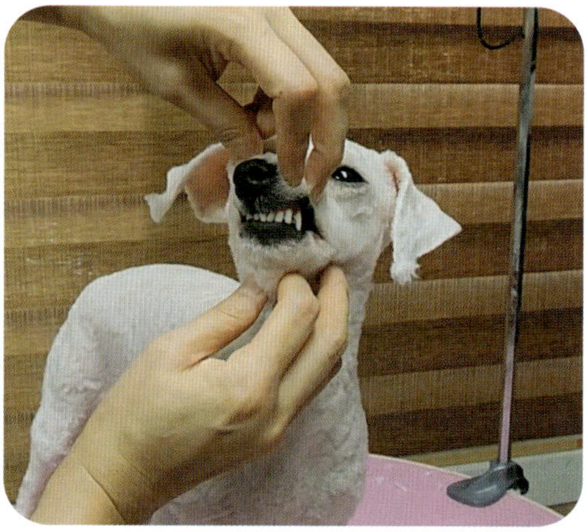

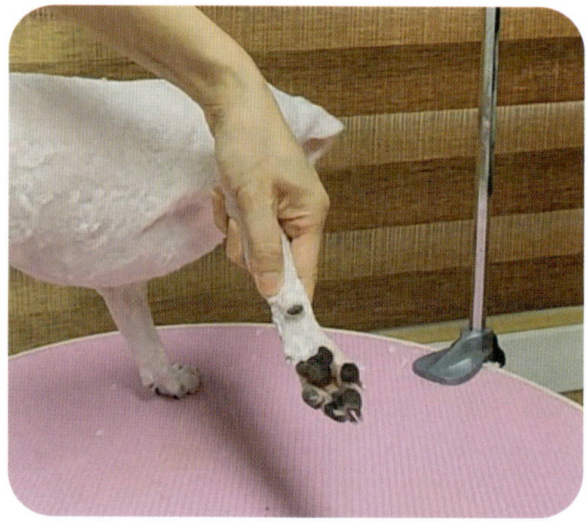

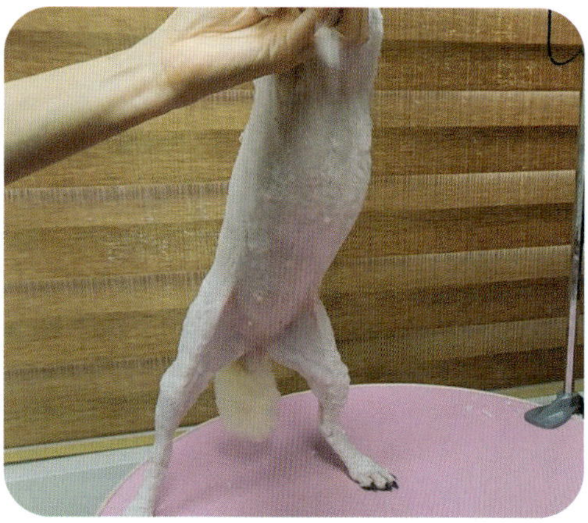

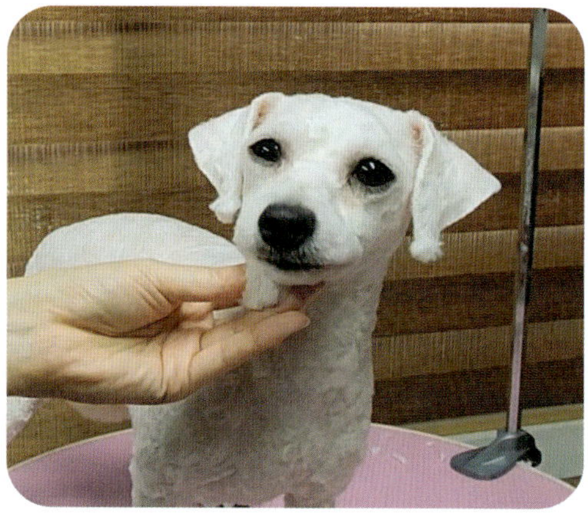

② 전체적으로 다시 한번 체크하고, 마무리한다.

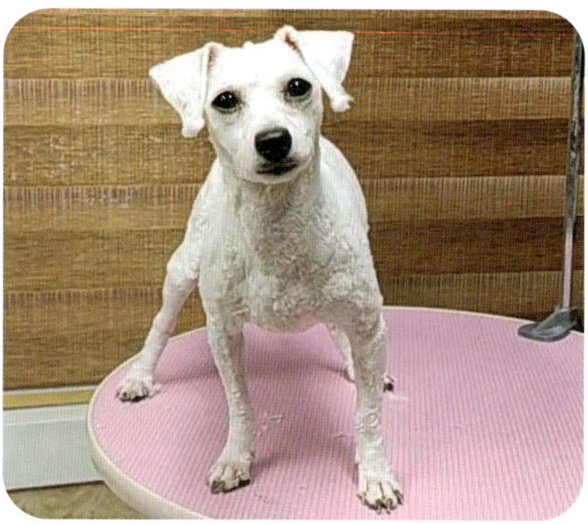

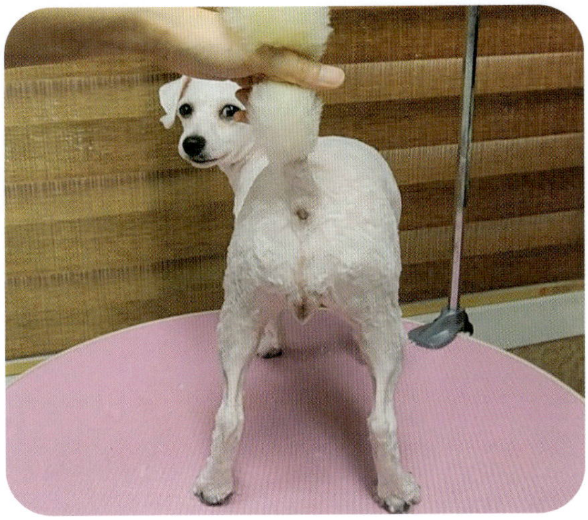

③ 전체 클리핑 완성

Ⅱ

몸통 스포팅 컷하기

Ⅱ / 몸통 스포팅 컷하기

클리퍼로 몸통 털을 밀고, 다리와 얼굴은 가위로 커트하는 미용방법으로 대부분 스포팅 컷이라고 한다. 보통 더운 여름철에 가장 많이 하는 미용방법으로 몸통 부분의 털은 클리퍼로 짧게 하고, 다리는 볼륨감 있게 A 형태로 가위로 커트하는 방식을 말한다. 몸통의 털 길이는 5~10mm 정도 남기고, 다리털은 어깨라인이나 팔꿈치에서 패드까지 연결하여 가위로 털을 다듬어준다. 단, 털이 엉켜있지 않아야 스포팅 컷을 할 수 있으며, 평소에 털이 엉키지 않도록 털 관리가 중요하다.

1 위생 클리핑

1) 발바닥 클리핑하기

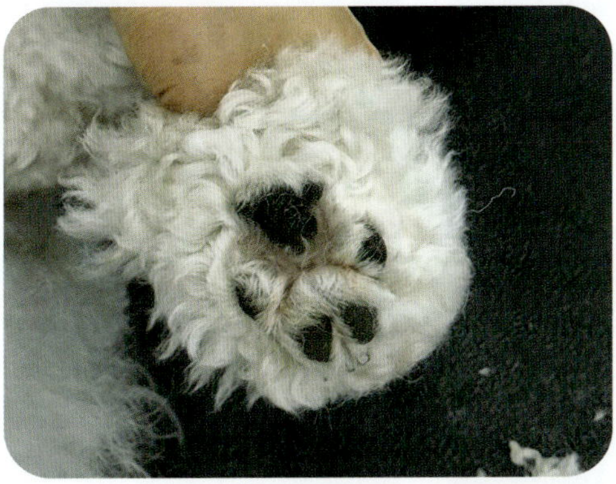

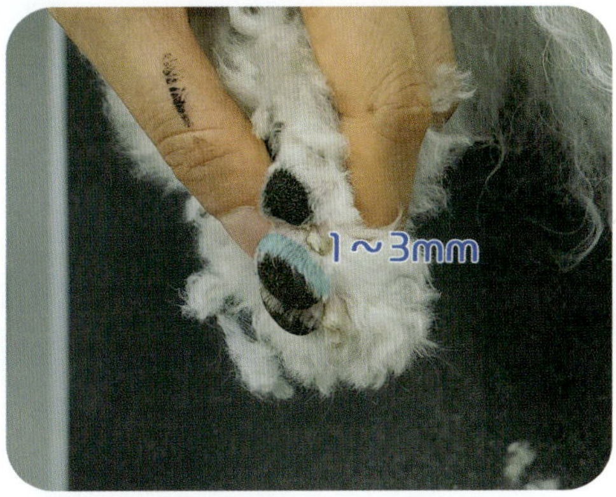

① 각 패드마다 360° 측면을 클리핑한다고 생각하고, 각 패드를 각각 손으로 잡아서 패드 측면을 1~3mm 정도 클리핑해준다.

② 패드 사이는 붙어있기 때문에 아래위를 손가락으로 살짝 눌러 패드 사이를 벌어지게 하면 상처 없이 깔끔하게 클리핑할 수 있다.

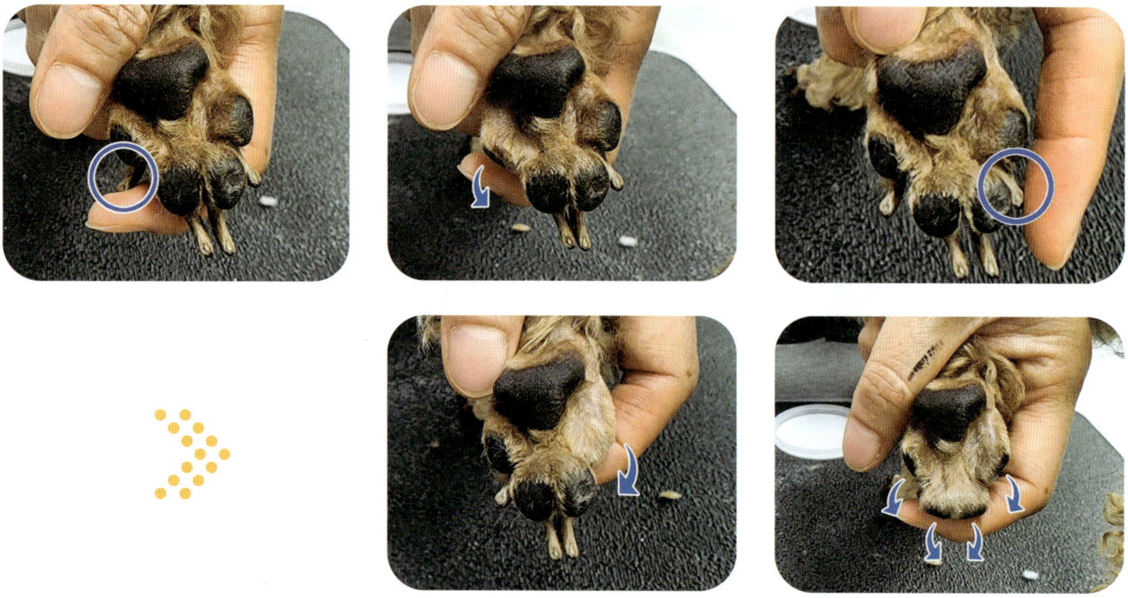

③ 패드 안쪽 털을 제거할 때에는 발톱을 잡아 바깥쪽으로 쫙 펼쳐 사이의 털을 제거한다.

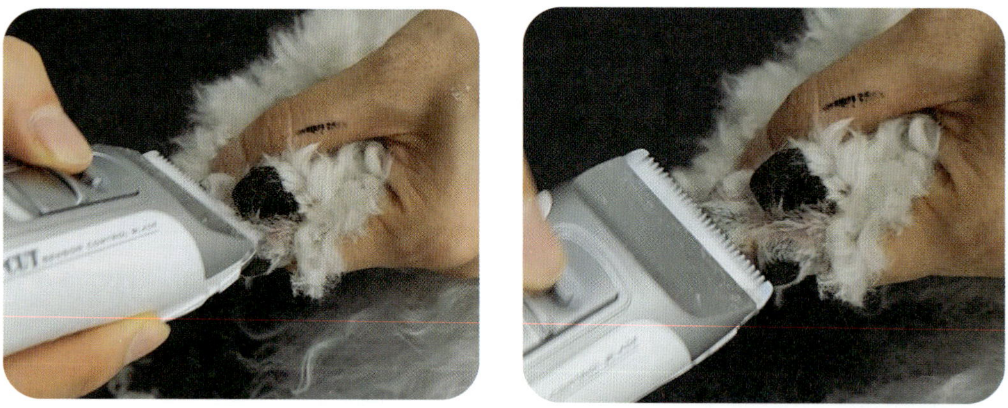

④ 털 제거 시 클리퍼는 최대한 피부에 닿지 않고 털을 걷어낸다는 느낌으로 털을 제거한다. 무리하게 털을 제거하려다 피부에 자극이 되면 반려견이 그 부분을 계속 핥아 2차 질병이 발생할 수 있으므로 조심해야 한다.

✔ 집에서 생활하는 반려동물은 패드 안쪽까지 털을 제거해줘야 하지만 야외생활을 하거나 대형견의 경우는 발바닥 패드의 털을 제거하지 않는다. 반려동물의 살아가고 있는 환경이나 견종 특성에 따라 미용방법은 달라질 수 있다.

2) 항문 클리핑

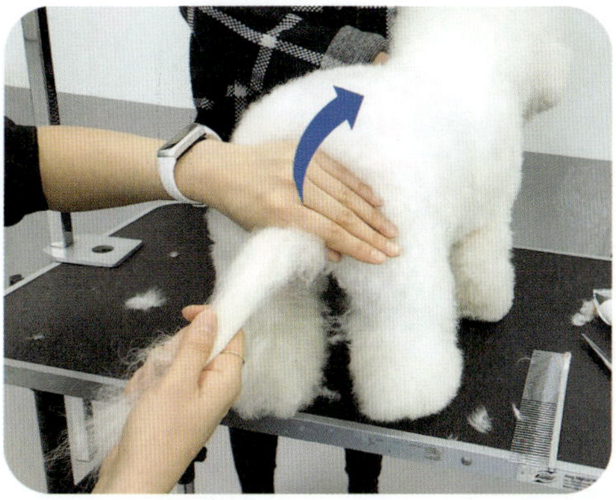
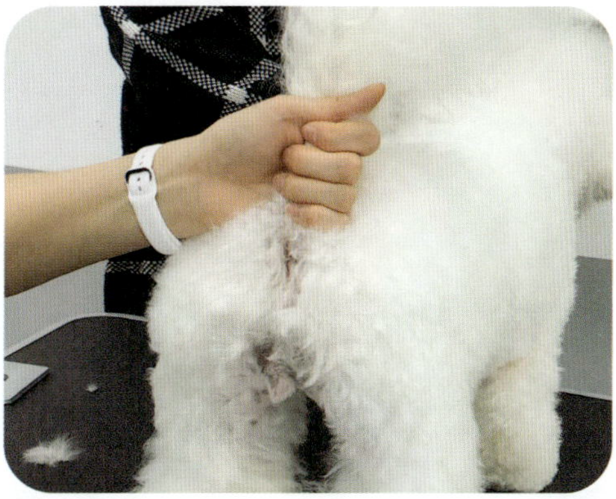

① 꼬리뼈가 항문보다 앞으로 나오지 않게 꼬리가 시작되는 부분을 잡아서 머리 쪽으로 당긴다.

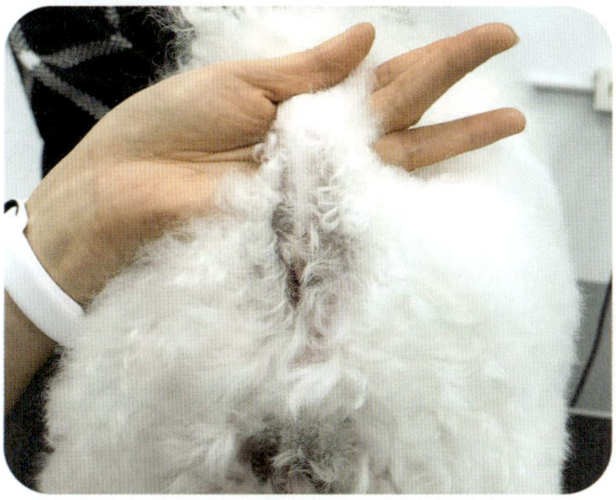
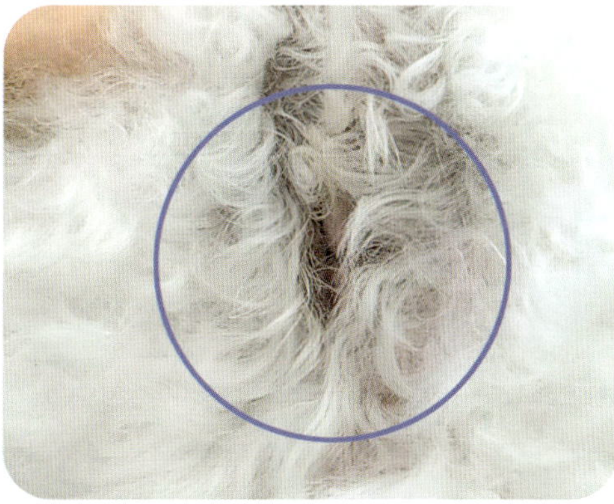

② 항문에는 털이 나지 않지만 주위의 털들이 항문의 연한 피부를 보호하고자 항문 방향으로 털이 나 있다. 이때 항문 가까이에 있는 털을 클리퍼로 바로 밀면 항문에 상처가 날 수 있으므로 손으로 항문 주변의 털과 항문 사이의 공간을 어느 정도 확보해야 한다.

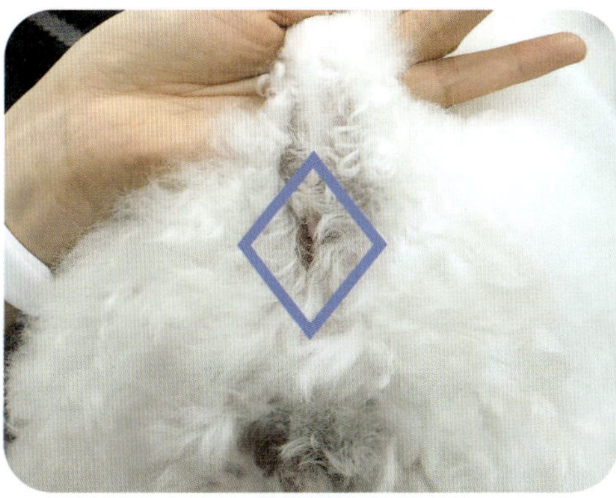

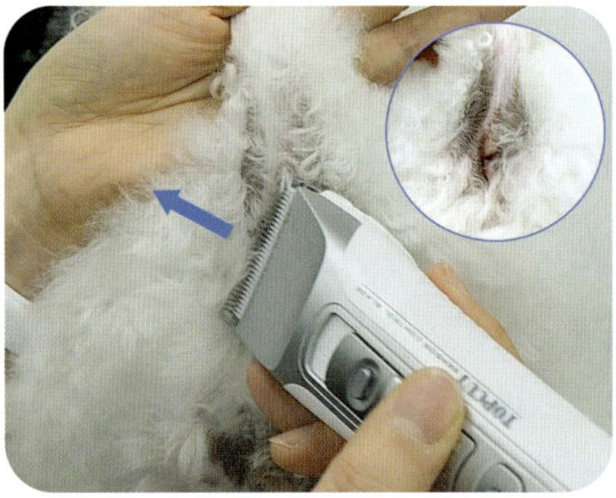

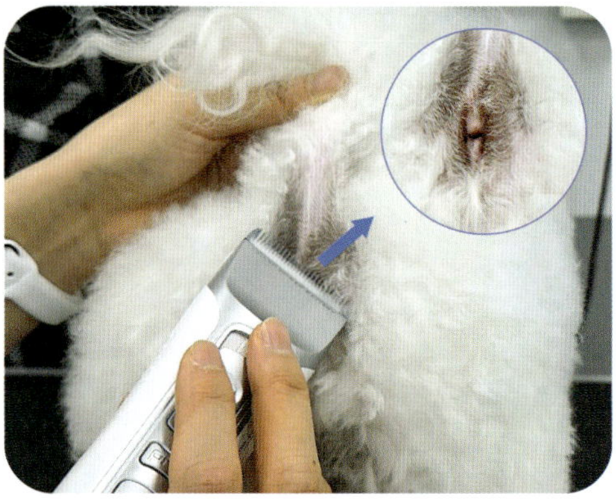

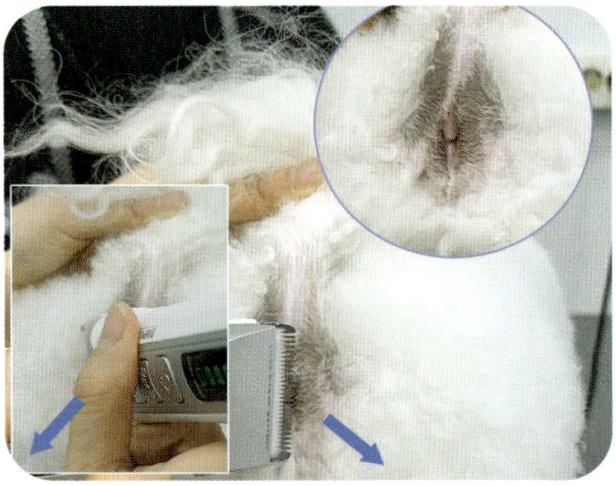

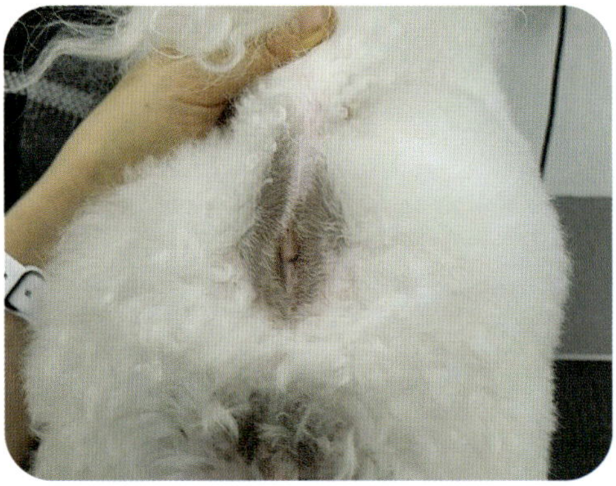

③ 클리퍼날 길이는 1.5~2mm 정도(중간 클리퍼 제일 긴 날)로 천천히 다이아몬드 모양대로 클리핑한다고 생각하고 상, 좌, 우, 하 순서로 클리핑한다. 상으로 밀 때에는 항문에서 꼬리 방향으로 3cm, 항문에서 좌/우/하 방향으로는 1~2cm 정도 다이아몬드 모양을 그리며 클리핑한다. 이때 클리퍼가 항문에 닿지 않도록 털을 걷어낸다는 느낌으로 클리핑한다.

④ 마무리로 남은 잔털을 정리한다.

3) 생식기 클리핑

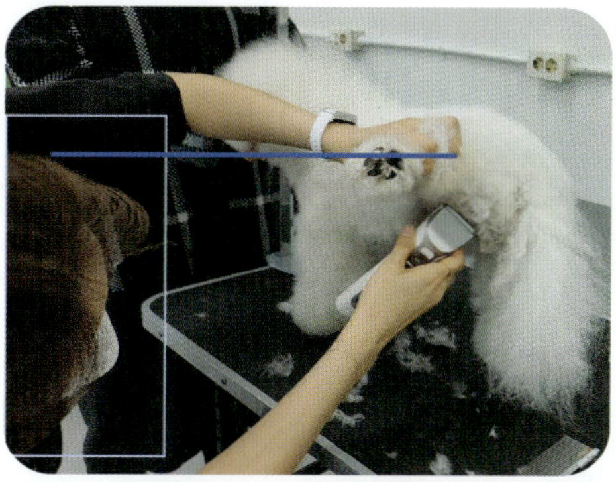

① 미용사의 왼손으로 반려동물의 뒷다리 한쪽을 동물의 등 높이 정도 들고, 동물의 생식기가 미용사의 한눈에 들어올 수 있도록 미용사의 머리는 다리 높이와 맞춰 자세를 낮춘다.

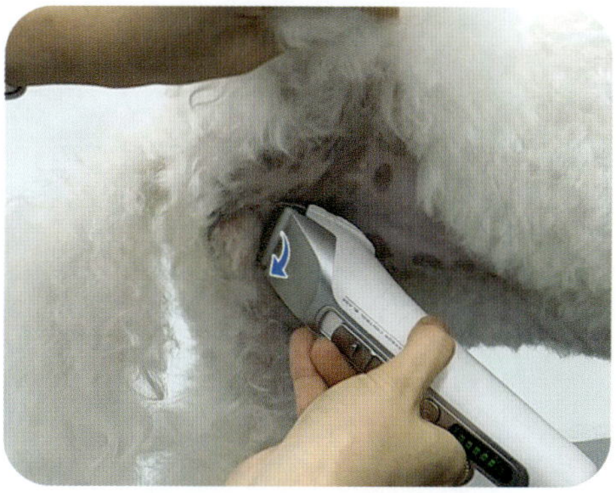

② 생식기는 털의 정방향으로 털을 걷어낸다는 느낌으로 힘을 주지 않고 조심히 클리핑한다. 이때 생식기 안쪽으로 클리핑 날이 들어가지 않도록 주의해서 클리핑한다.

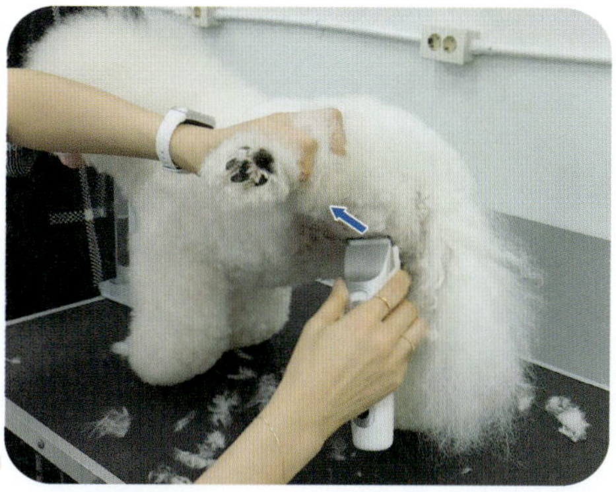

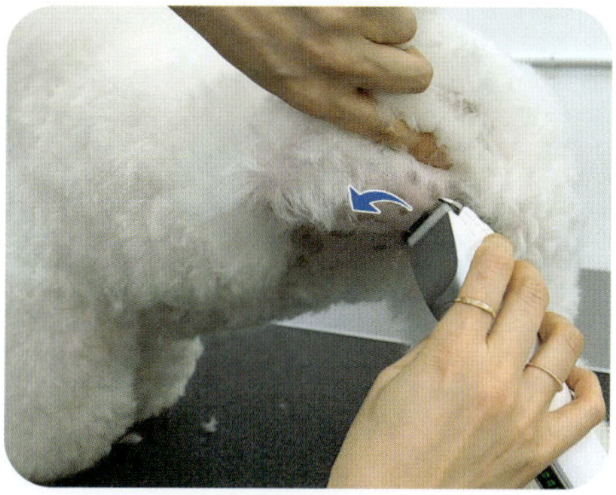

③ 생식기 주변의 털은 역방향으로 깔끔히 클리핑하여도 되며, 사타구니 쪽까지 밀어준다. 단, 클리퍼 날에 예민한 동물이라면 털의 정방향으로 밀어주는 것이 좋다.

④ 반대쪽도 같은 방법으로 클리핑한다.

4) 배 클리핑

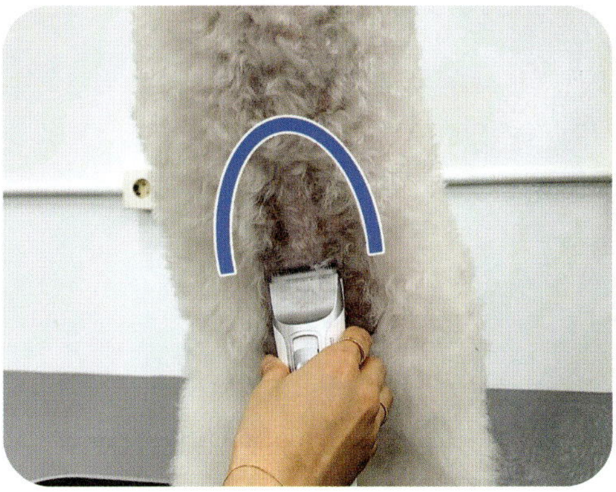

① 앞다리 양쪽을 한 손으로 잡아 세운 후 ∩형으로 클리핑한다.

✔ 암컷은 ∩, 수컷은 깊은 ∧ 모양으로 클리핑한다.

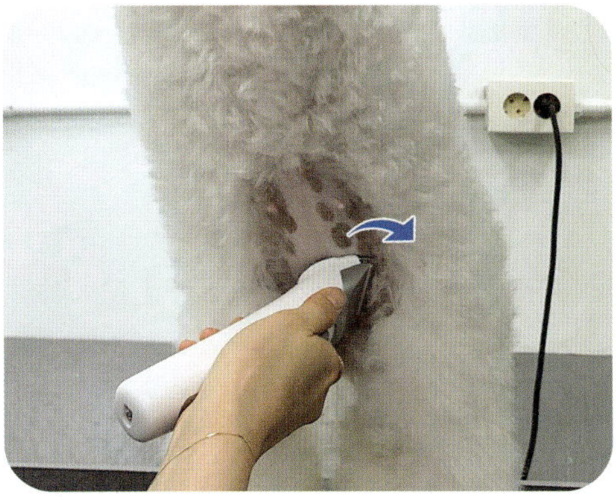
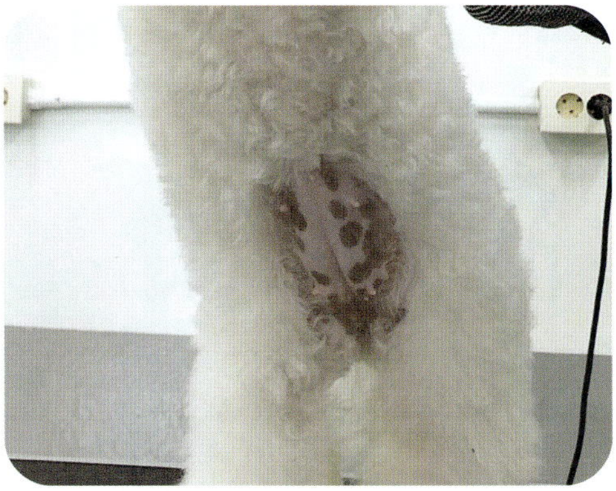

② 턱업 살 부분 클리핑 시 클리퍼날을 바깥 방향으로 수평을 유지하여 클리핑한다. 턱업 살이 펴지지 않고 늘어져있으면, 한쪽 다리만 들어 턱업 부분의 피부를 팽팽하게 당겨 털을 제거한다.

② 몸통 클리핑

① 클리퍼에 0.5~0.8mm 클리퍼날을 끼운다.

② 클리퍼날 테스트 및 남길 털 길이 체크를 위해 엉덩이 쪽부터 정(털 난 방향)으로 털을 클리핑한다.

✔ 몸 중앙부터 클리핑하면 수정이 어렵다.

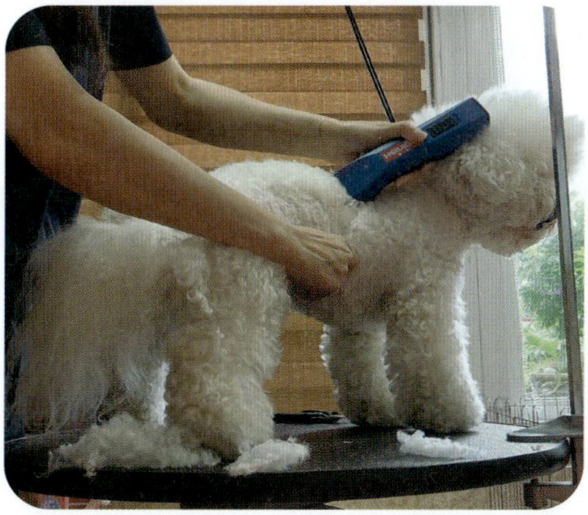

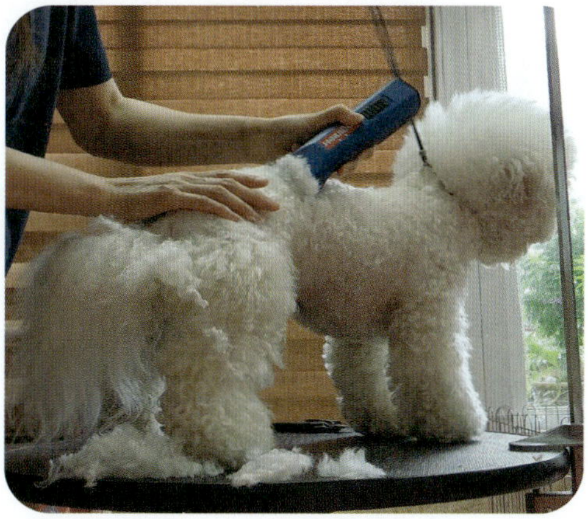

③ 남는 털의 길이가 적당하면 몸통을 정으로 클리핑한다.

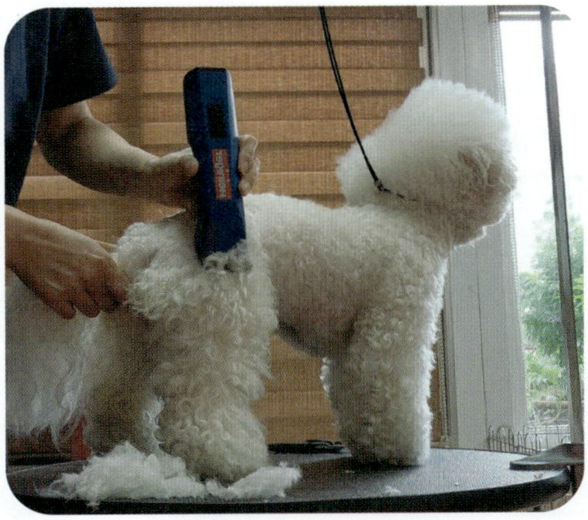

④ 뒷다리와 몸통에 경계선이 없도록 몸통에서 다리 방향으로 클리핑한다.

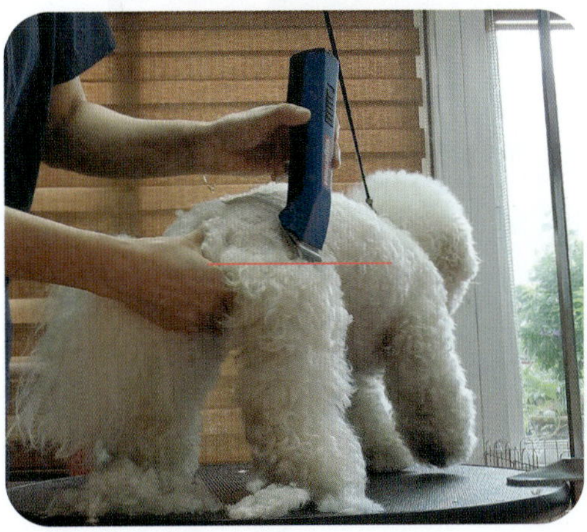
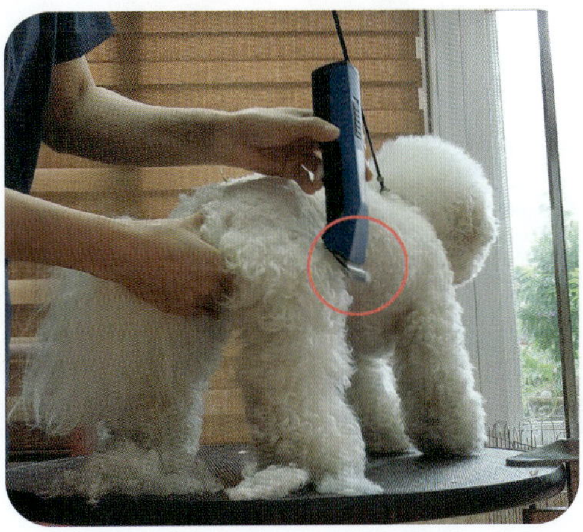

✔ 이때 클리퍼가 몸통과 다리의 경계선을 넘어감과 동시에 클리퍼날을 바깥으로 살짝 들어준다.

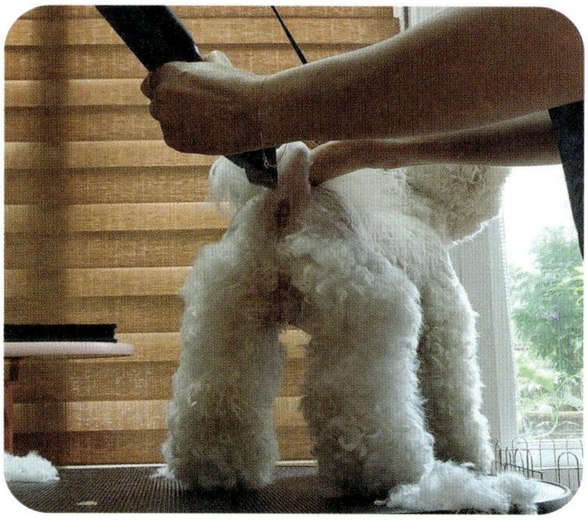

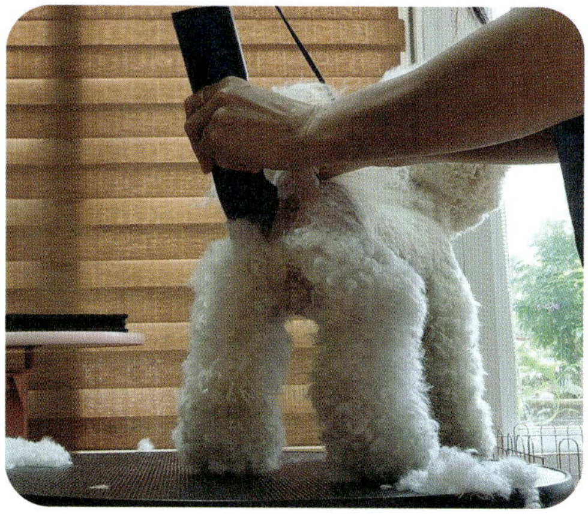

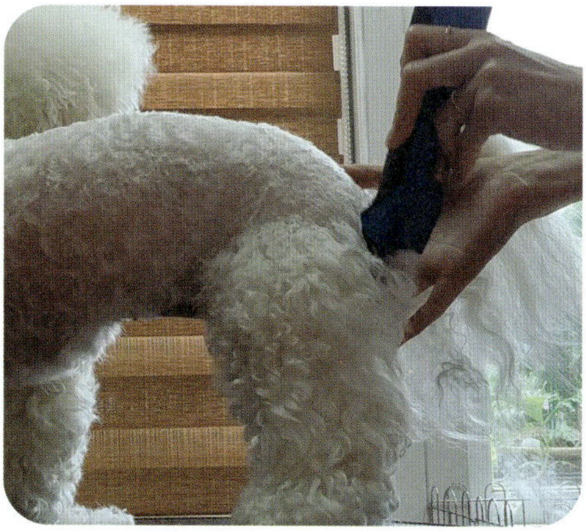

⑤ 엉덩이 쪽을 클리핑한다. 이때 항문과 생식기에 상처가 나지 않도록 조심히 클리핑한다.

⑥ 앞다리와 몸통에 경계선이 없도록 몸통에서 다리 방향으로 클리핑한다.

✔ 클리퍼가 몸통과 다리의 경계선을 넘어감과 동시에 클리퍼날을 바깥으로 살짝 들어준다.

⑦ 앞가슴을 클리핑한다. 앞가슴은 꼬여있는 털들이 있으니 여러 방향으로 클리핑해 준다.

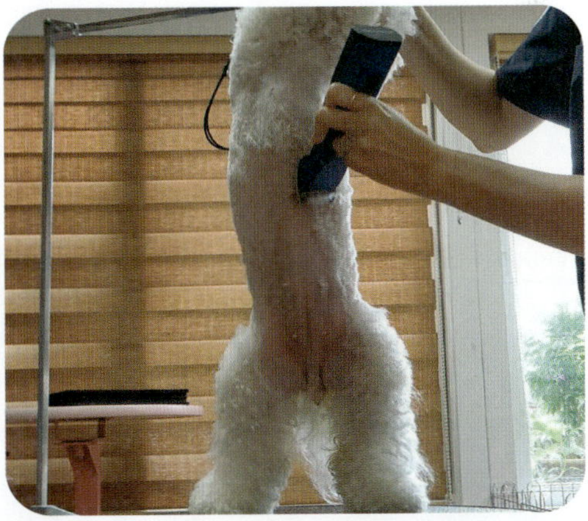
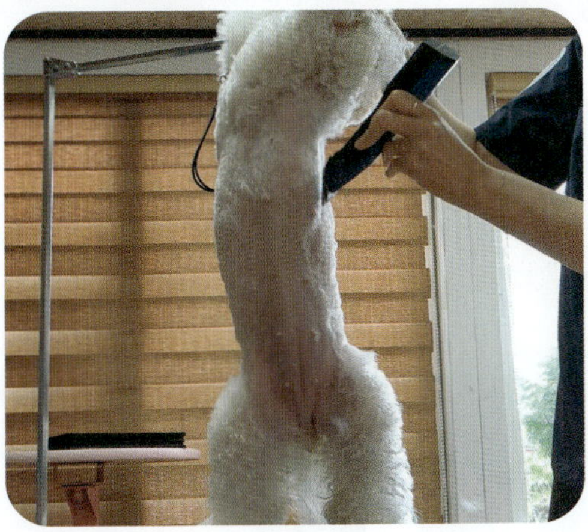
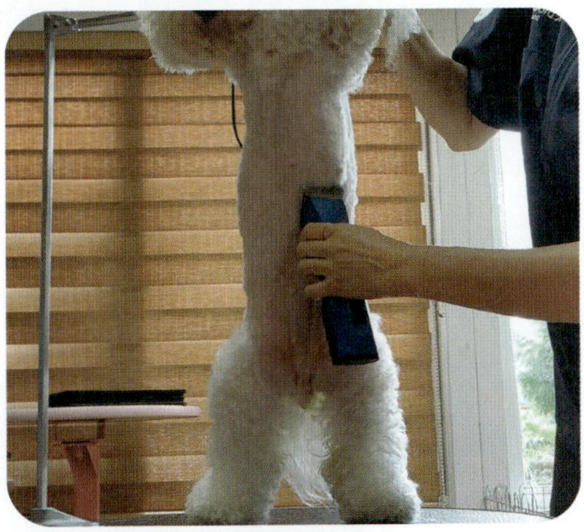

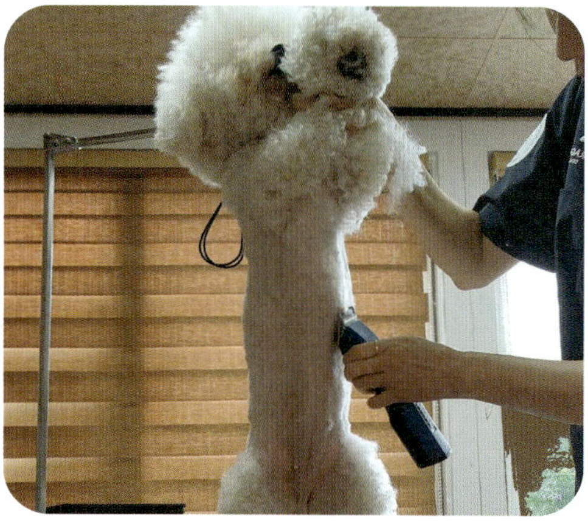

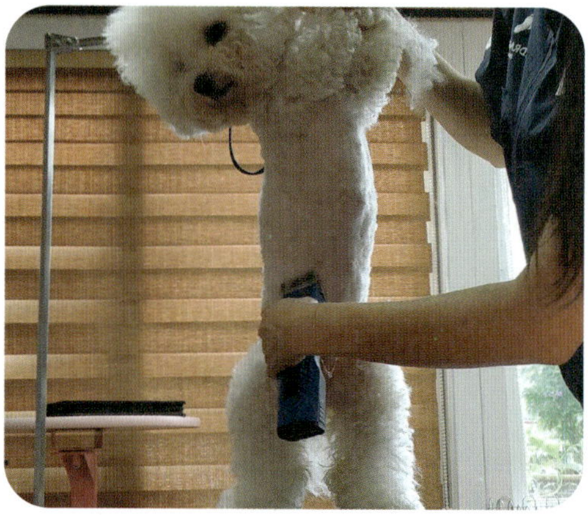

⑧ 앞다리를 잡고 위로 들어 올려 강아지를 세운 후 가슴을 클리핑한다. 클리핑 시 털이 난 정방향, 역방향을 번갈아가며 클리핑한다.

✔ 이때 보이는 부분만 클리핑하며, 겨드랑이 쪽은 테이블에 네 발로 세운 뒤 한 발씩 들어 클리핑한다.

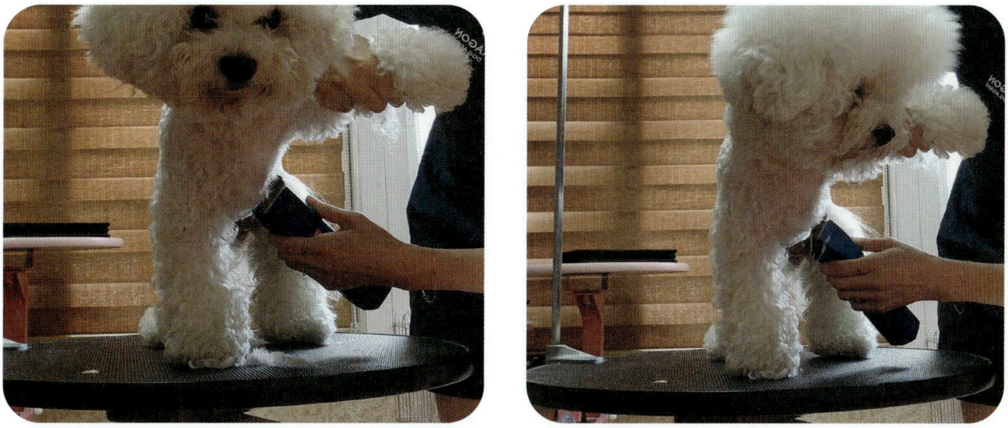

⑨ 왼쪽 앞발을 들어 밀지 못한 가슴 털을 깨끗이 클리핑한다.

⑩ 작업자의 왼손 검지와 엄지 사이로 오른 다리 어깨뼈 안쪽을 잡는다.

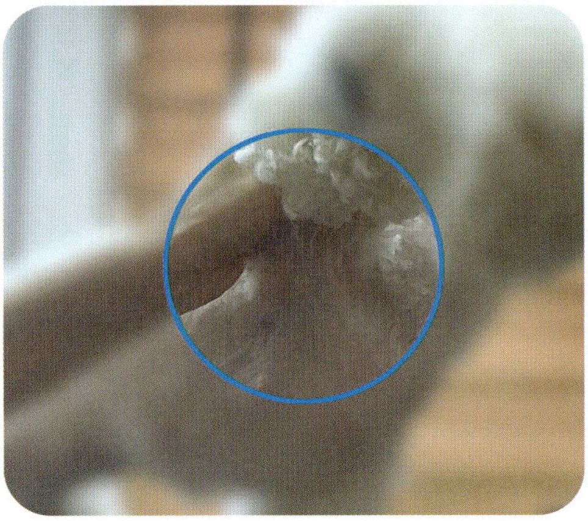

⑪ 팔을 들어 올리면서 엄지손가락으로 겨드랑이 주름을 쫙 편다.

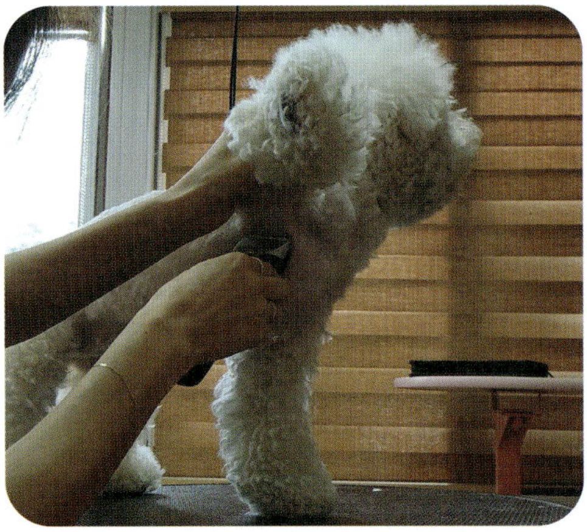

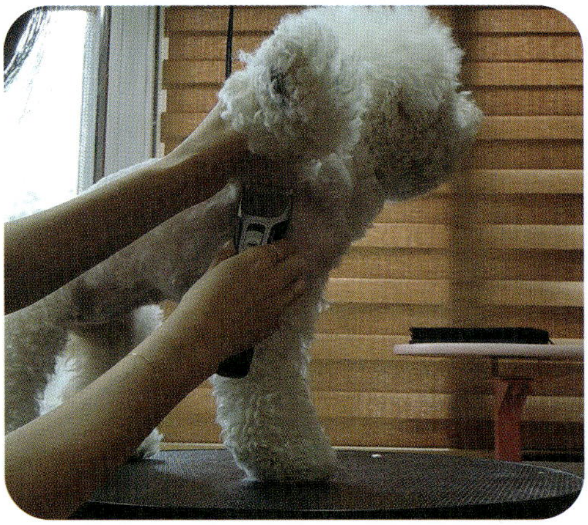

⑫ 겨드랑이 털을 클리핑한다.

⑬ 작업자의 왼손 검지와 엄지 사이로 왼쪽 앞다리 어깨뼈 안쪽을 잡는다.

⑭ 팔을 들어 올리면서 엄지손가락으로 겨드랑이 주름을 쫙 편다.

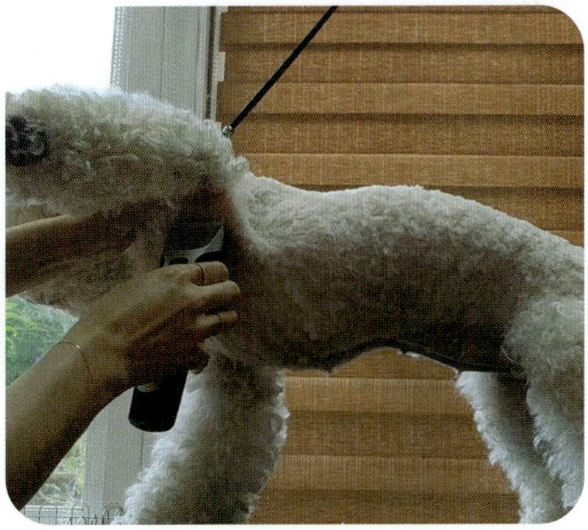

⑮ 겨드랑이 털을 클리핑한다.

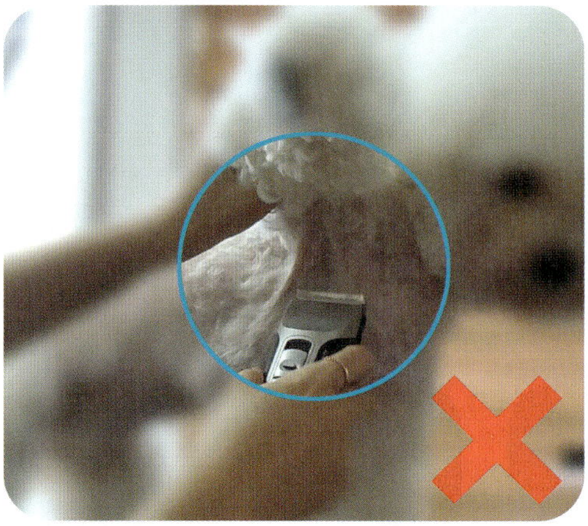

✔ 겨드랑이가 주름 없이 펴져야 상처 없이 깨끗이 털을 클리핑할 수 있다.

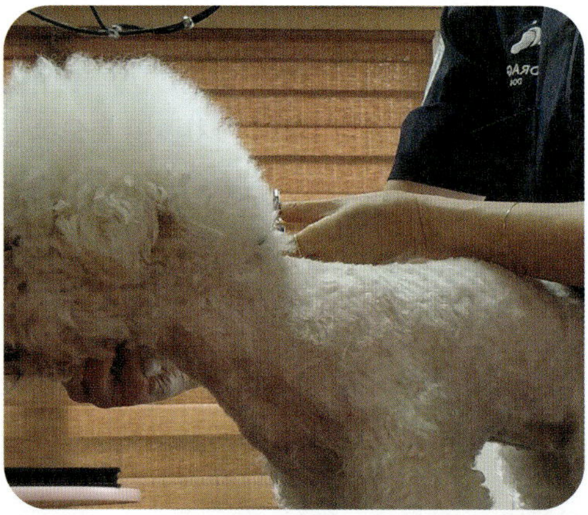

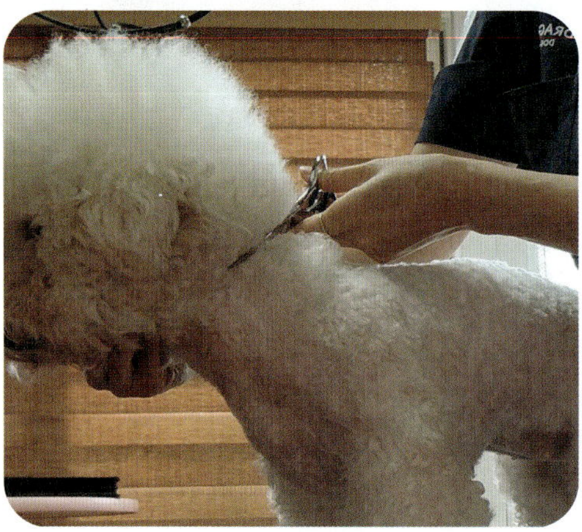

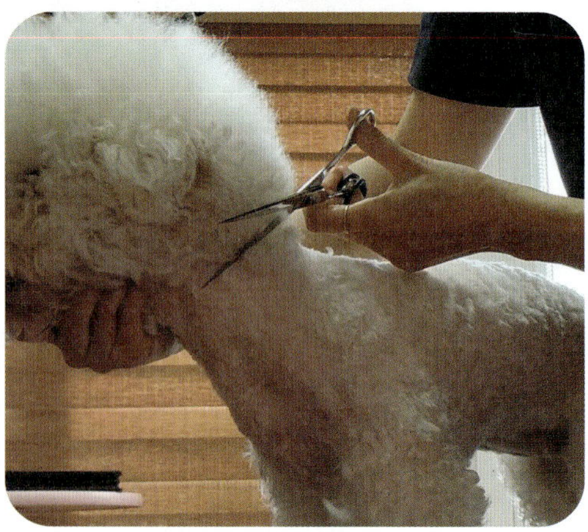

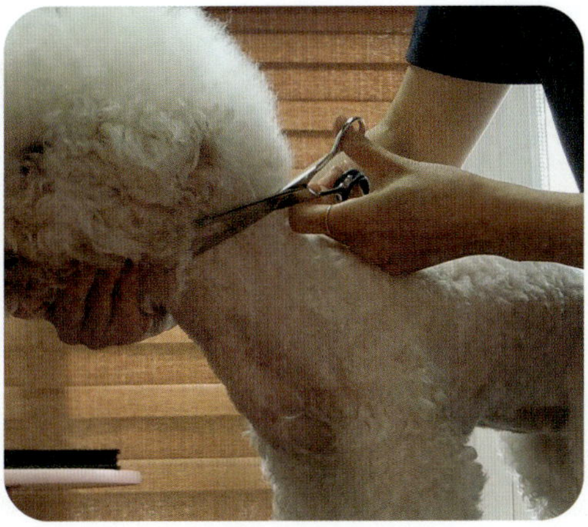

⑯ 뒤통수 모양을 잡기 위해 클리핑하기 전에 가위로 둥글게 모양을 잡는다.

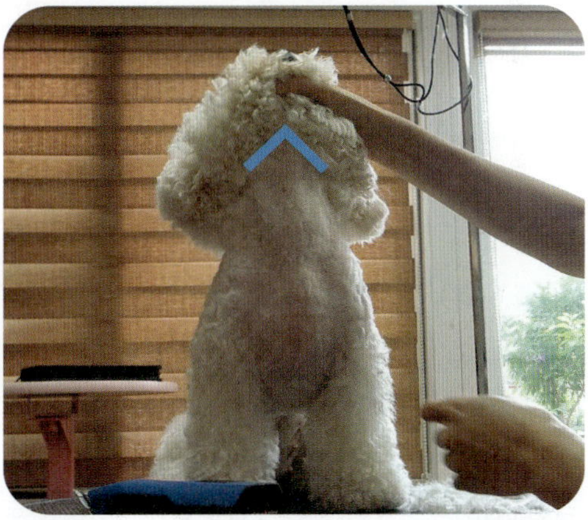

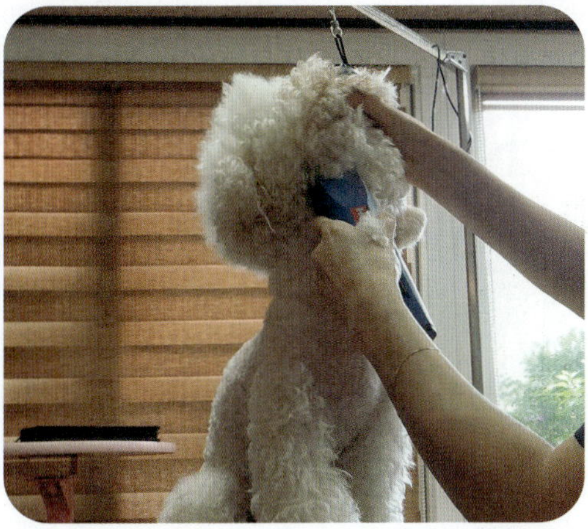

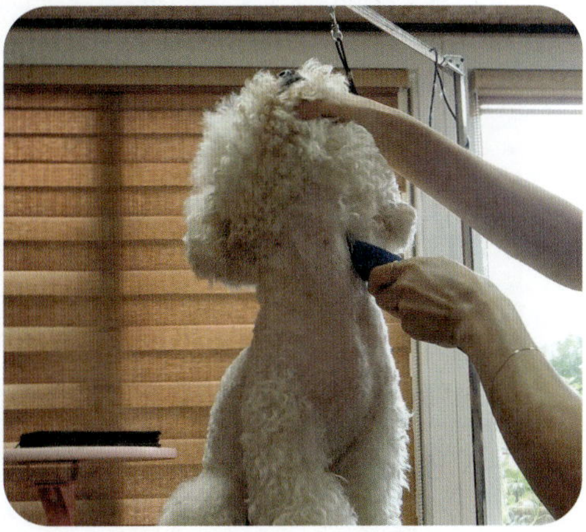

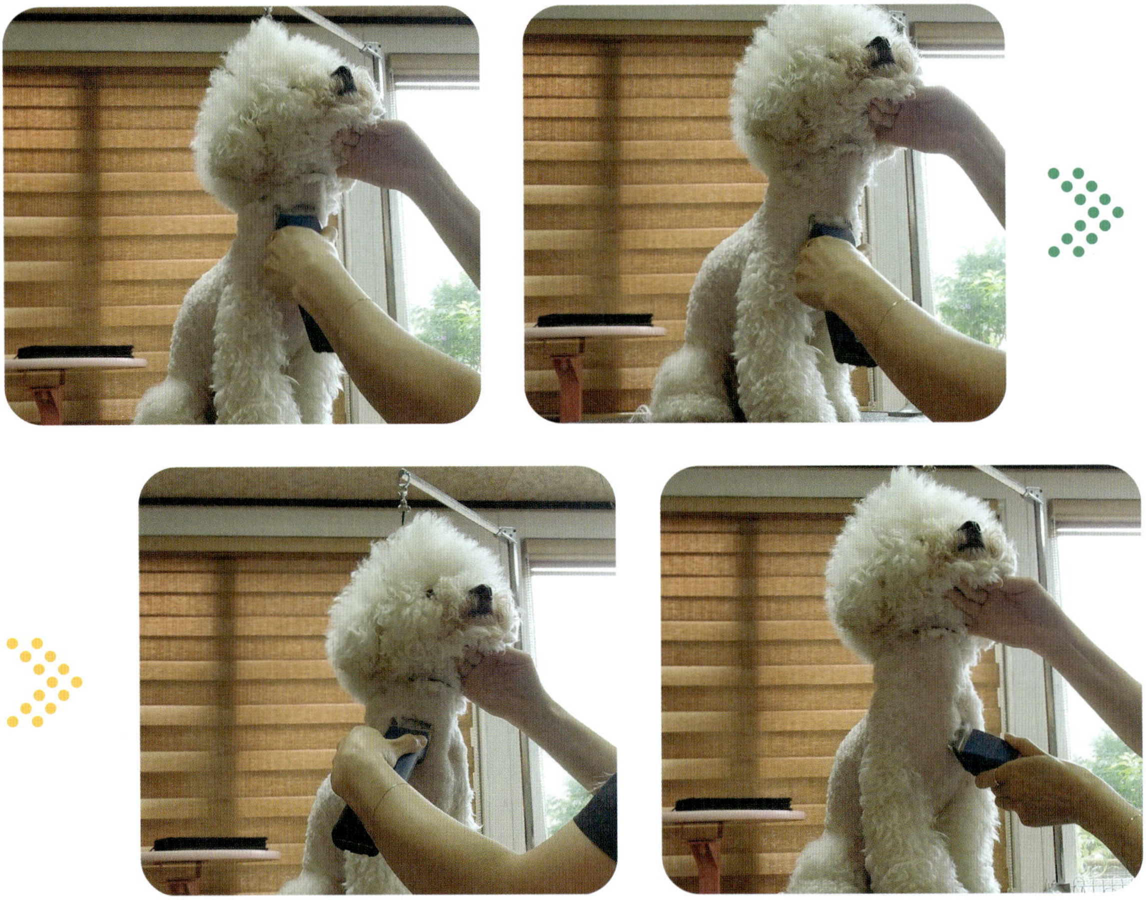

⑰ 머즐을 살짝 잡아 목 뒤로 젖힌 다음 목 아랫부분을 ‘∧’ 모양으로 클리핑한다.

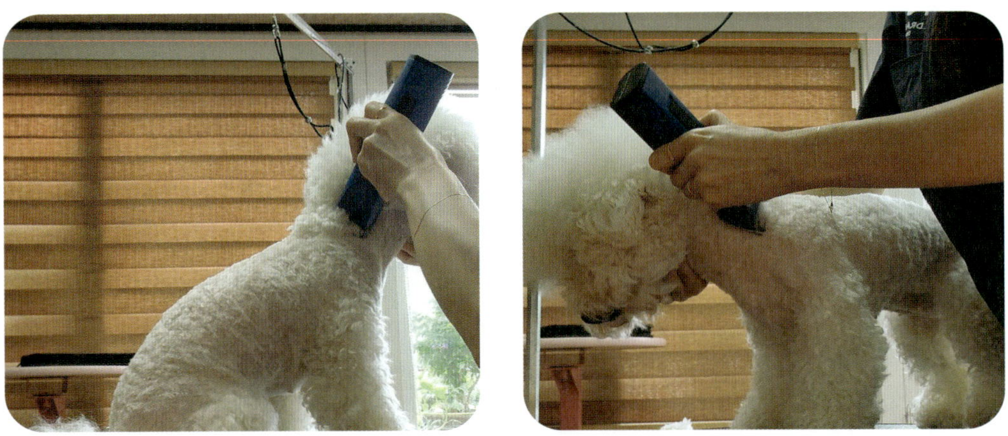

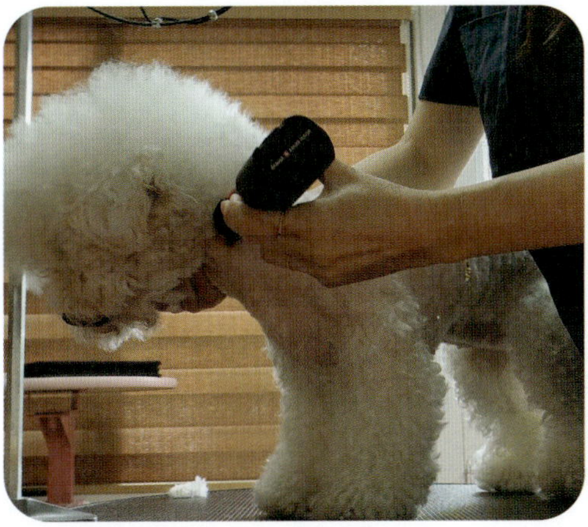
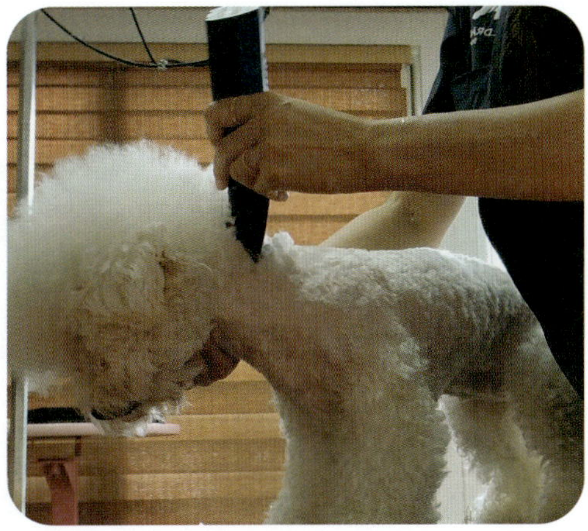

⑱ 뒤통수 라인 밖으로 나와있는 털을 클리핑한다.

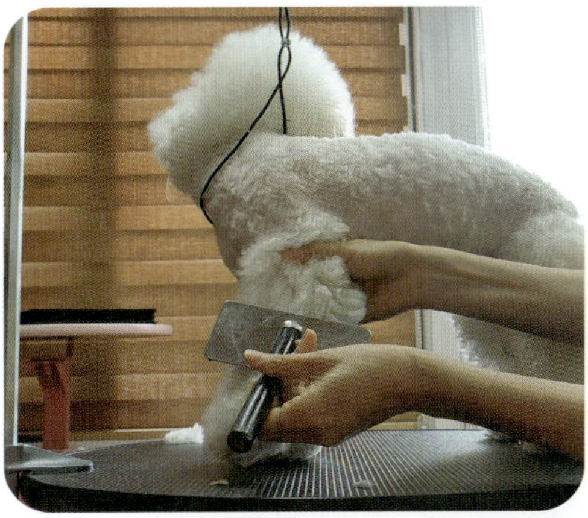
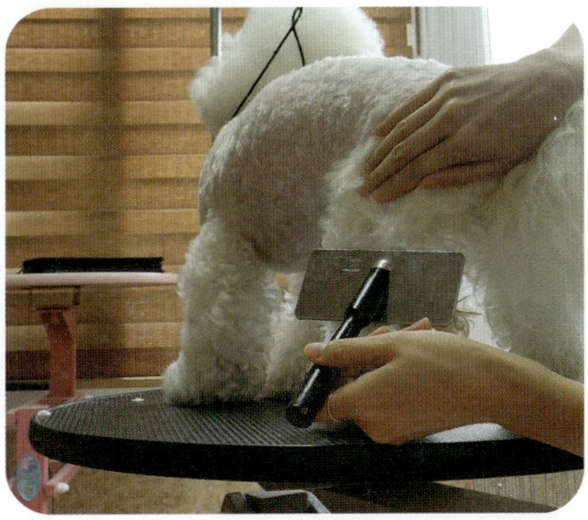
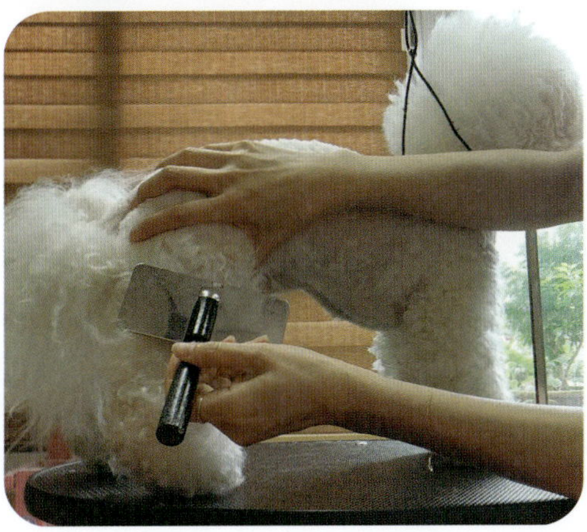

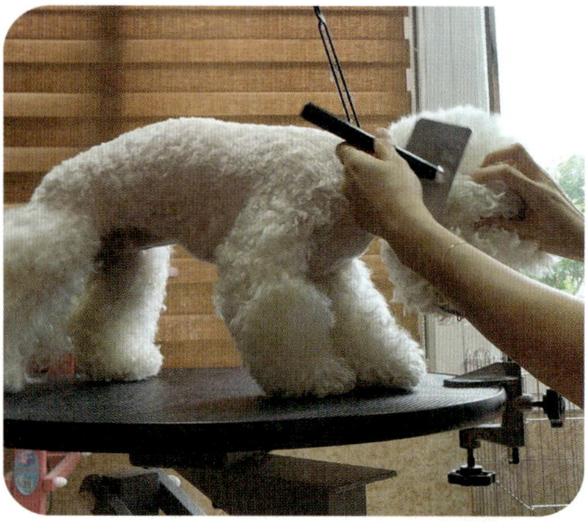

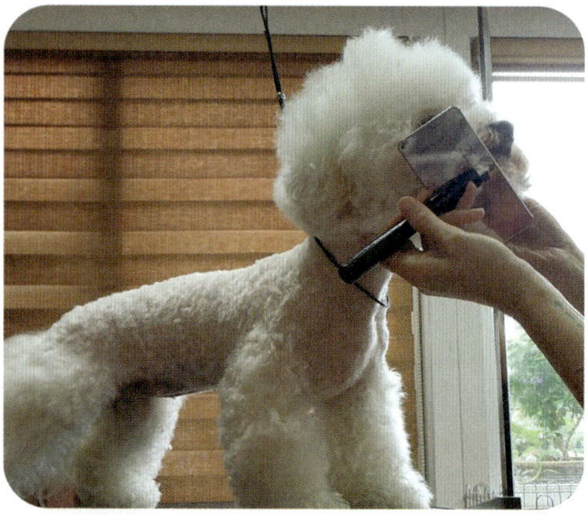

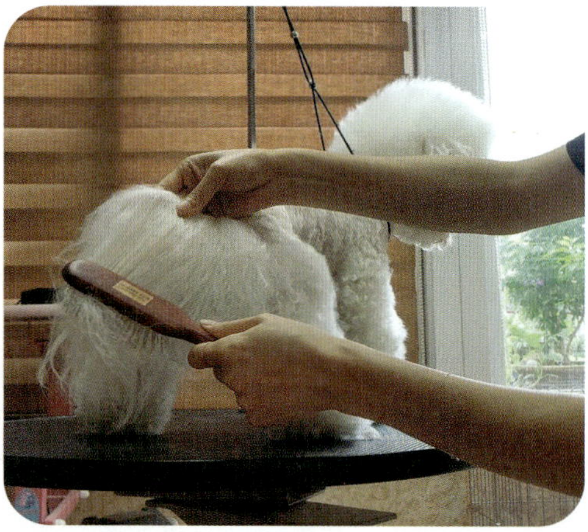

⑲ 목욕하기 전에 전체적으로 빗질을 한다. 예민한 꼬리는 핀브러시로 빗질한다.

⑳ 초벌 시저링을 한다.

✔ 스포팅 라인을 생각하며 전체적인 라인과 풋라인을 잡는다.

③ 목욕하기

목욕은 피부 및 모발의 건강을 위하여 필요할 뿐만 아니라 그 품종의 특징을 잘 표현하는 아름다움을 위해 매우 중요하다. 샴핑은 샴푸제로 2번 정도에 걸쳐 하는 것이 기본이다. 먼저 전체적으로 더러운 부분을 씻어내고, 두 번째는 아직 남아있는 오염을 완전히 제거하도록 한다. 특히 귀 부분은 기름 성분이 많이 축적되어 있는 곳이기 때문에 더 신경 써서 샴핑을 하도록 한다.

- **준비물:** 희석한 샴푸, 린스, 눈곱 빗, 타월

✔ 샴푸, 린스 희석 시 제품마다 희석 비율이 다르므로 제품마다 희석 비율을 꼭 확인한 후 사용한다.

① 물의 온도(39~40°)와 수압을 조절한다.

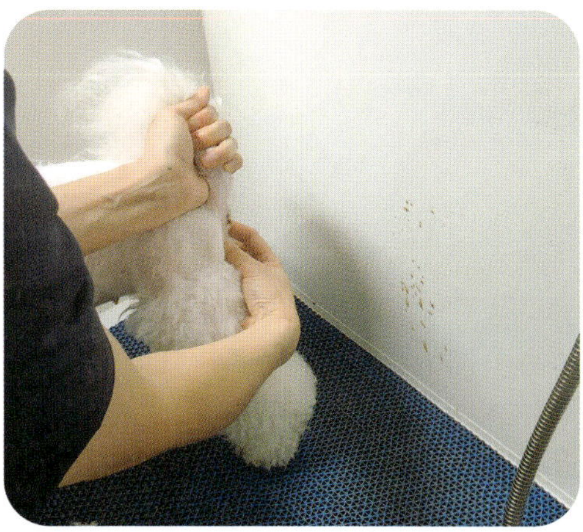

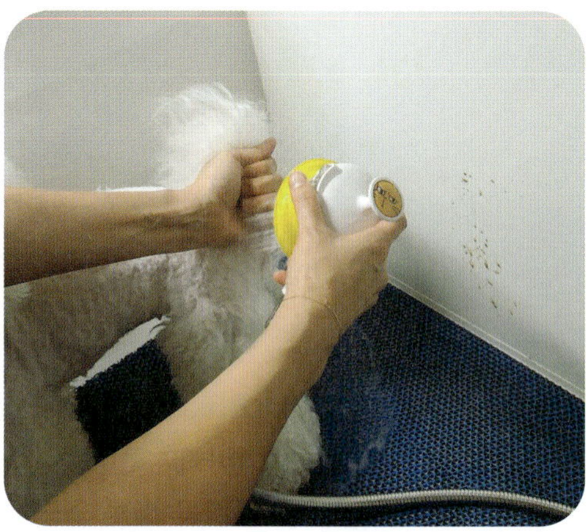

② 항문낭액을 배출시킨 후 물로 항문낭액이 튄 곳을 씻어내고 엉덩이도 헹궈준다.

✔ 엉덩이를 욕조 벽 쪽으로 향하게 하여 다른 곳으로 항문낭액이 튀지 않게 한다.

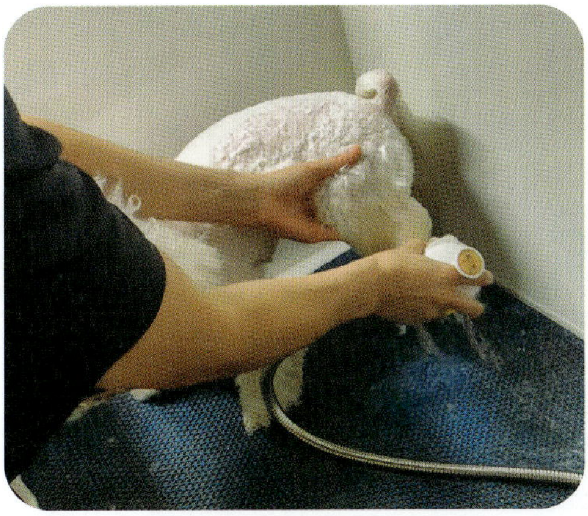

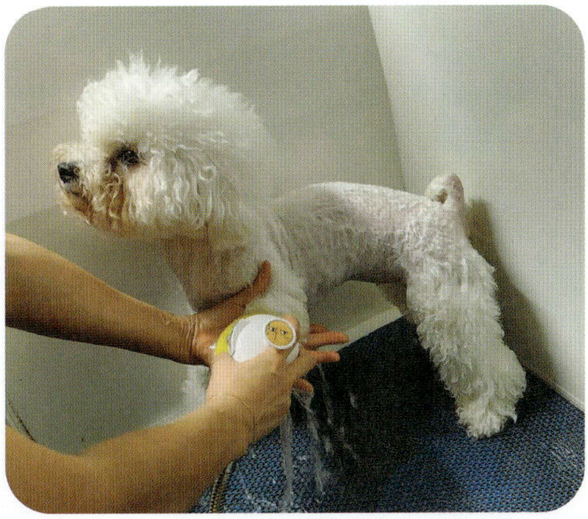

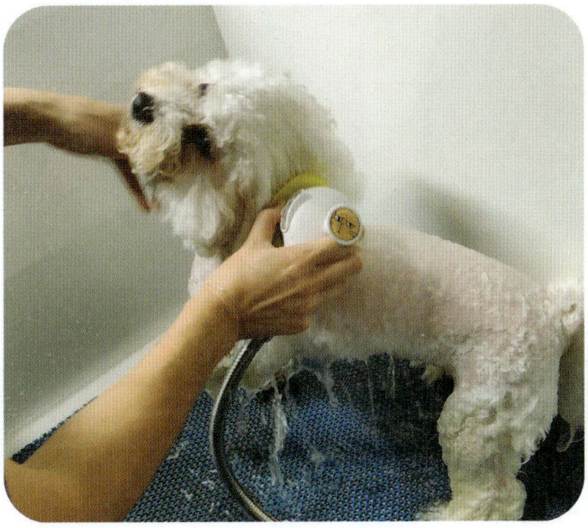

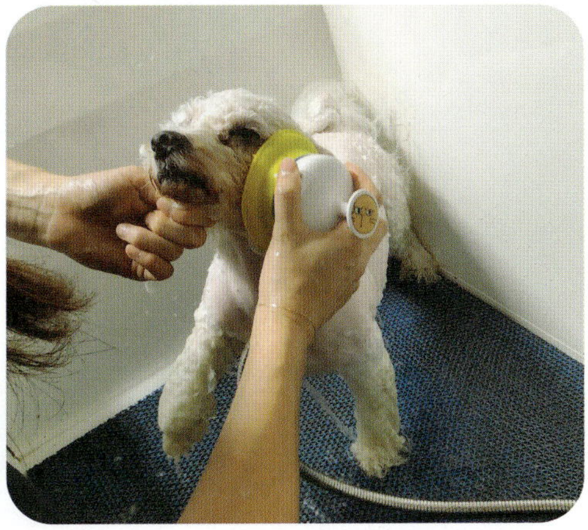

③ 놀라지 않게 천천히 후지 → 전지 → 꼬리 → 엉덩이 → 몸통 → 두부 순으로 물을 적신다.

✔ 샤워기의 물줄기가 자극적이거나 물을 무서워하여 얼굴을 씻을 때 거부하는 반려견은 비어있는 샴푸통에 물을 담아 얼굴을 씻기면 거부감이 덜하다.

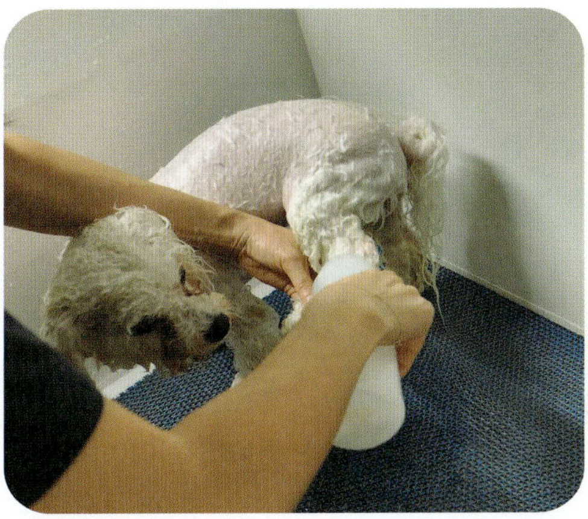

④ 전체적으로 샴푸를 골고루 도포한다.

✔ 거품통을 이용하여 거품을 만들어 샴핑을 하면 털 손상을 줄일뿐더러 샴푸의 낭비를 막고, 거품이 전신에 골고루 퍼져 효과적인 샴핑을 할 수 있다.

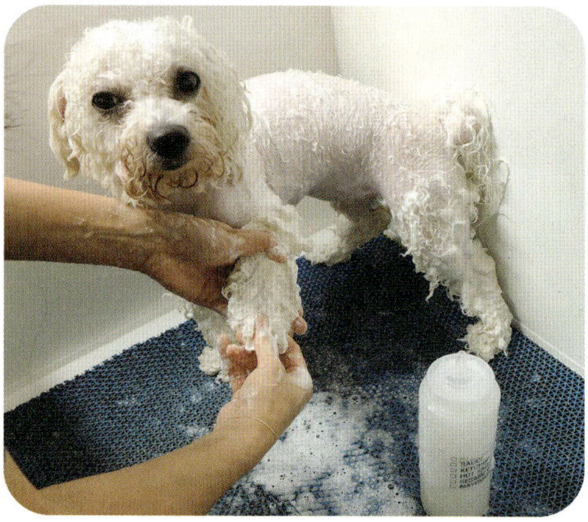

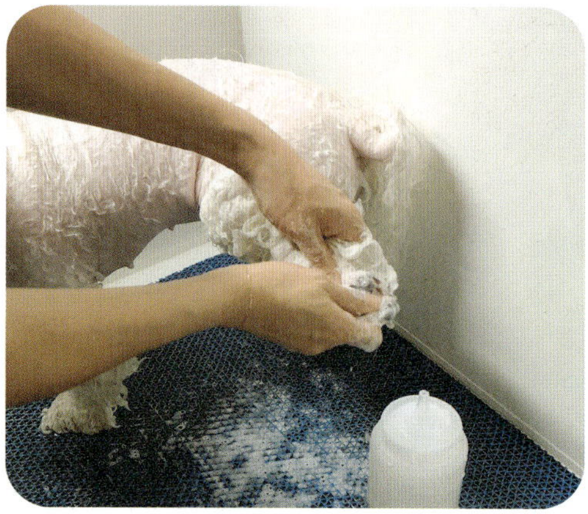

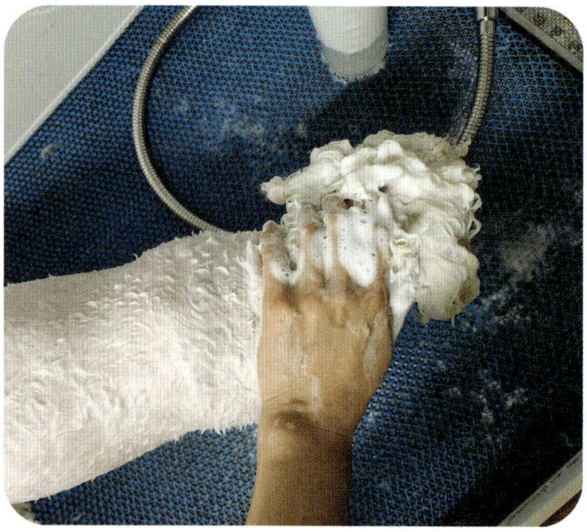

⑤ 피부를 적당히 자극하여 마사지를 하고, 귀, 발가락, 발바닥 사이도 마사지해 주듯이 문질러준다.

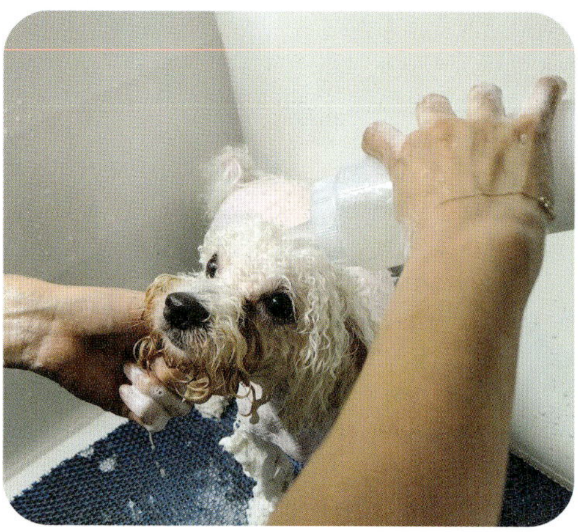

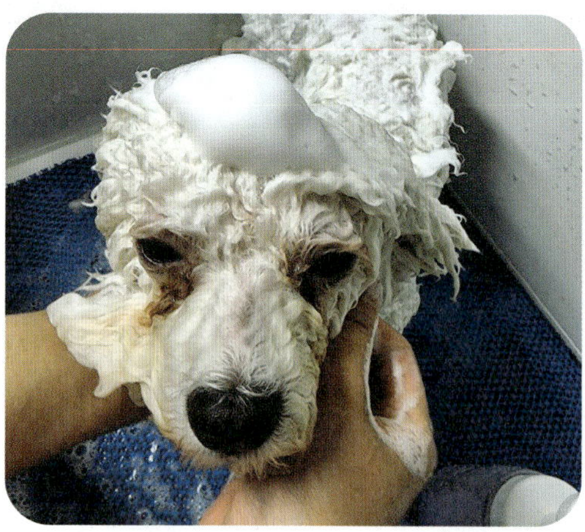

⑥ 몸과 발의 샴핑이 끝나면 얼굴에 거품을 도포한다. 눈과 코, 귀에 샴푸액이 들어가지 않도록 주의한다.

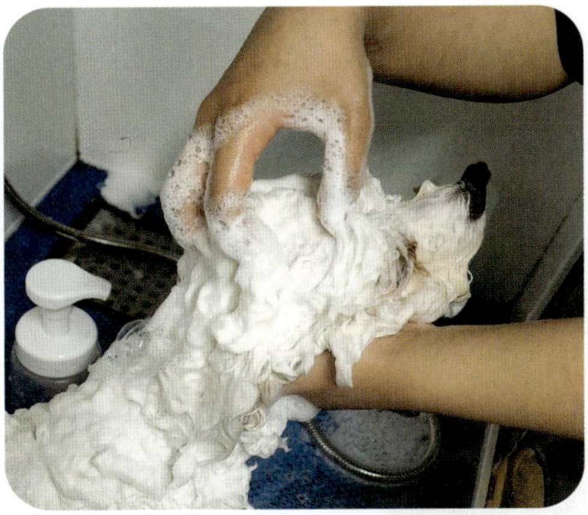

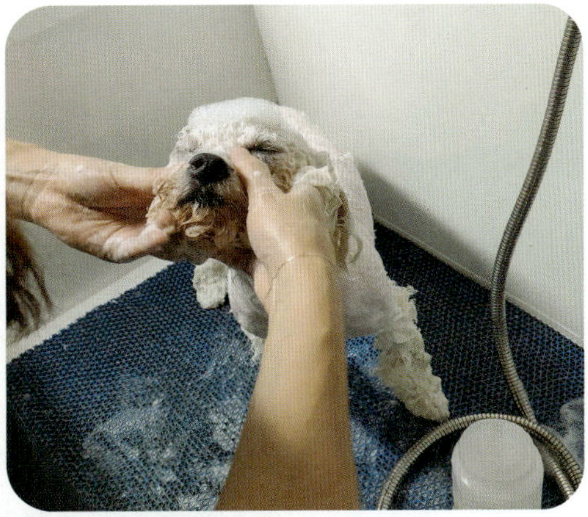

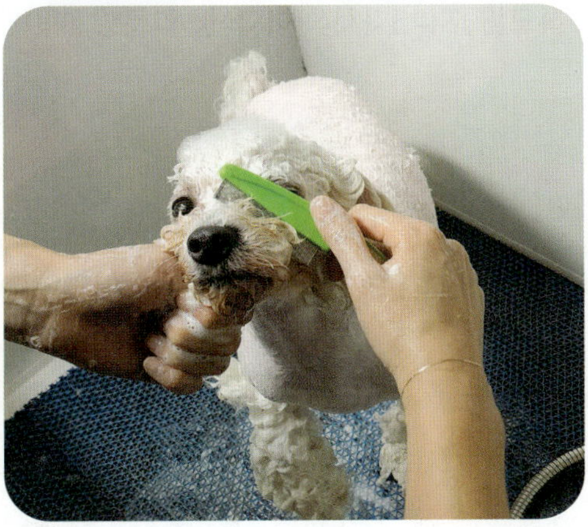

⑦ 눈 주변이 눈곱 등 분비물로 지저분할 때에는 안면 빗을 이용해 조심히 제거하고, 분비물이 뭉쳐있다면 온수에 불려 안면 빗을 사용하여 조심스럽게 제거한다.

⑧ 두상 쪽은 최대한 빠르게 샴핑한다.

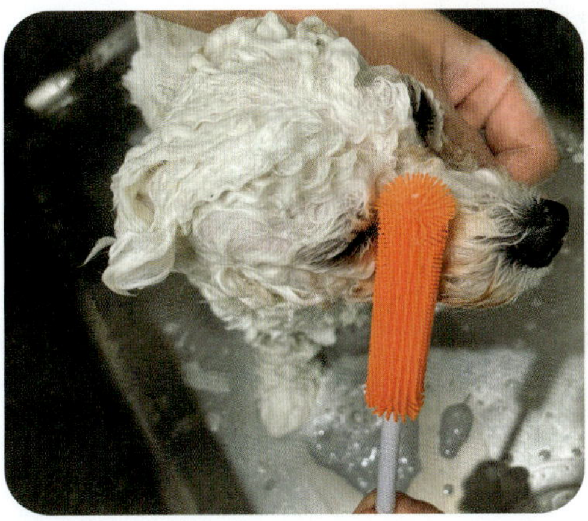

✔ 성격이 예민하고 사나워서 얼굴 쪽에 거품을 내기 힘들다면 실리콘 솔로 얼굴 주위를 문질러주면 된다.

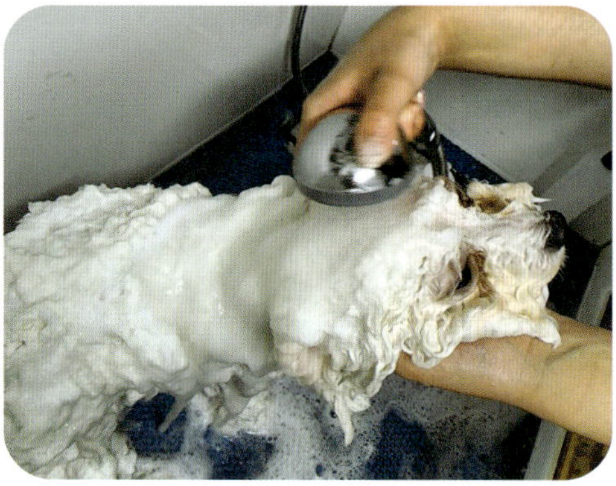

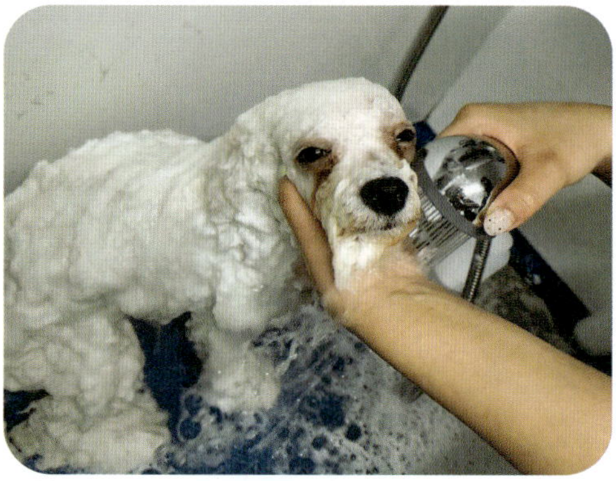

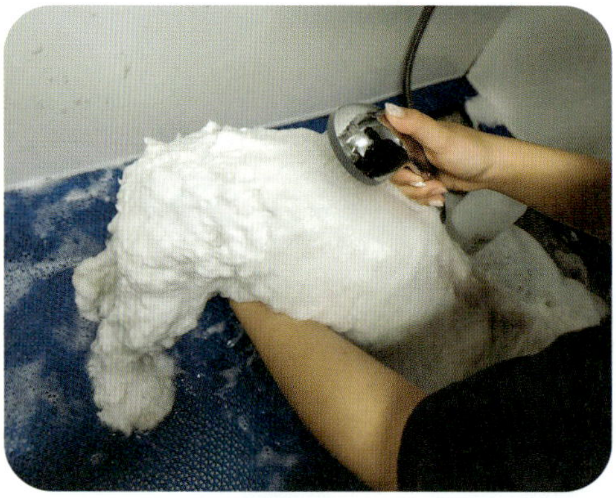

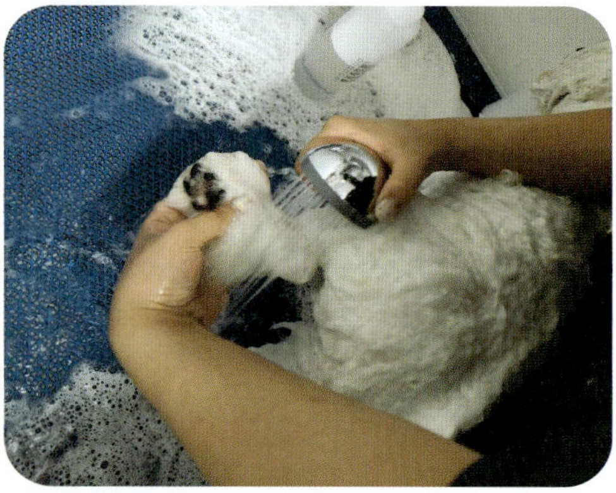

⑨ 물 온도와 수압을 체크한 후 머리부터 서서히 아래쪽으로 깨끗이 씻어낸다.

⑩ 오염이 심한 부분이나 특히 귀 부분은 한 번 더 샴핑을 한 후 깨끗이 씻어낸다.

✔ 머리 쪽을 씻을 때에에는 턱을 잡아 머리를 뒤로 젖혀 코에 물이 들어가지 않게 주의한다.

✔ 보통 두상 쪽에 샤워기를 가져다 대는 것만으로도 강하게 거부하는 경우가 많다. 이때 샤워기를 떨어트려서 씻어내지 말고, 물줄기가 느껴지지 않도록 머리 쪽에 딱 붙여서 비비듯이 씻어낸다. 얼굴뿐만 아니라 몸도 이런 방법으로 씻어내면 거부감이 줄어든다. 그러나 샤워기 자체를 거부하는 예민한 반려견이라면 소스통에 물을 담아 얼굴을 씻을 때 사용하면 거부감 없이 효과적으로 얼굴을 헹궈낼 수 있다.

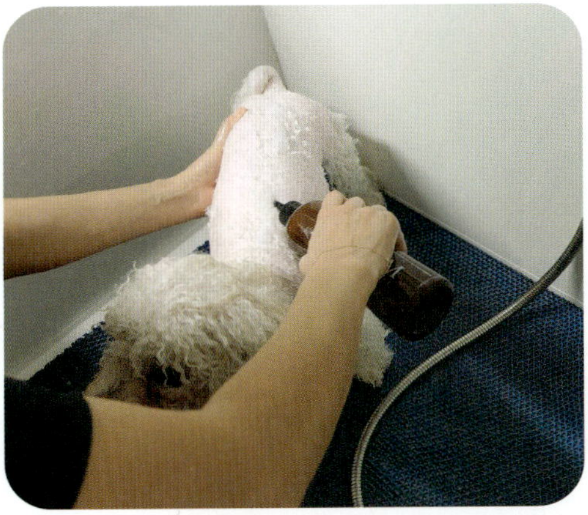

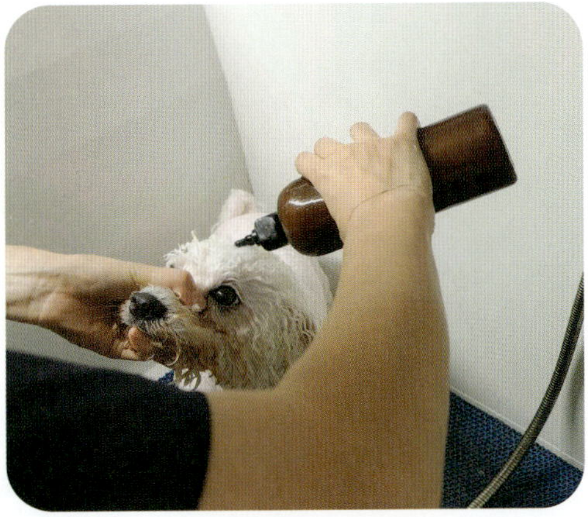

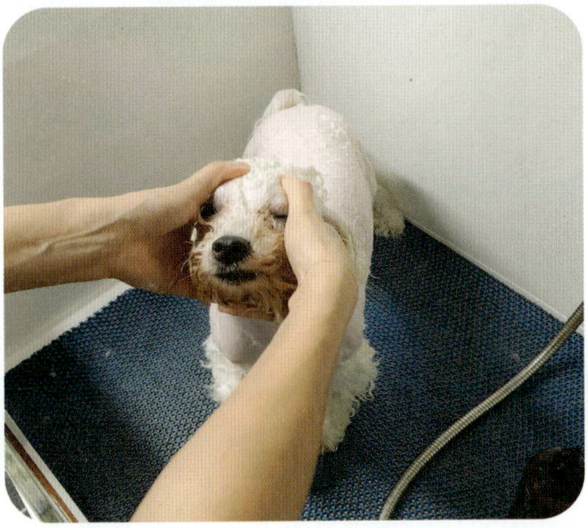

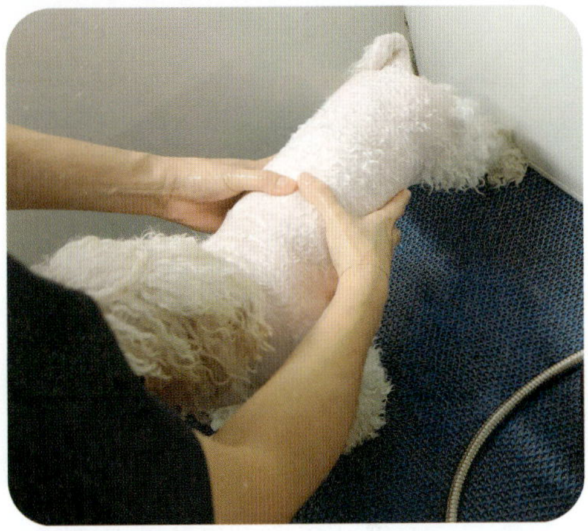

⑪ 린스를 전신에 골고루 도포한 후 털에 성분이 충분히 스며들 수 있도록 5분 정도 전신을 마사지한다.

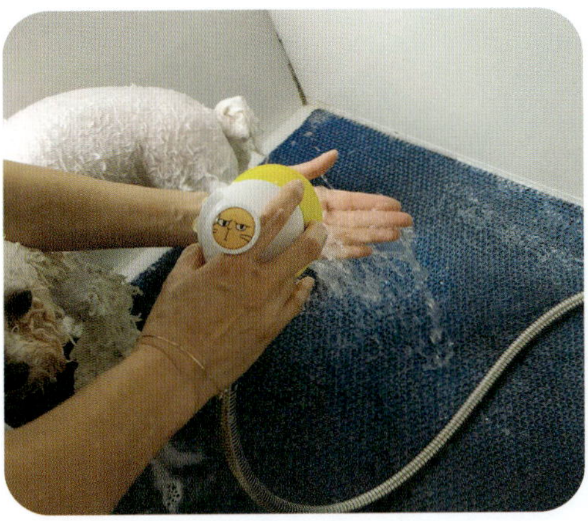

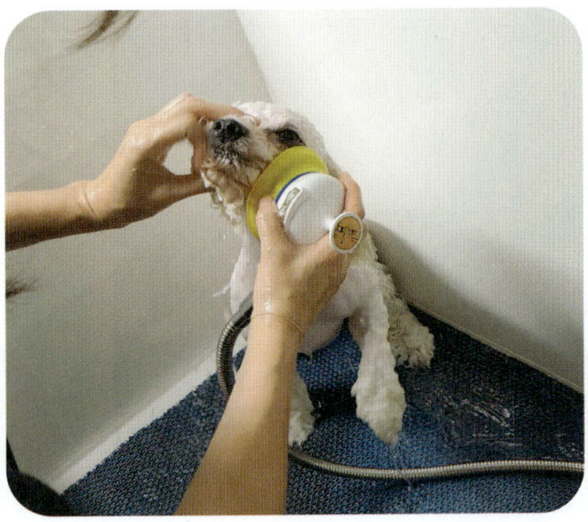

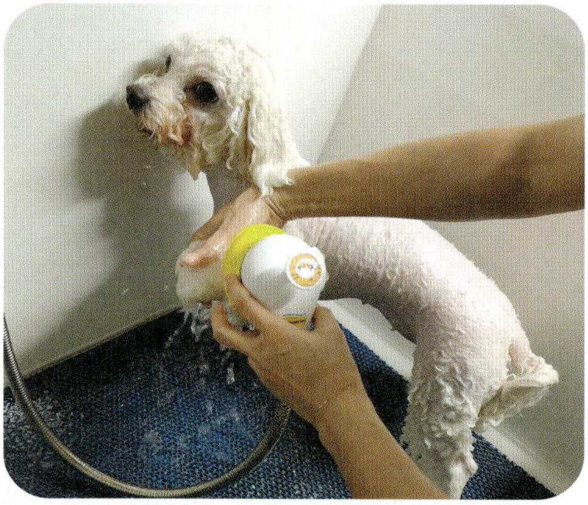
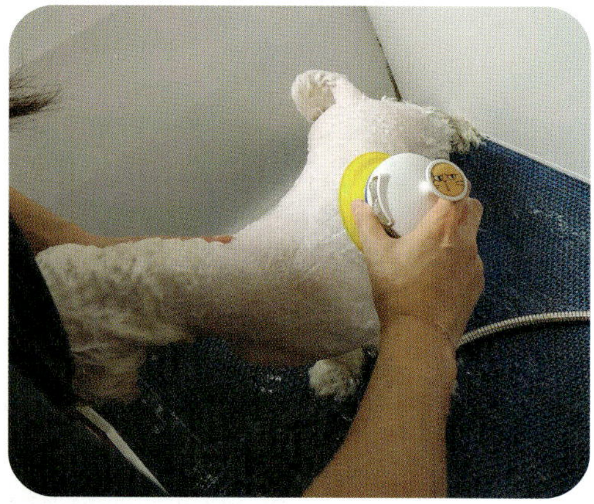
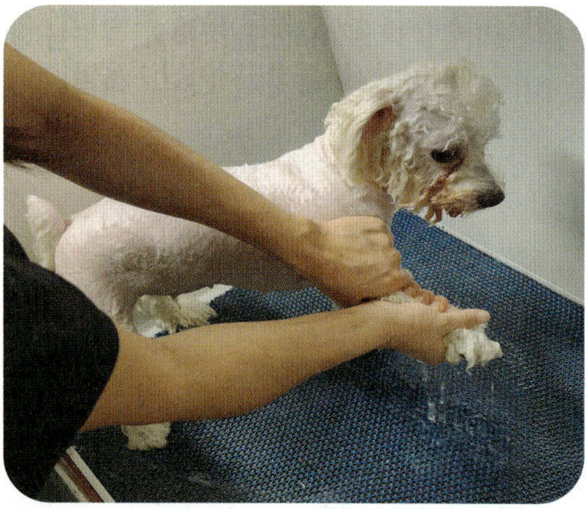
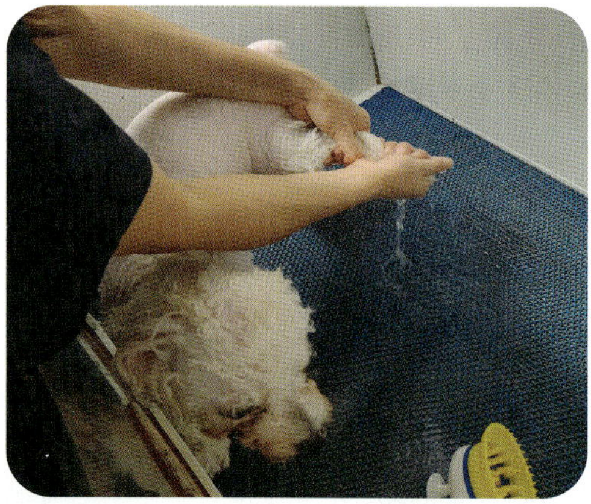

⑫ 물 온도와 수압을 체크한 후 머리부터 서서히 아래쪽으로 깨끗이 씻어낸 후 몸에 있는 수분을 손으로 눌러 짜 준다.

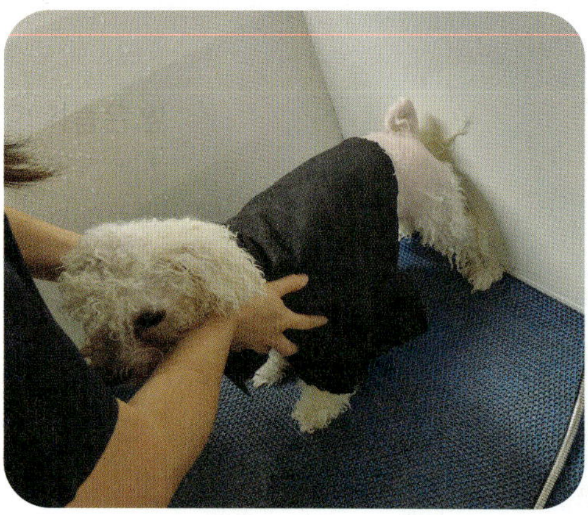
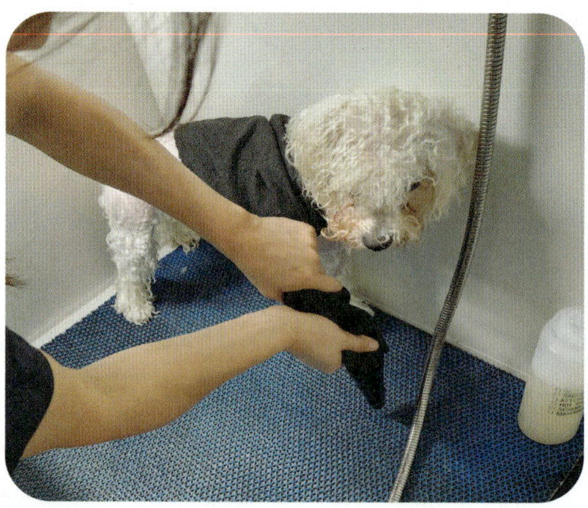

⑬ 욕조에서 동물 꺼내기 전에 타월로 얼굴 먼저 물기를 제거한 후 몸의 물기를 제거한다. 물기 제거 시 타월로 몸을 비비지 말고, 타월을 감싼 후 꾹꾹 눌러 물기를 타월에 흡수시킨다. 물기로 축축해진 타월은 비틀어 물기를 짜내고, 다시 물기를 제거한다. 물기가 제거될 수 있도록 여러 번 반복한다.

④ 드라이하기

드라이는 미용완성에 있어서 50% 이상을 차지하는 중요한 작업 중에 하나이다. 드라이가 잘 못되어있으면 미용 시 시간이 오래 걸릴 수도 있으며 미용완성도도 떨어진다. 드라이 작업 시 구불거림과 엉킴이 없도록 드라잉을 해야 한다. 이때 피부, 외부 진드기 등도 잘 살펴본 후 발견 시 사진을 찍어두는 것이 좋으며, 견주에게 반드시 알려야 한다.

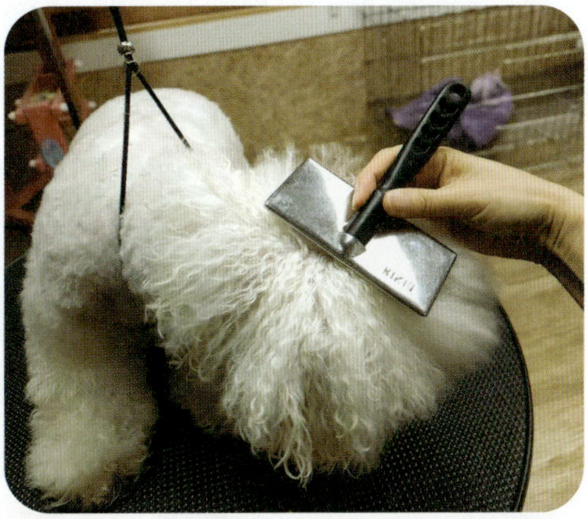

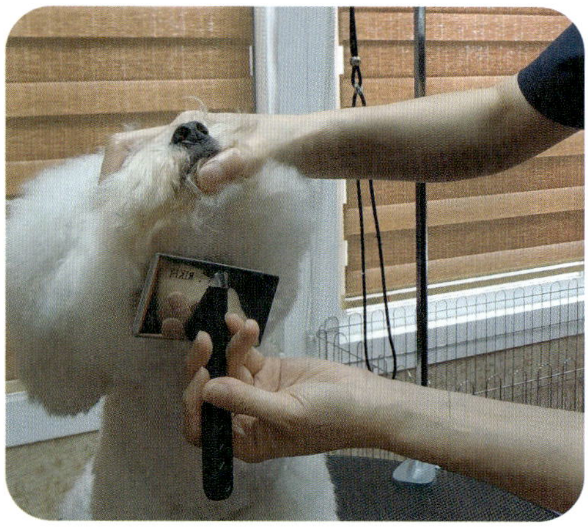

① 이마 → 머리 → 뒤통수 → 머즐/볼 → 귀 → 턱 순으로 드라잉한다.

✔ 귀를 드라이할 때에는 손바닥 위에 귀를 올려놓고 부드럽게 드라잉해야 하며, 특히 귀 끝이 잘 마를 수 있도록 한다. 귀는 얇고 예민한 부분이며 잘못된 브러싱이나 드라잉 시 상처가 날 수 있으므로 주의한다. 또 귀 뒤쪽과 턱 옆 볼 쪽은 브러시에 의한 상처가 잘 나는 곳이므로 각별히 주의해야 한다.

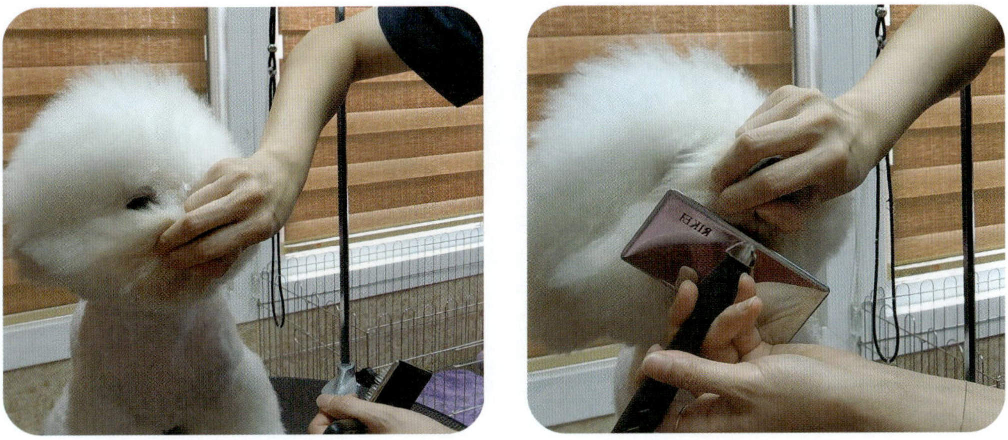

✓ 정면에서 드라이 시 코에 바람이 직접 들어가지 않도록 한손으로 코를 막으며 양쪽 볼을 드라이한다.

✓ 머즐이나 볼 드라이 시 드라이할 반대편 털을 잡고 부드럽게 귀 쪽으로 당긴다.

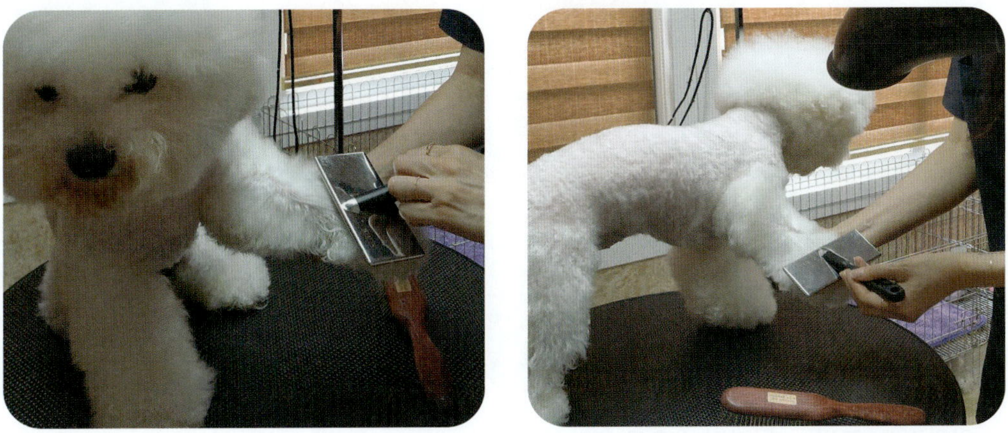

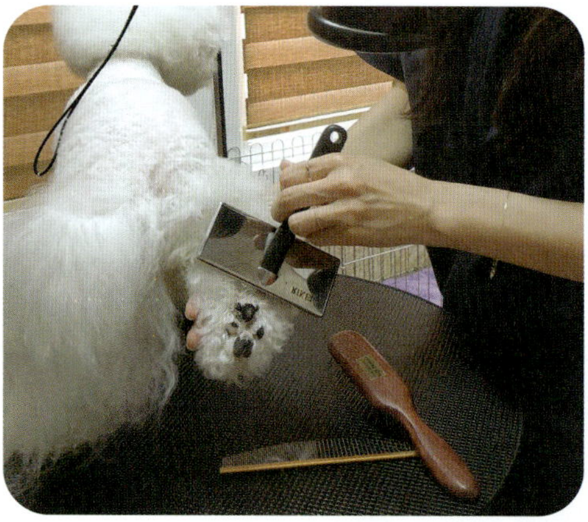
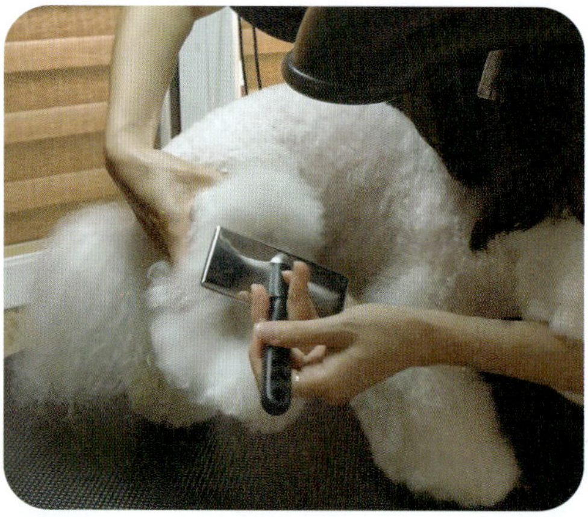

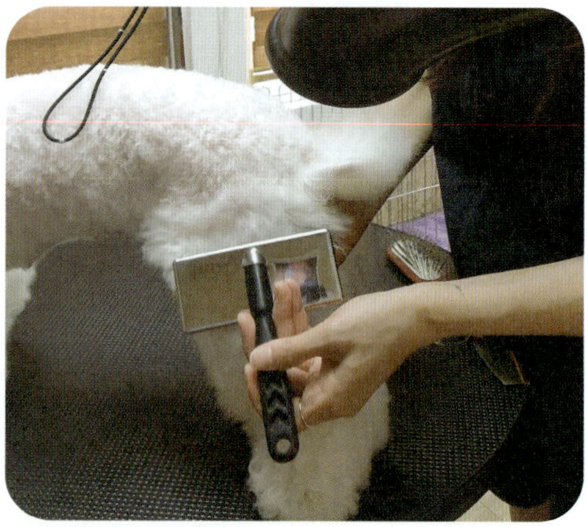

② 몸통 → 앞다리 → 꼬리 → 뒷다리 순으로 드라이한다.

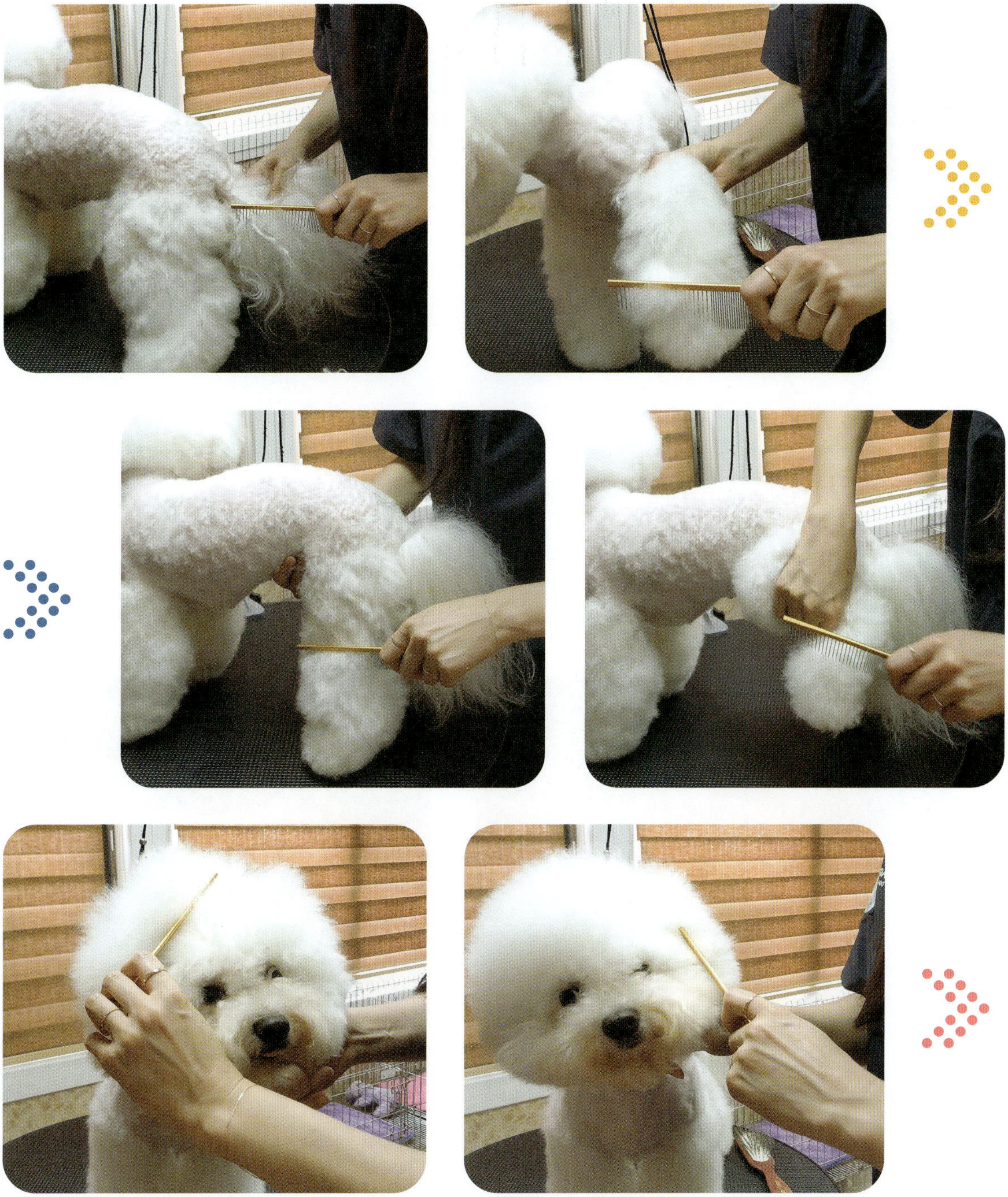

③ 콤을 이용하여 엉킨 털이 있는지 확인하고, 털을 가지런히 코밍한다.

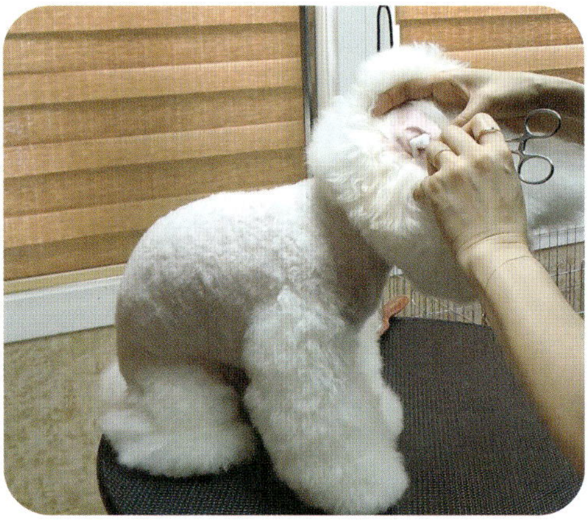

④ 귓속에 남아있는 분비물은 솜에 이어클리너를 소량 도포하여 귀 주위를 다시 한번 닦아준다. 이도 내에 분비물이 남아있다면 겸자에 솜을 말고 이어클리너를 소량 도포한 후 이도 내를 깨끗이 닦아 준다. 귀가 습하지 않도록 드라이어로 30초~1분 정도 말려준다.

5 바디컷

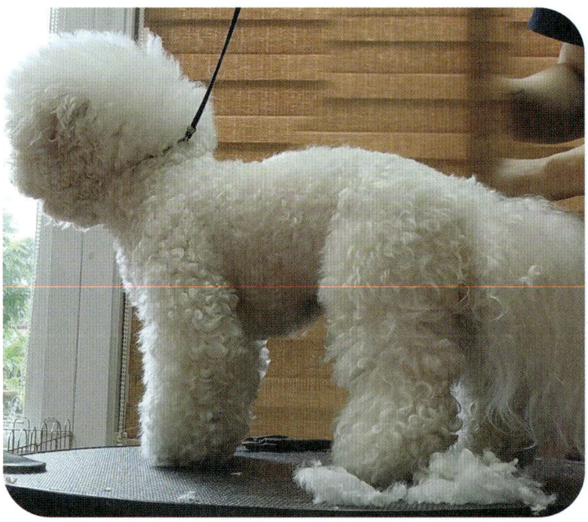

Before

After

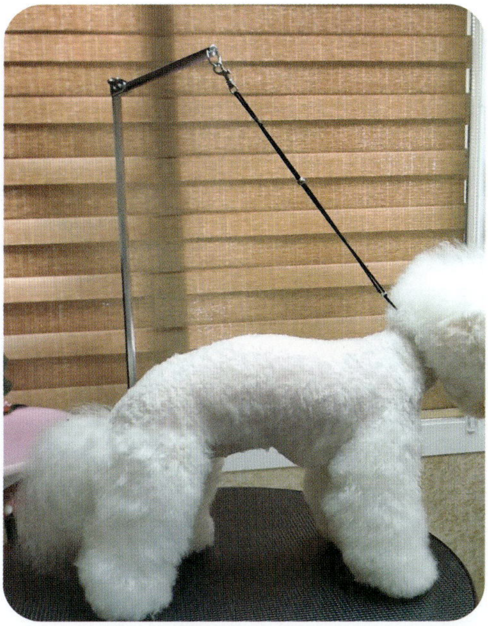

① 안전사고를 예방하기 위해 암줄을 착용시킨다.

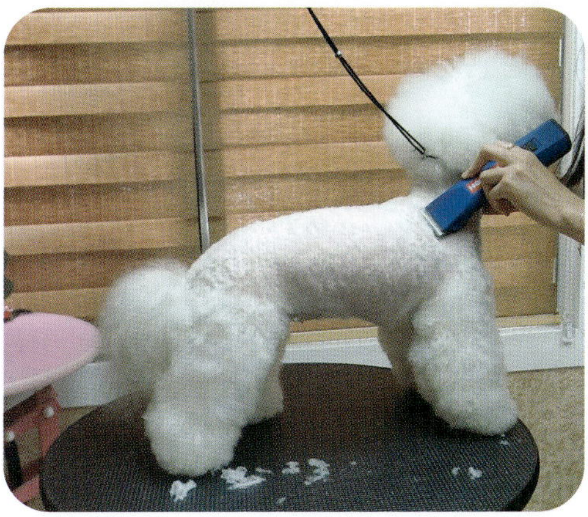

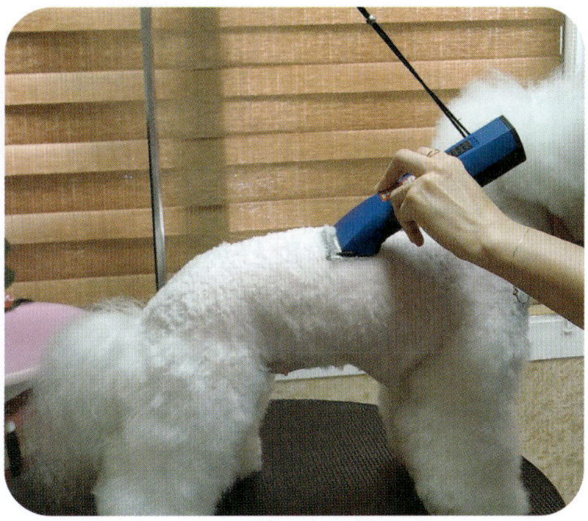

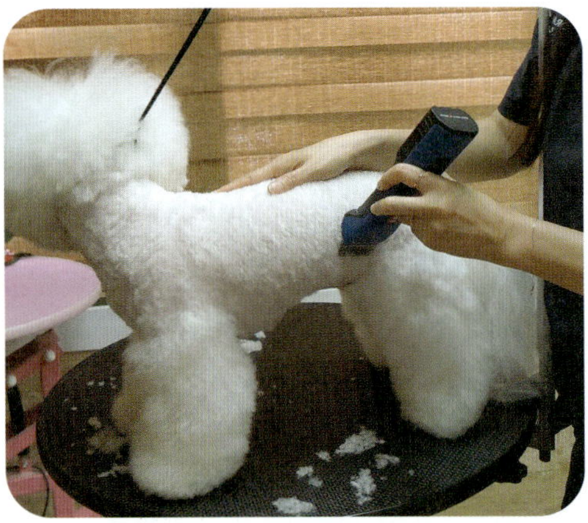

② 몸통 클리핑을 다시 하여 지저분한 털을 정리한다. 몸통과 다리 경계선이 부드럽게 이어지도록 클리핑 한다.

스포팅 순서: 풋라인 → 뒷다리 커트 → 앞다리 커트 → 꼬리컷 순으로 진행한다.

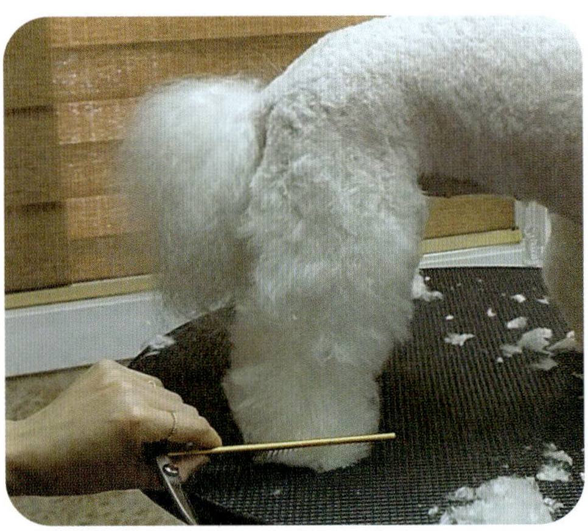

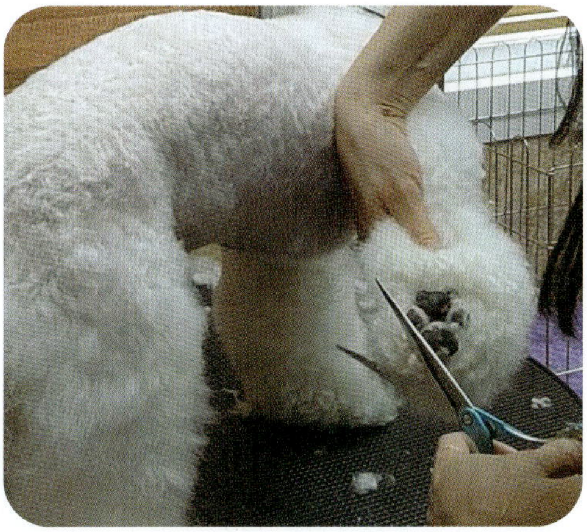

③ 풋라인을 잡기 위해 콤으로 발 부분 털을 아래로 빗어내린 후 패드보다 내려와 있는 털은 깨끗이 커트한다.

✔ 패드에 가위로 인해 상처가 나지 않도록 주의해야 한다.

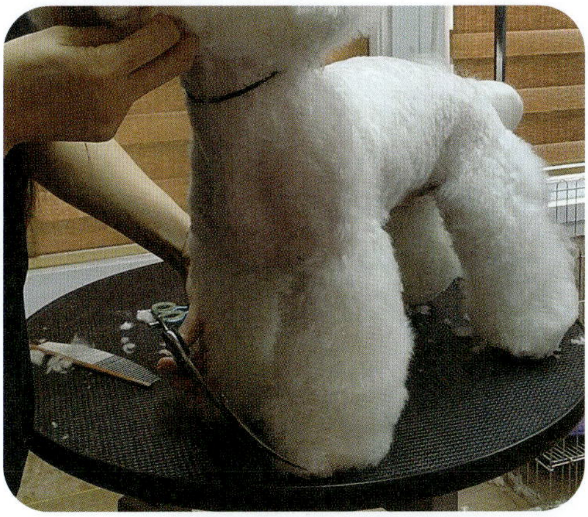

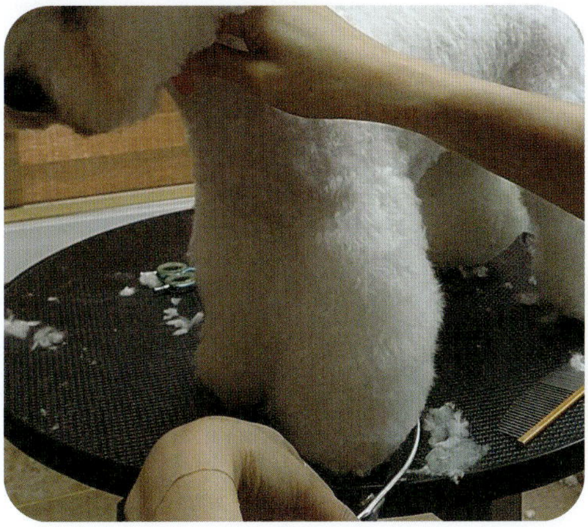
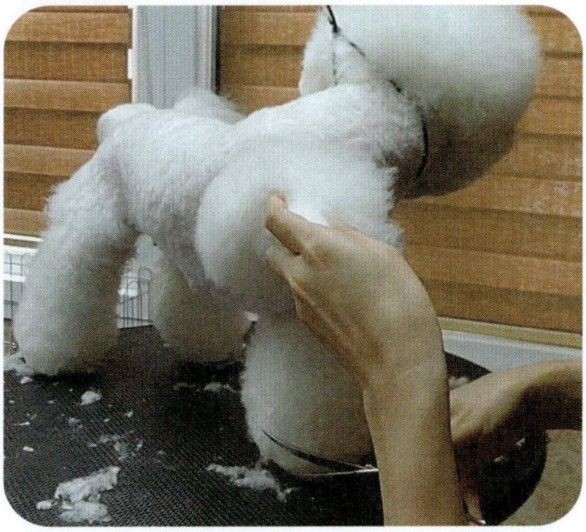

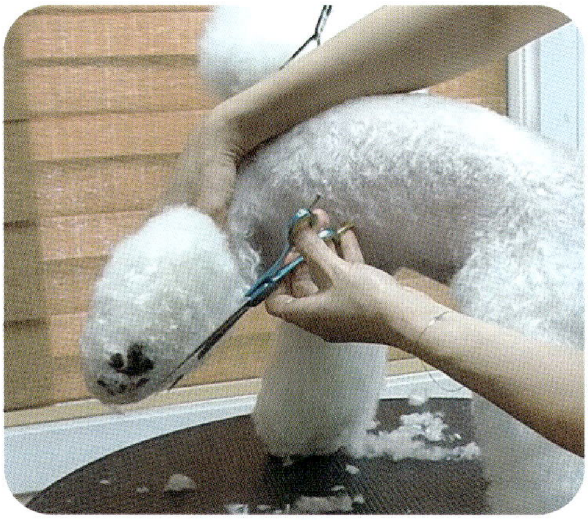

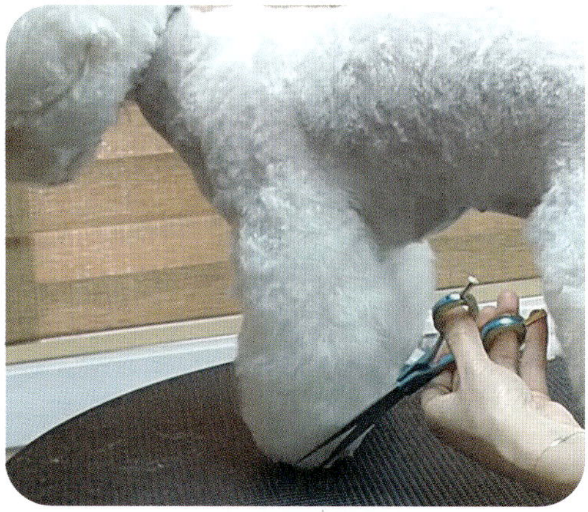

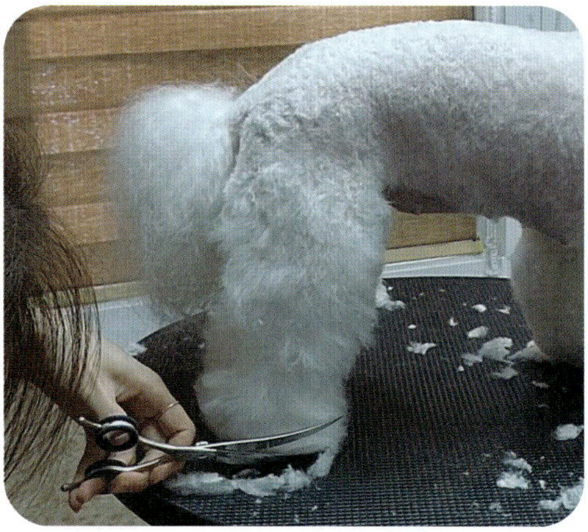

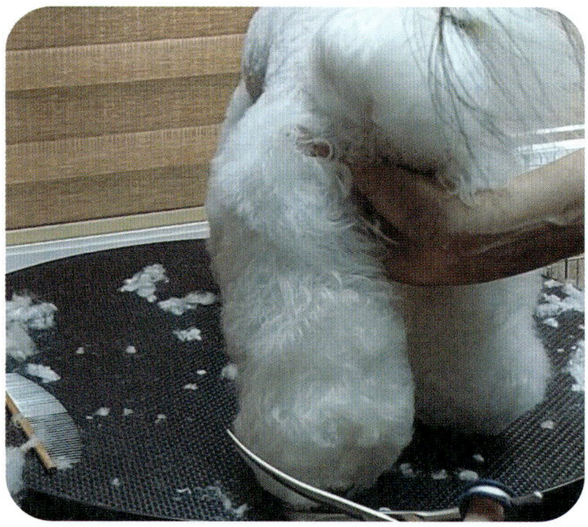

④ 똑바로 세운 후 풋라인을 둥글게 커트한다.

✔ 가운데 발가락 기준으로 풋라인을 잡는다.

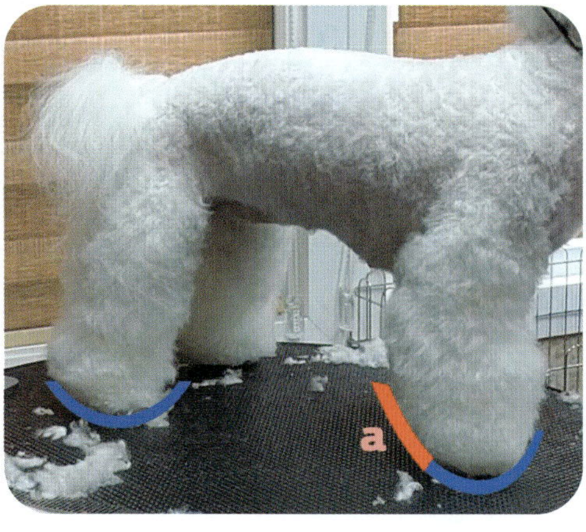

✔ 뒷다리와 앞다리 앞쪽은 완만하게 풋라인을 잡고, a(앞다리 뒤쪽)는 50~60°로 커트한다.

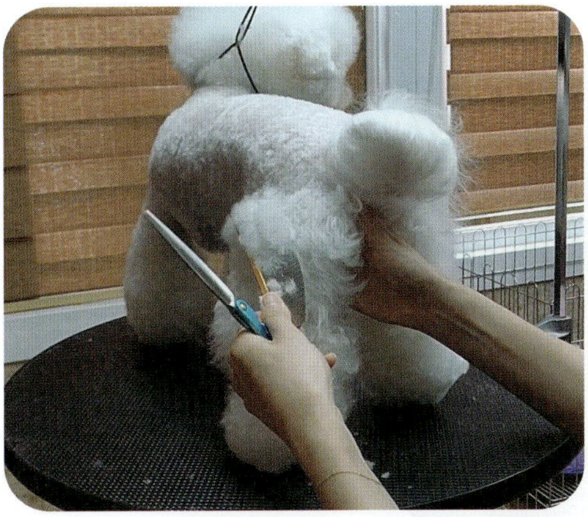

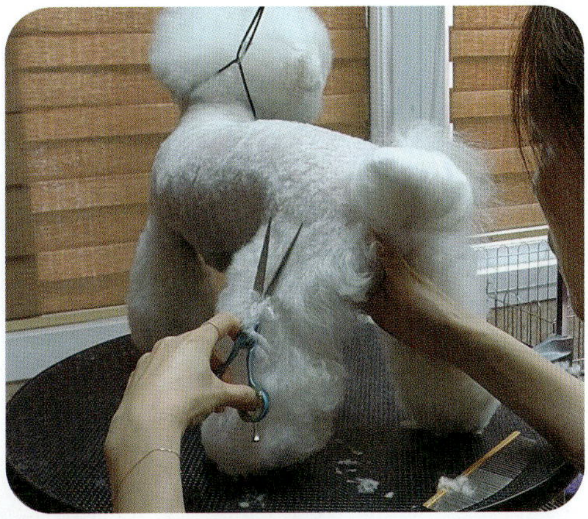

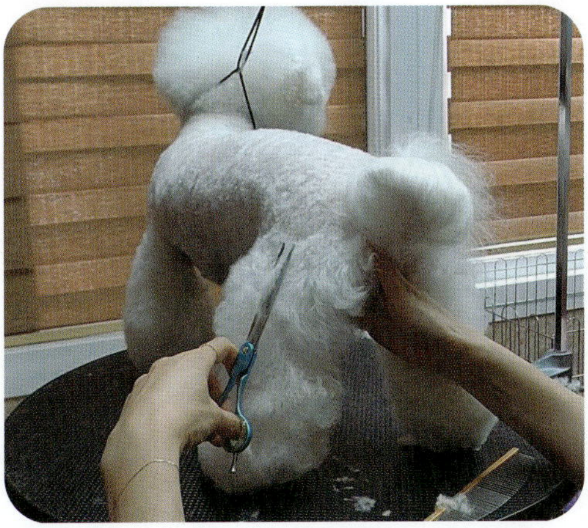

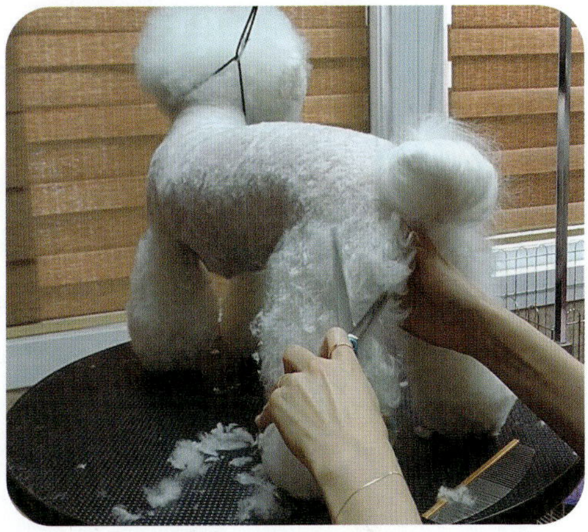

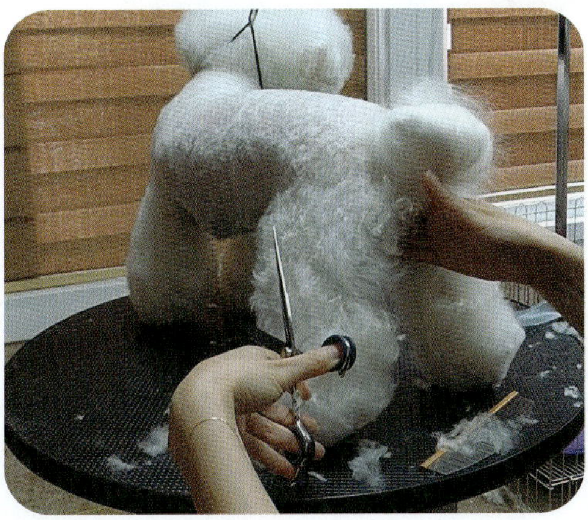

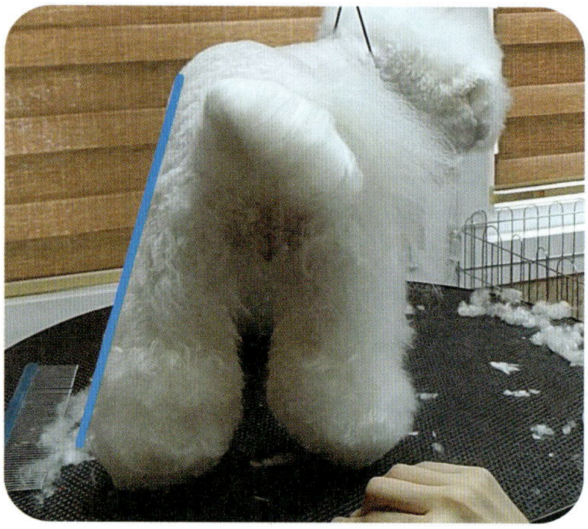

⑤ 아래쪽이 넓은 A자형으로 뒷다리 좌측면을 커트한다.

✔ 클리핑한 바디와 다리 라인이 자연스럽게 연결되도록 커트한다.

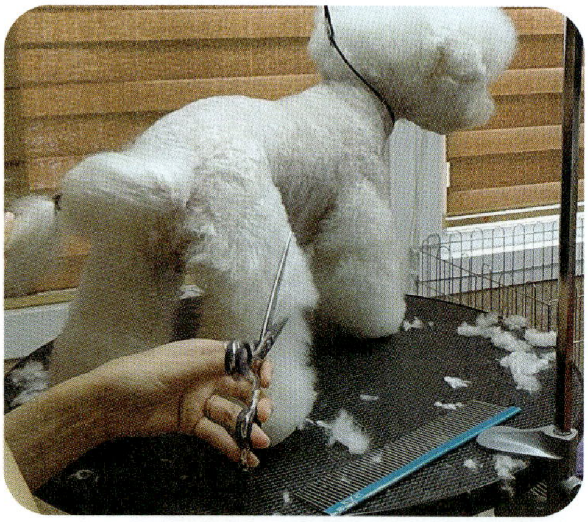

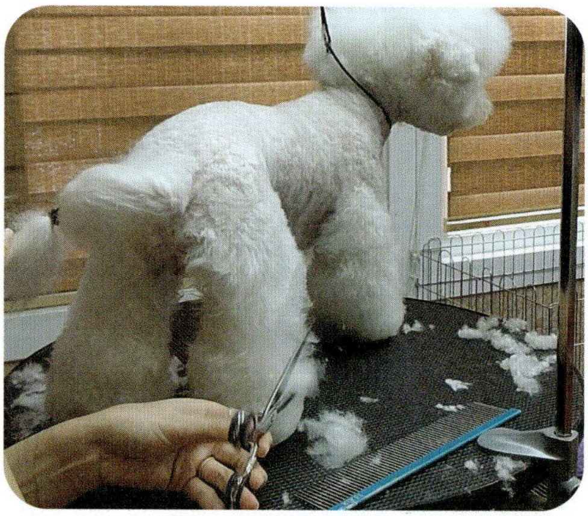

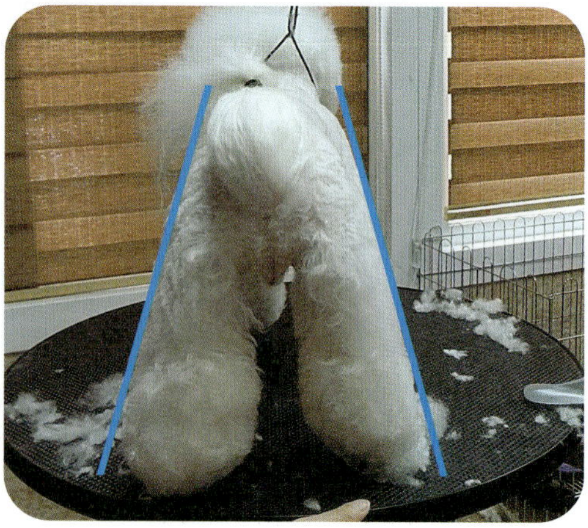

⑥ 뒷다리 우측면을 좌측면 대칭을 보며 A자형으로 커트한다.

✔ 털을 위로 세운다기보다 털을 정리한다는 느낌으로 가볍게 아래에서 위로 코밍한다.

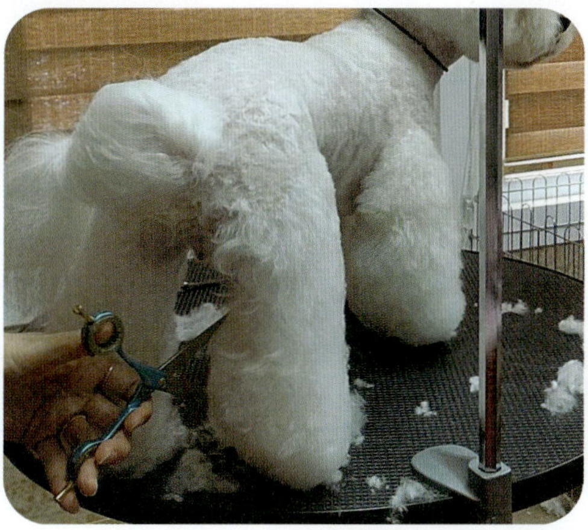
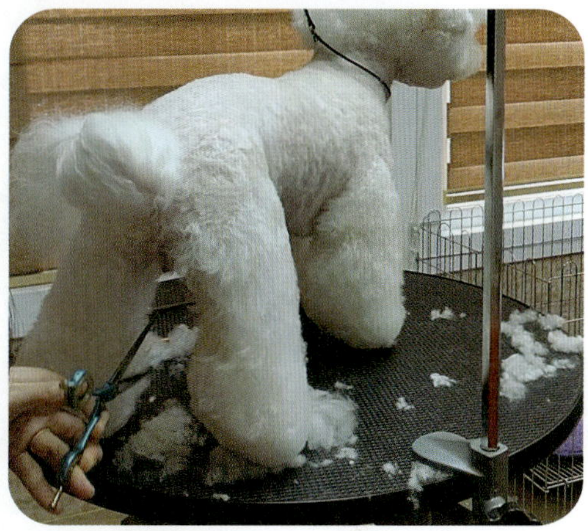
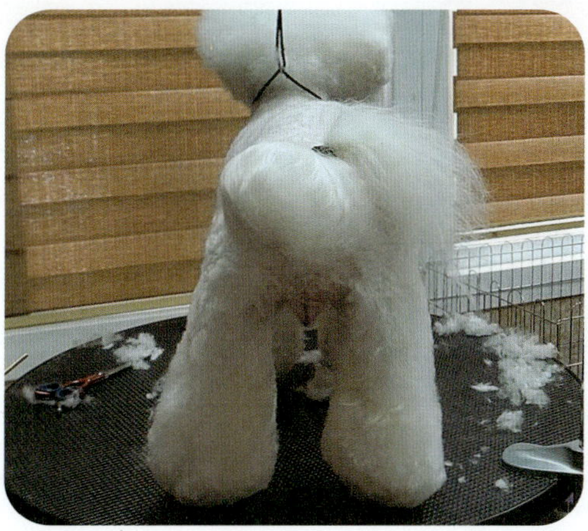

⑦ 뒷다리 안쪽을 위에서 아래로 갈수록 넓어지게 커트한다.

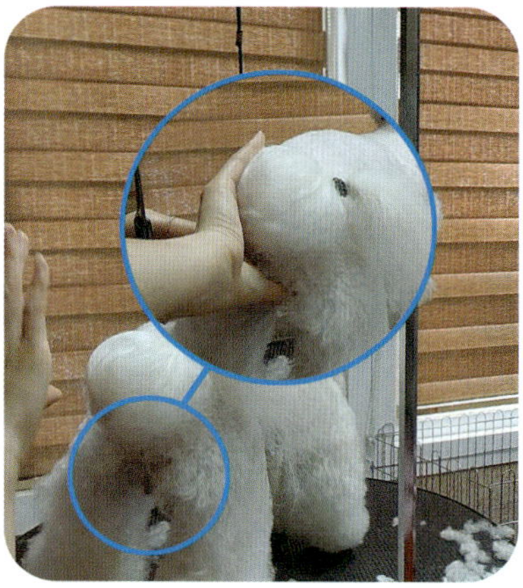

✓ 생식기 근처를 커트 시 생식기가 다칠 위험이 있으므로 보정 하는 손은 커트하는 반대쪽으로 생식기를 감싸고 커트한다.

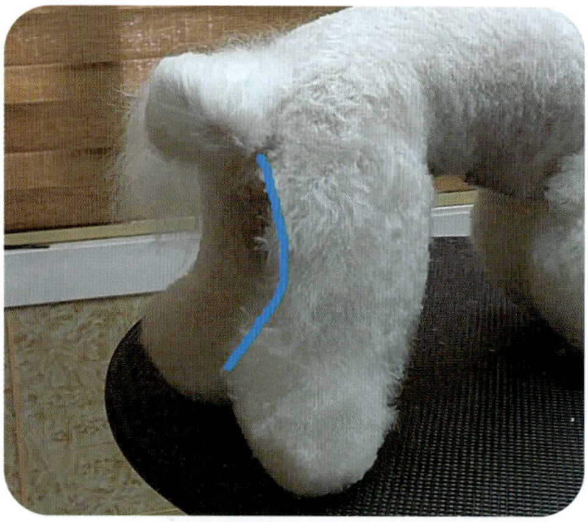

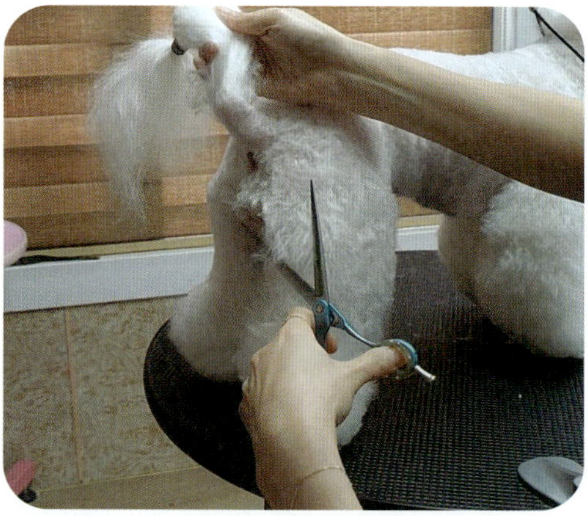

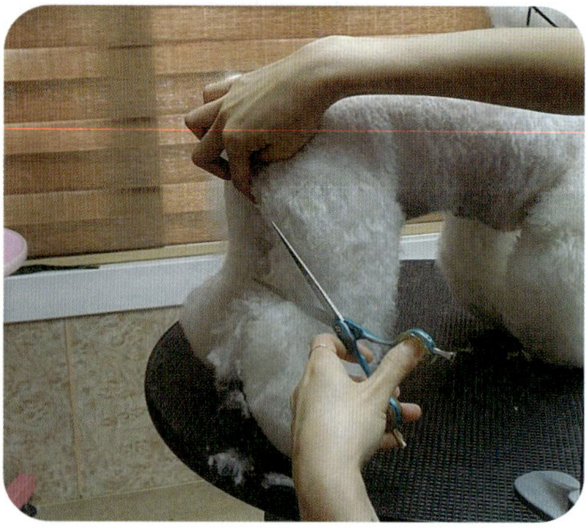

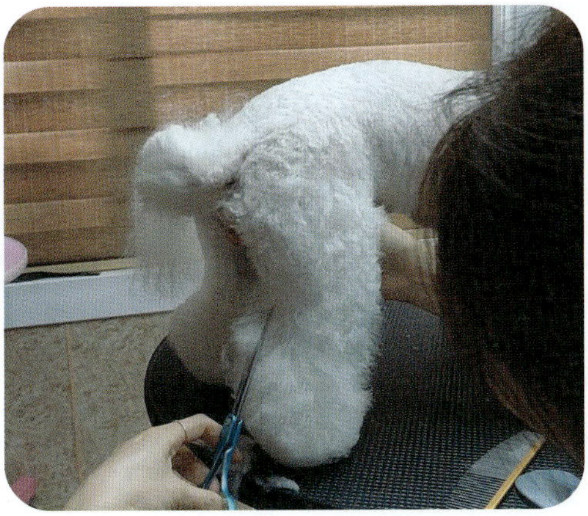
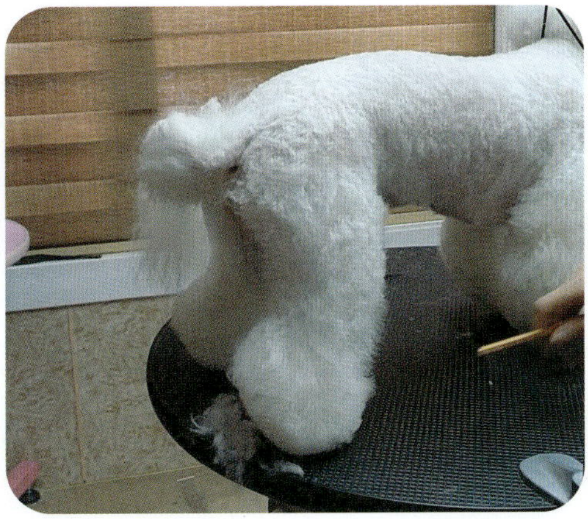

⑧ 좌골부터 비절까지 곡선을 그리며 앵귤레이션을 만들어준다.

✔ 비절 앞까지 짧게 커트하고, 아래쪽은 볼륨감을 주며 커트한다.

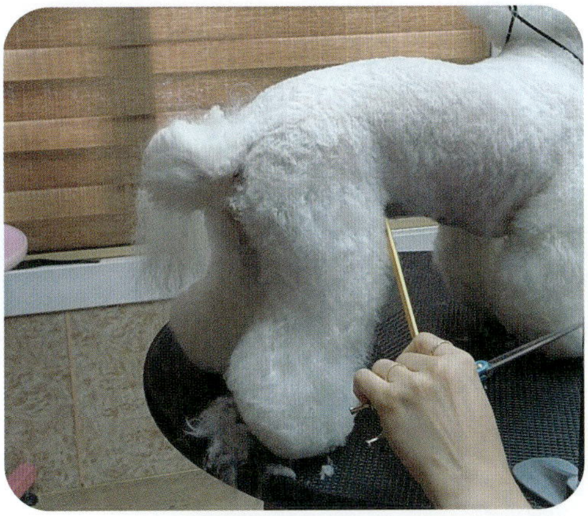
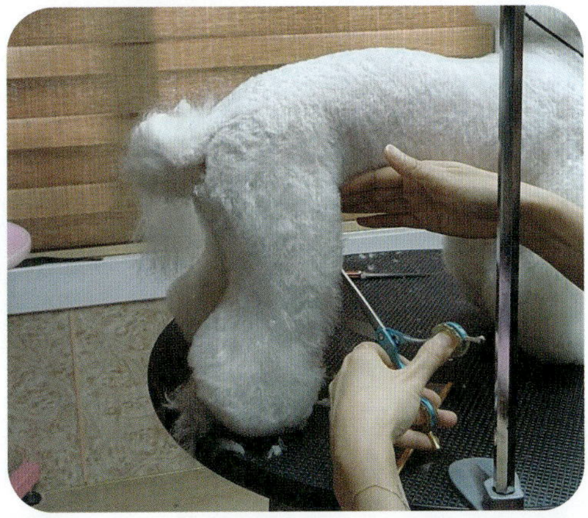
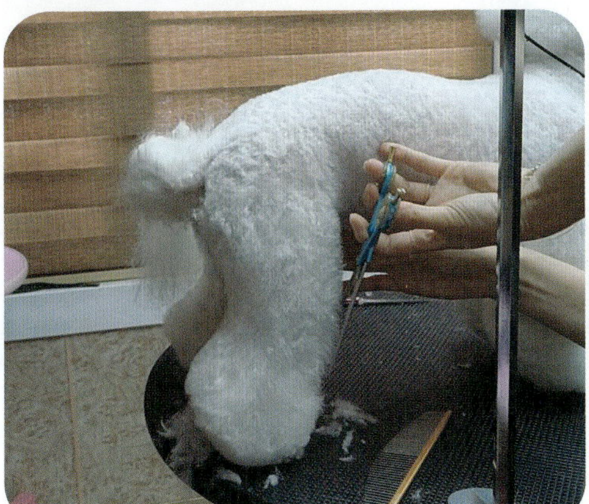
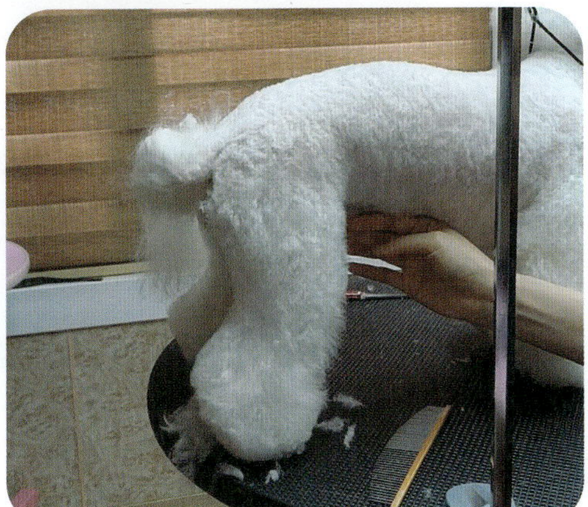

⑨ 턱업부터 풋라인까지 곡선을 그리며 커트한다.

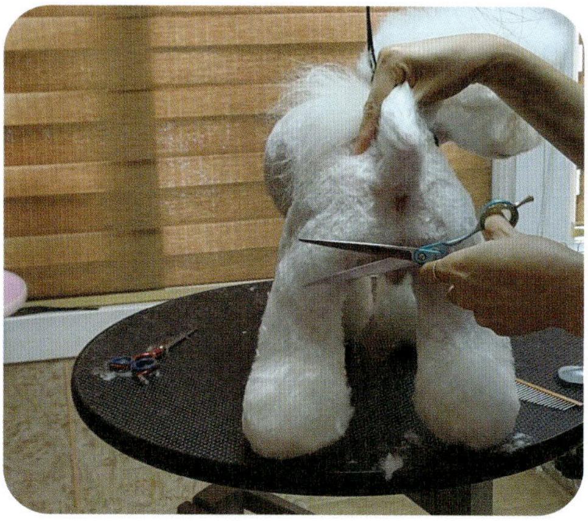

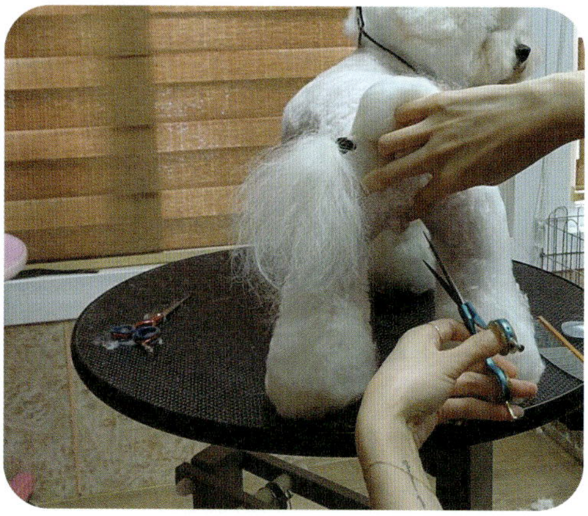

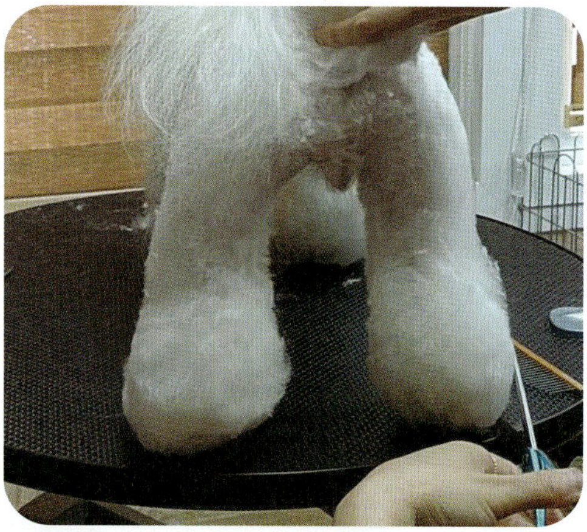

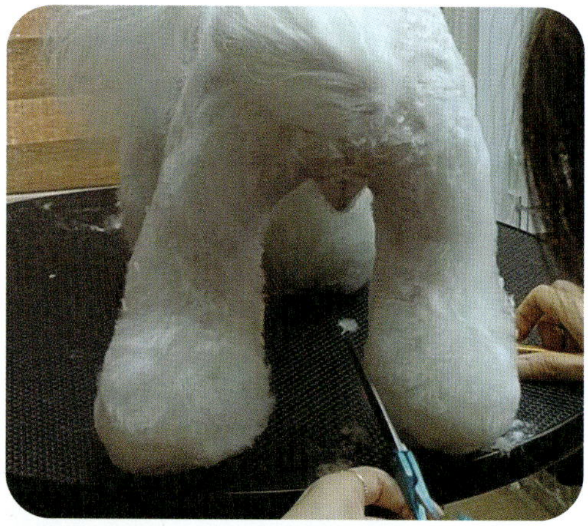

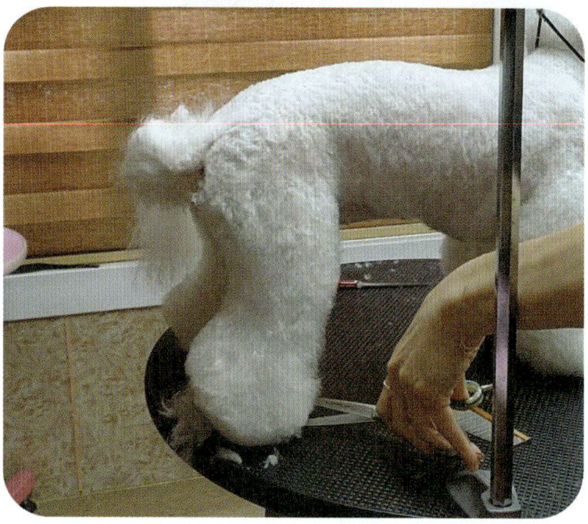

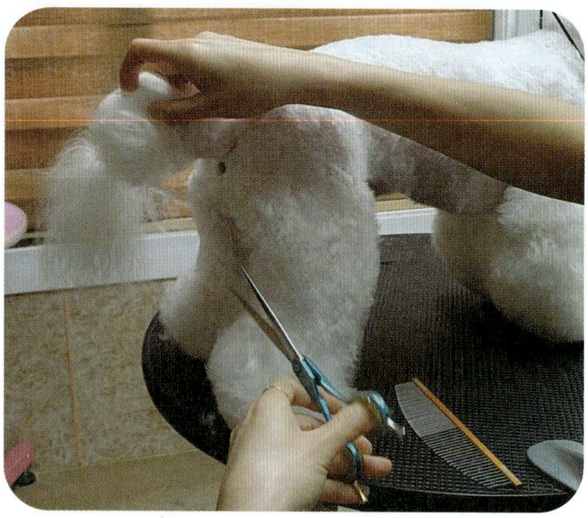

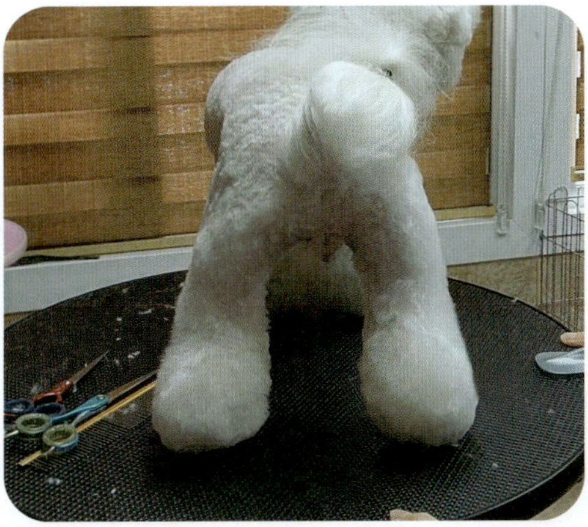
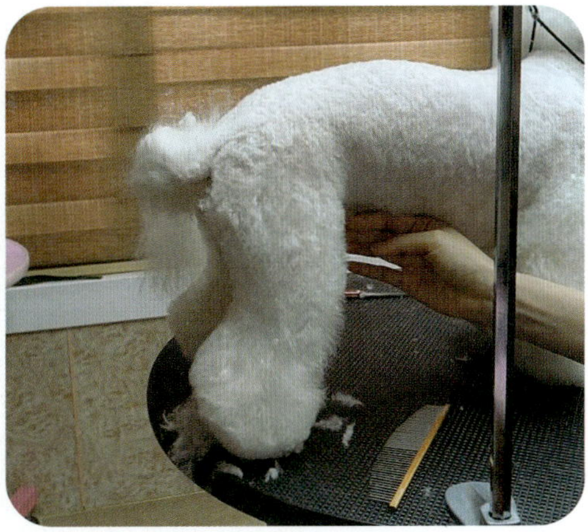

⑩ 엉덩이와 뒷다리를 전체적으로 다듬는다. 털이 바닥에 닿지 않게, 둥글게 풋라인을 잡는다.

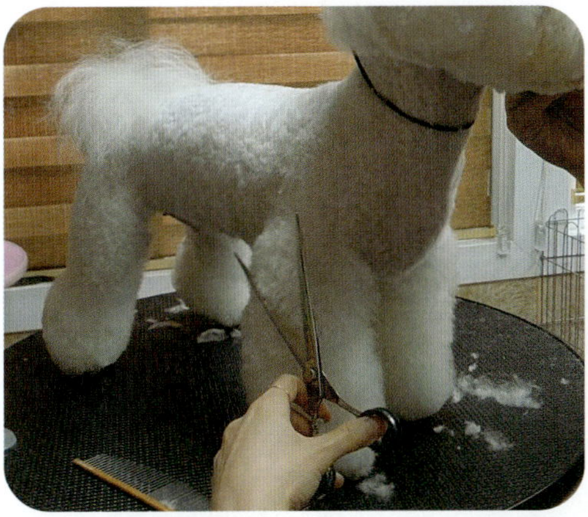

⑪ 아래쪽이 넓은 A자형으로 앞다리 좌측면을 커트한다.

✔ 클리핑한 바디와 다리 라인이 자연스럽게 연결되도록 커트한다.

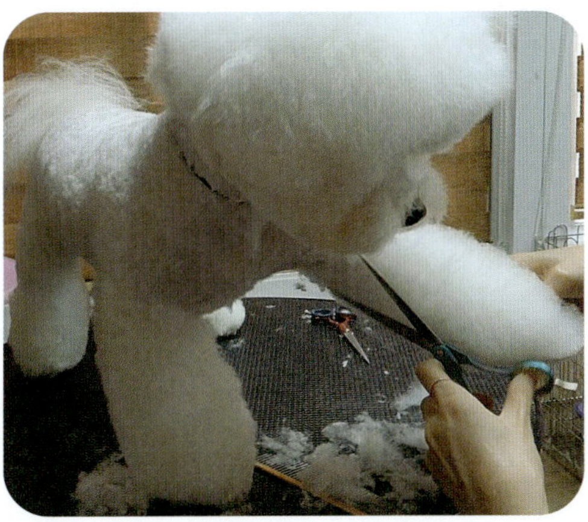

⑫ 앞다리 안쪽 털을 커트한다.

✔ 커트할 앞다리를 가볍게 들어 겨드랑이 안쪽 털을 깔끔하게 커트한다.

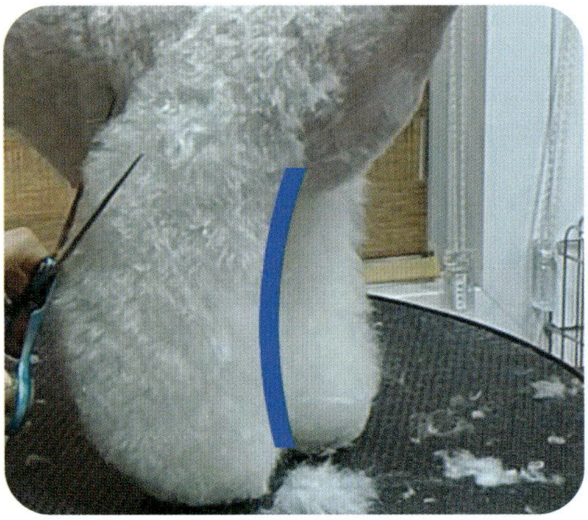

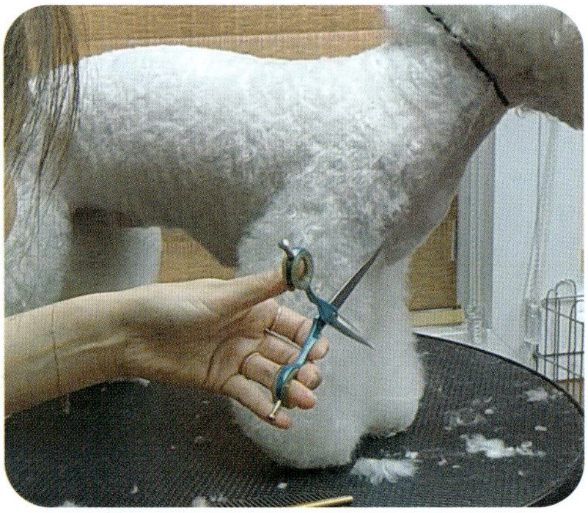

⑬ 앞다리 앞쪽은 발끝까지 완만한 라운드를 그리며 커트한다.

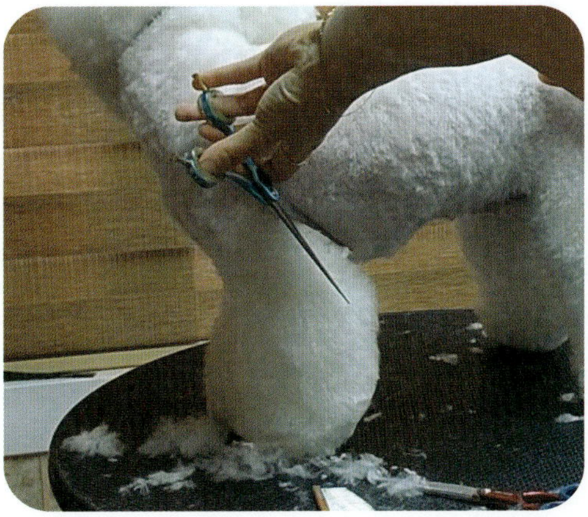

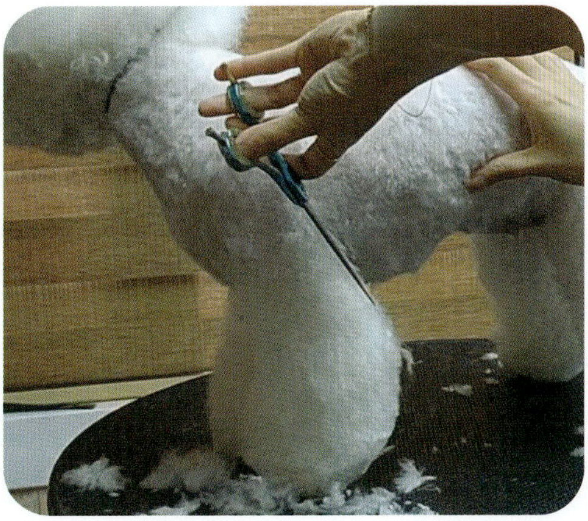

⑭ 앞다리 뒤쪽은 가위를 사선으로 놓고 겨드랑이 쪽과 겹치는 엘보 주위를 짧게 커트한다.

✔ 겨드랑이 안쪽 털이 깔끔하게 커트가 되어야 라인이 선명하고, 음영이 들어가서 입체감 있게 다리 라인을 표현할 수 있다.

✔ 다리를 들어서 커트할 경우 엘보 아래는 커트하지 않아야 바로 세웠을 때 다리 라인의 변화를 최소화할 수 있다.

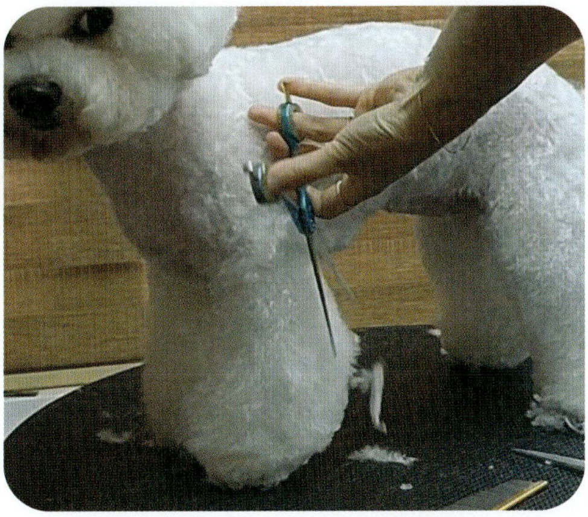

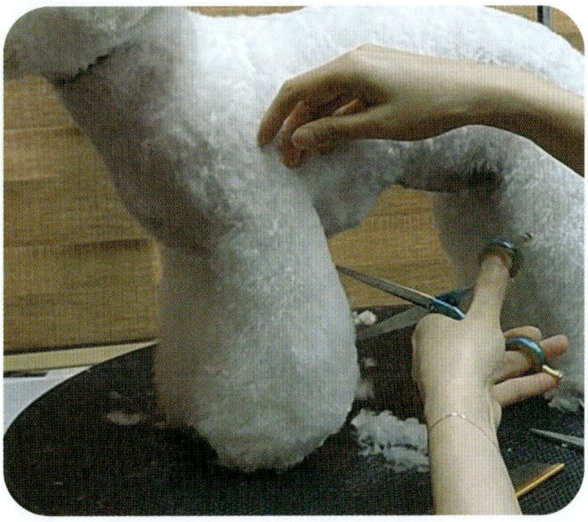

⑮ 발끝까지 라운드를 그리며 커트한다.

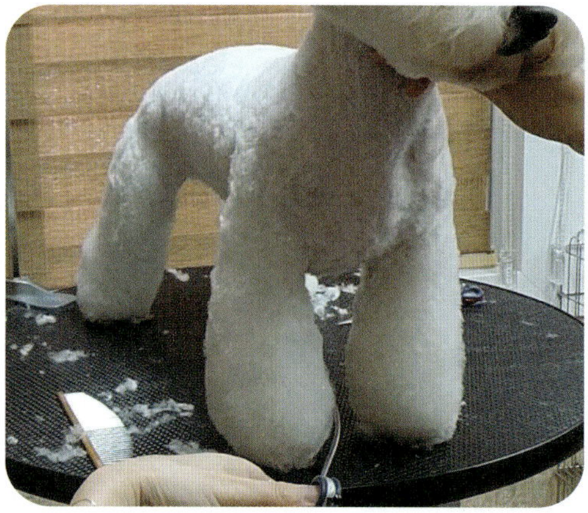

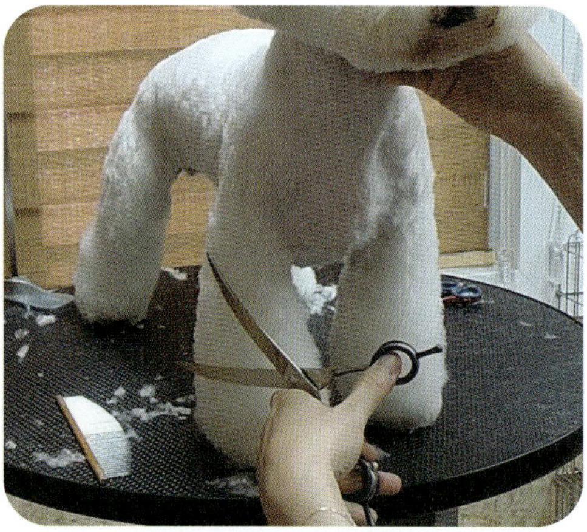

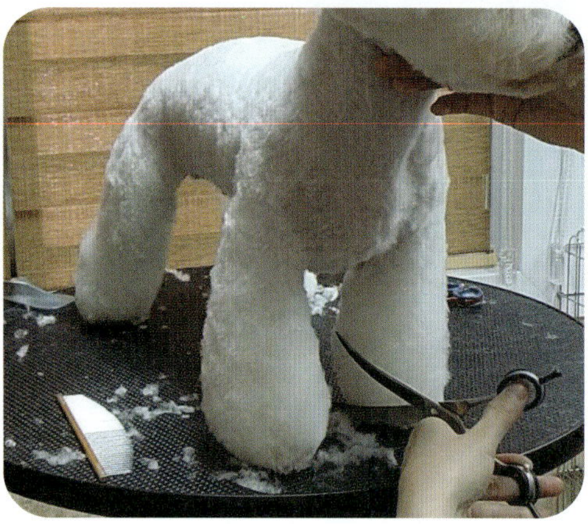

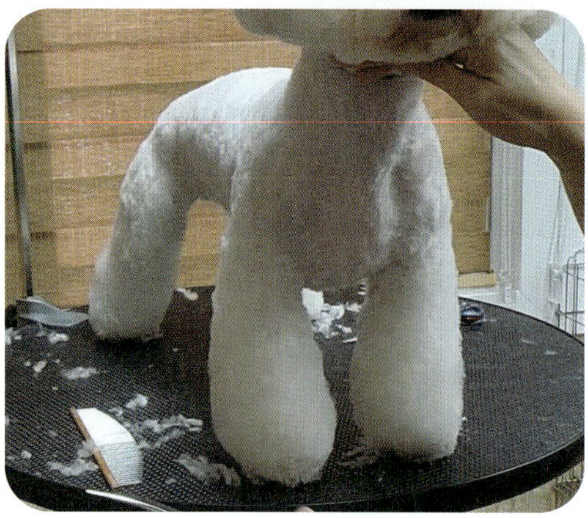

⑯ 앞다리를 코밍하며 라인을 정리한다.

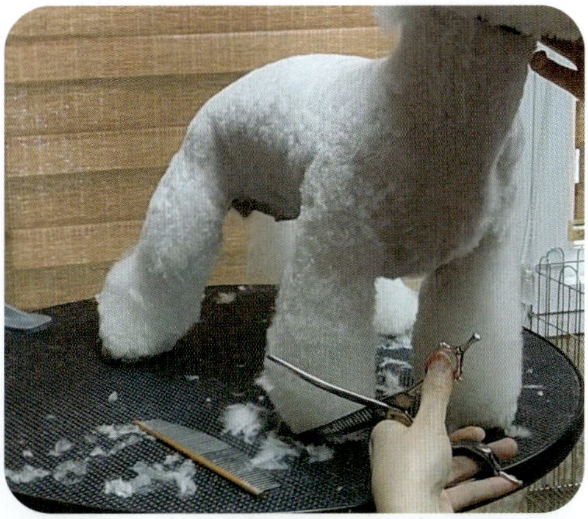
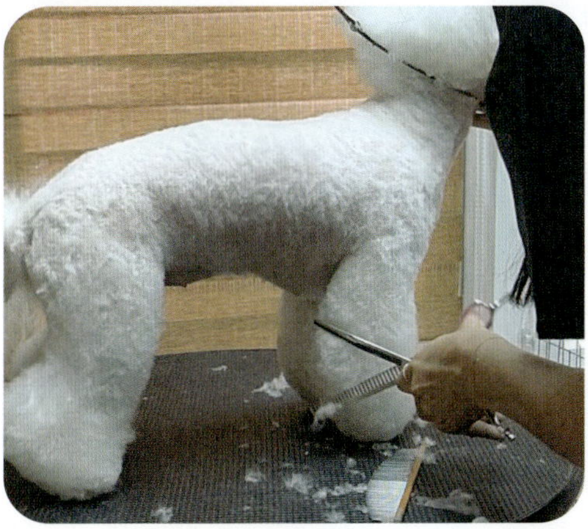

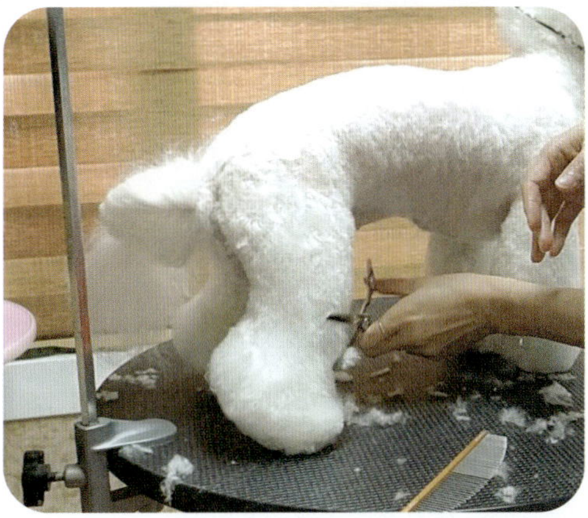

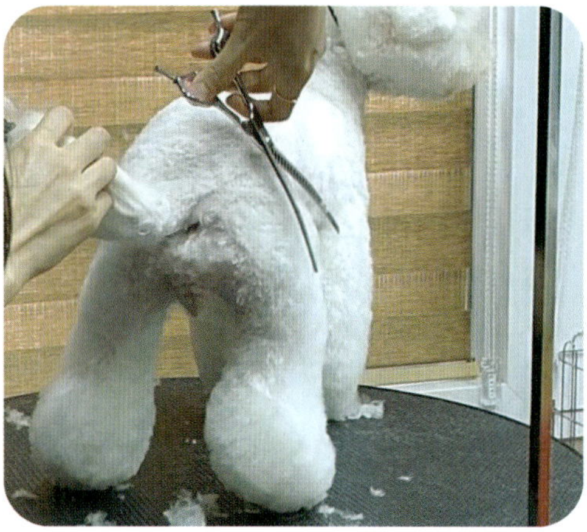

⑰ 전체적으로 가볍게 코밍한 후 튀어나온 털들을 커트하면서 밸런스를 맞춘다.

✔ 코밍은 과하게 하지 않고 가볍게 한다.

✔ 블론트가위보다 텐텐가위(요술가위)로 정리하는 것이 면 처리가 부드럽다.

⑱ 꼬리는 꼬리 끝부분만 다듬은 후 마무리한다.

Ⅲ

6가지 얼굴컷

Ⅲ / 6가지 얼굴컷

현재 반려견 견주들이 가장 선호하는 얼굴컷 6가지를 얼굴 위그를 이용하여 커트하였다. 실견으로 커트하는 모습으로 설명하기에는 견종마다 생김새가 달라 미용방법이 달라질 수 있으므로, 변형이 없는 얼굴 위그를 이용하여 가장 기본이 되는 미용방법으로 커트하였다. 이 기본 미용방법을 토대로 견종에 맞추어 응용해서 스타일을 완성할 수 있다.

테디베어컷

베들링턴 응용컷

하이바컷

옆 귀툭튀컷

앞 귀툭튀컷

브로콜리컷

1 테디베어컷

푸들이 가장 많이 하는 얼굴컷으로 현재 미용사들이 가장 많이 응용하고 있는 얼굴컷 중 하나이다. 푸들의 풍성한 귀를 포인트로 길게 커트하냐, 짧게 커트하냐에 따라 이미지가 달라진다.

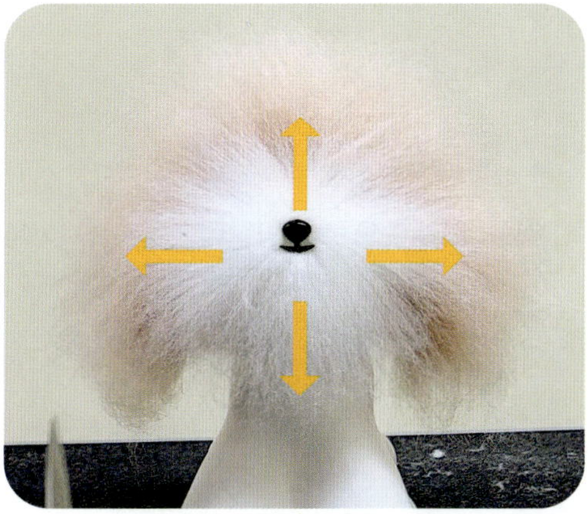

① 얼굴 위그를 준비해 브러싱한 후 머즐 털을 왼쪽, 오른쪽, 위쪽, 아래쪽으로 코밍한다.

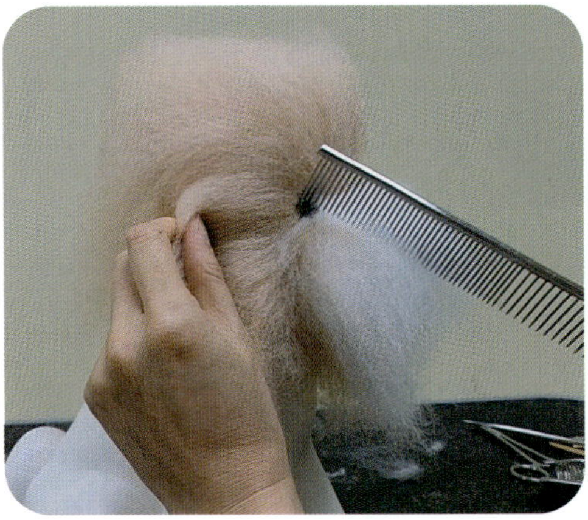

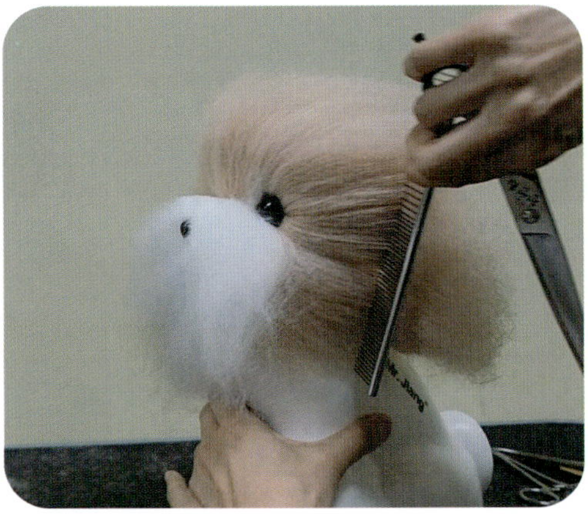

② 볼털이 잘려나가지 않도록 머즐 털과 볼 털을 콤으로 나눈다.

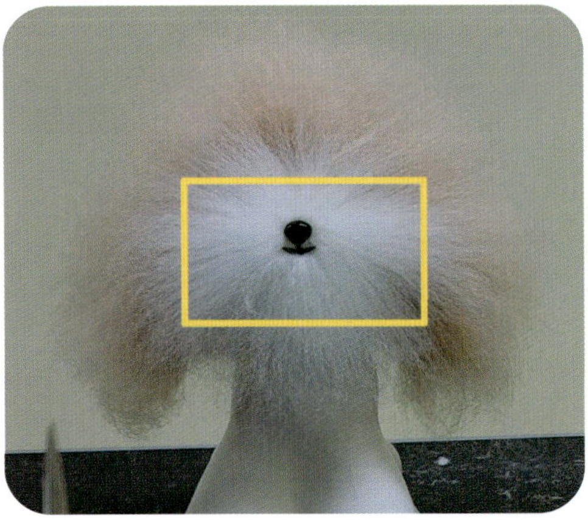

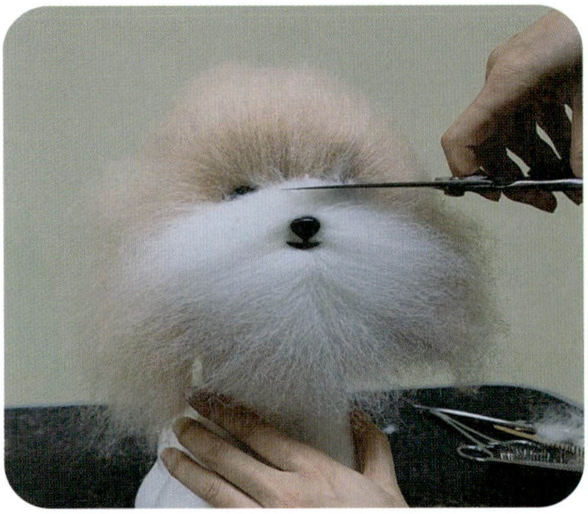

③ 남길 머즐 털 길이를 설정한 후 머즐 윗부분 털을 직선으로 자른다.

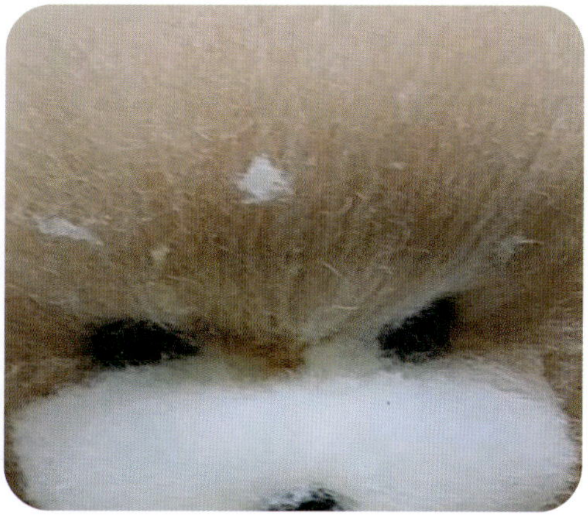

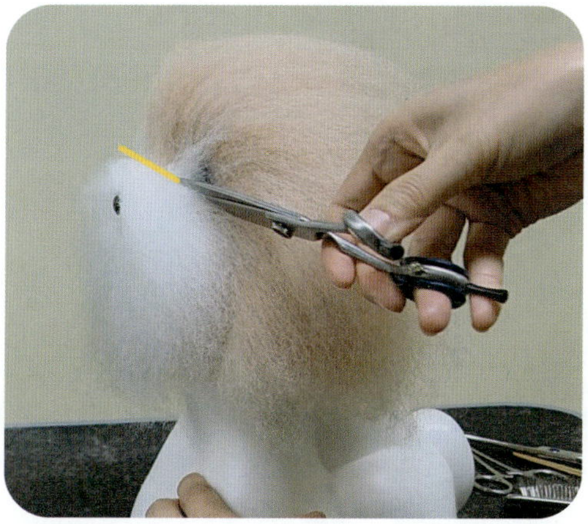

④ 액단에서 코 쪽으로 0.5cm 정도 클리핑 또는 가위로 짧게 커트하고, 45°로 커트한다.

⑤ 설정해놓은 크기만큼 양옆을 일직선으로 커트한다.

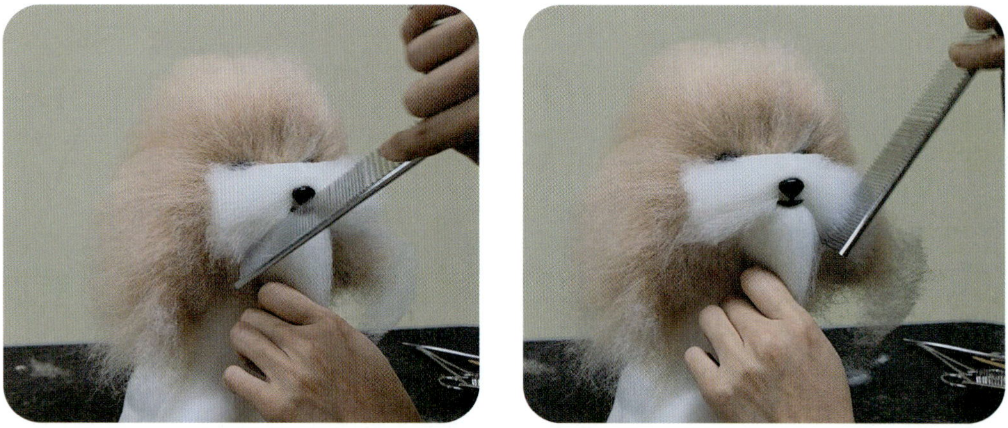

⑥ 머즐과 턱을 구분할 수 있도록 털을 분리한다.

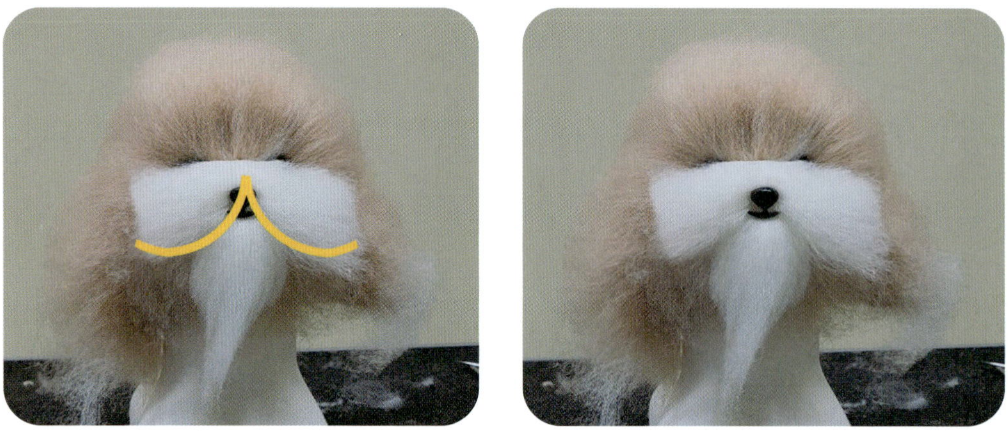

⑦ 입술 앞 선에서 입꼬리까지 'ㅅ' 모양으로 라운드를 그리며 커트한다.

✔ 머즐 털 커트 시 아래에서 위로 가위 방향을 잡는다.

✔ 가위 방향을 위에서 아래로 커트 시 아랫부분 털이 무거워져 머즐 털이 아래로 처지는 현상이 나타난다.

⑧ 아래턱 털은 머즐 털과 자연스럽게 연결되도록 커트한다.

⑨ 아래턱이 튀어나와 보이지 않도록 머즐 털보다 살짝 들어가 보이게 다듬는다.

⑩ 코보다 앞으로 나와있는 머즐 털을 커트하고, 옆 라인과 자연스럽게 연결되도록 커트한다.

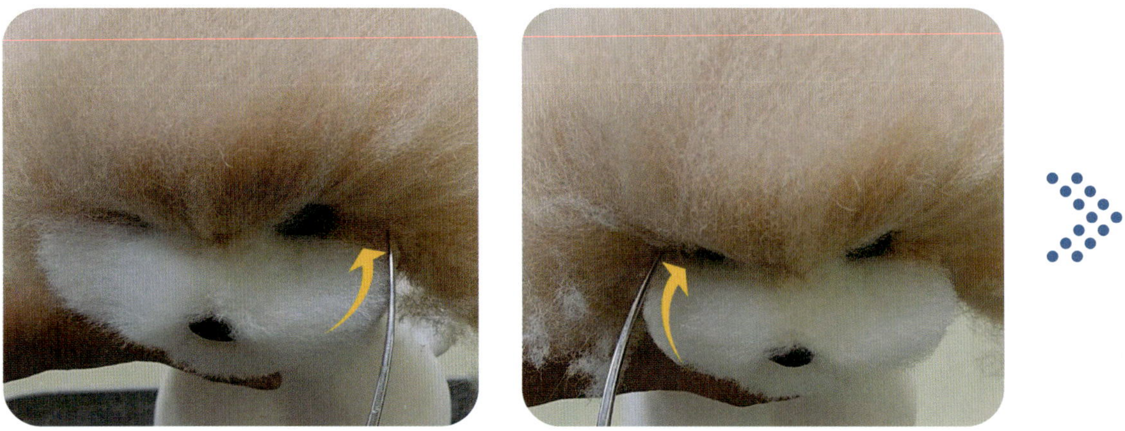

⑪ 머즐 안쪽(눈 바로 아래)은 살짝 들어가게 가위 끝으로 라인을 잡는다.

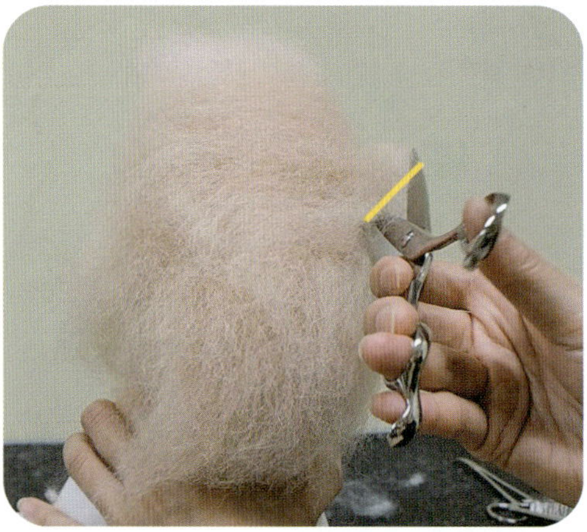

⑫ 액단에서 머리 쪽으로 1cm 정도 폭의 털을 아래로 빗질한 후 코 길이의 1/2 지점까지 둥글게 커트하고, 옆에서 봤을 때 아래에서 위로 올라갈수록 길어지게 45°로 커트한다.

✔ 액단에서 머리 쪽으로 커트 시 가위 방향을 아래에서 위로 커트한다.

⑬ 자른 털 위에 1~2cm 폭의 털을 아래로 코밍한 후 둥글게 커트한다. 자를 털이 없을 때까지 차근차근 털을 내려 커트한다.

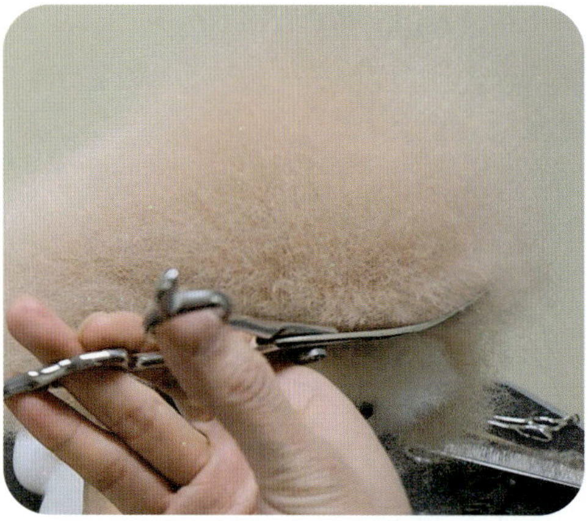

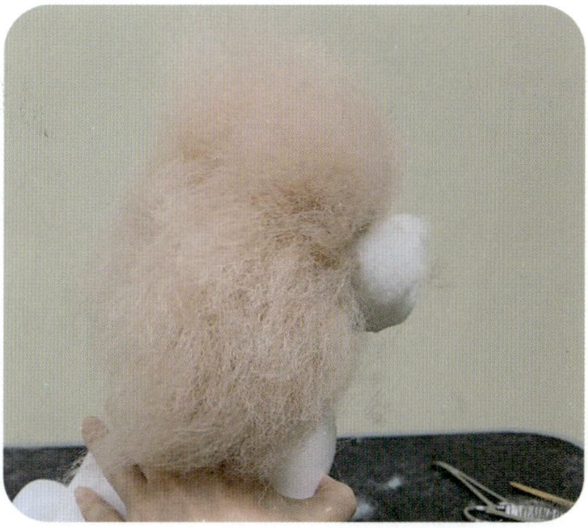

⑭ 크라운 앞쪽을 코밍한 후 볼륨감 있는 이마가 될 수 있도록 커트한다.

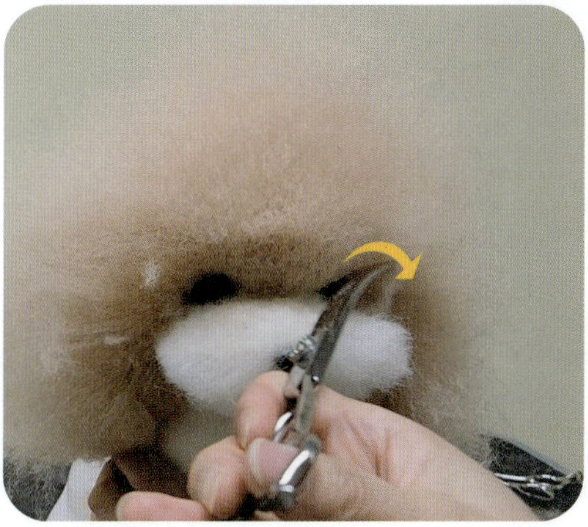

⑮ 눈이 선명하게 보이게 가위 끝으로 눈 주위를 눈 라인을 따라 커트한다.

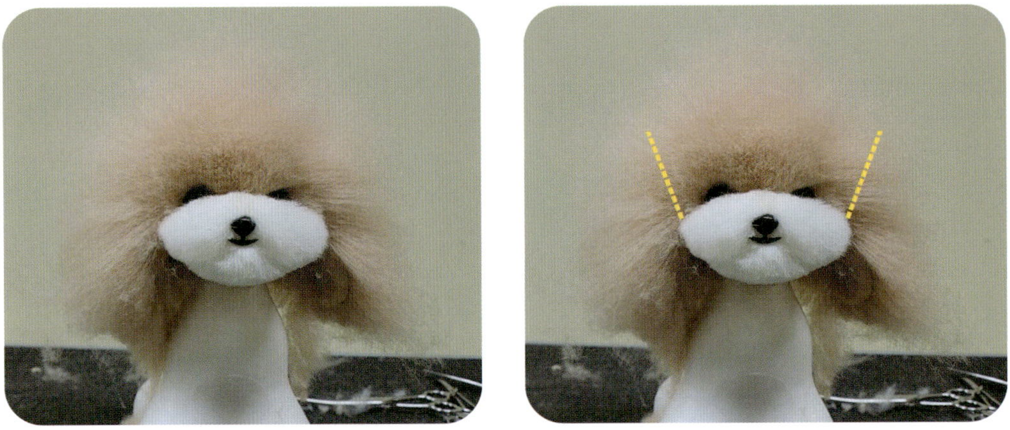

⑯ 크라운 넓이는 머즐 크기보다 크게 설정한다.

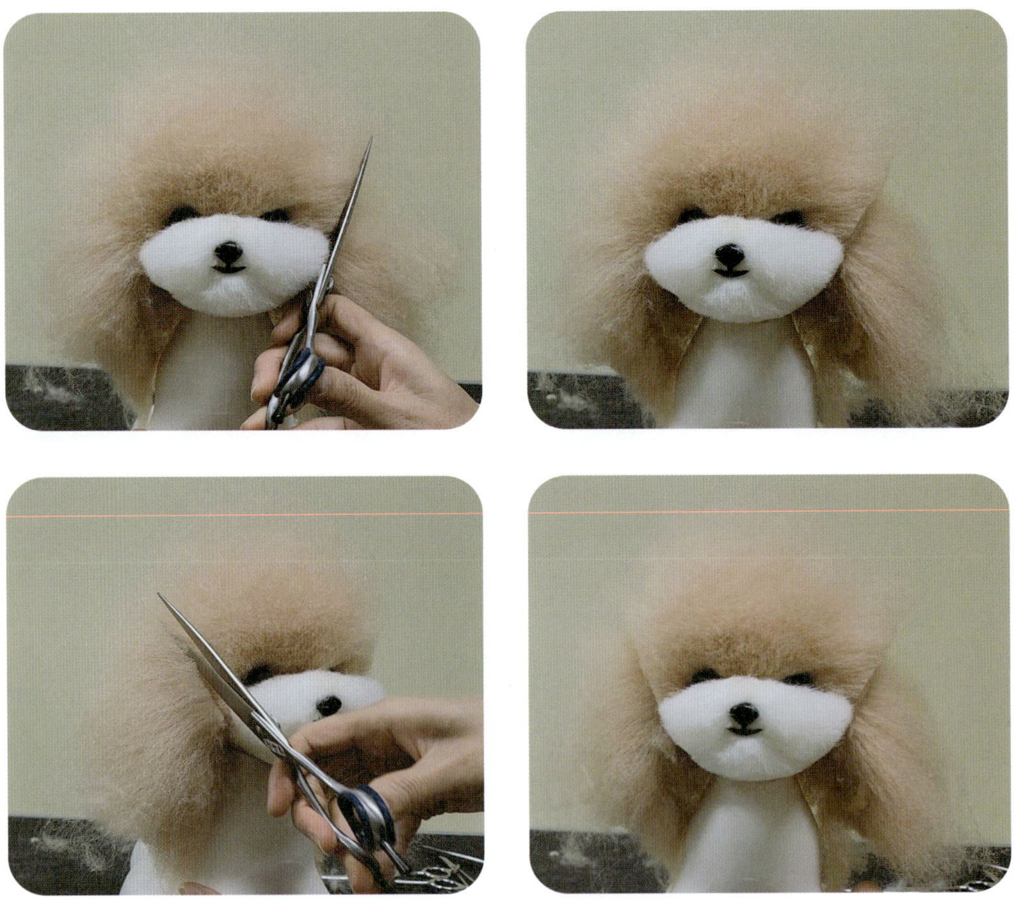

⑰ 사선으로 초벌 옆 라인을 잡는다.

⑱ 귀 시작 위치를 확인한 후 귀와 크라운을 분리한다.

⑲ 최고점을 정해서 아래에서 위로 둥글게 커트한다.

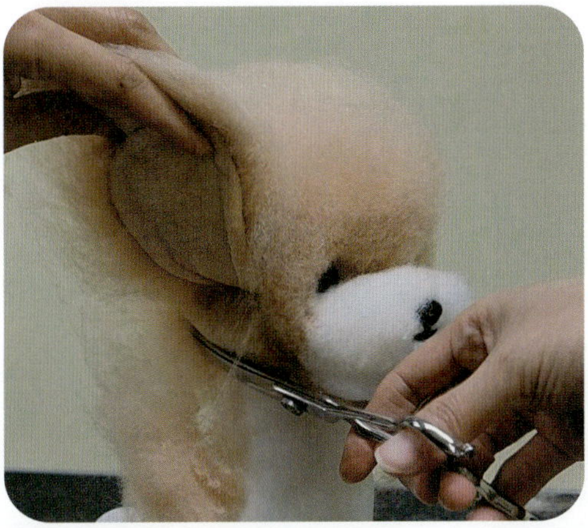

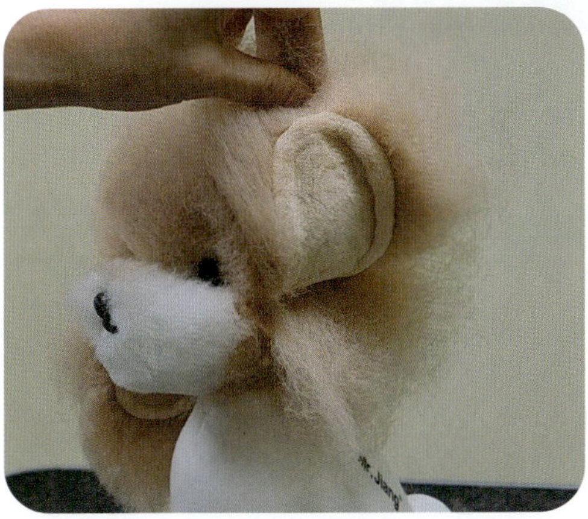

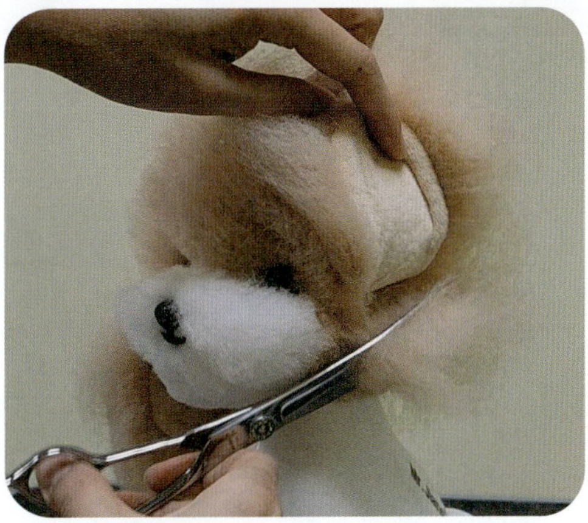

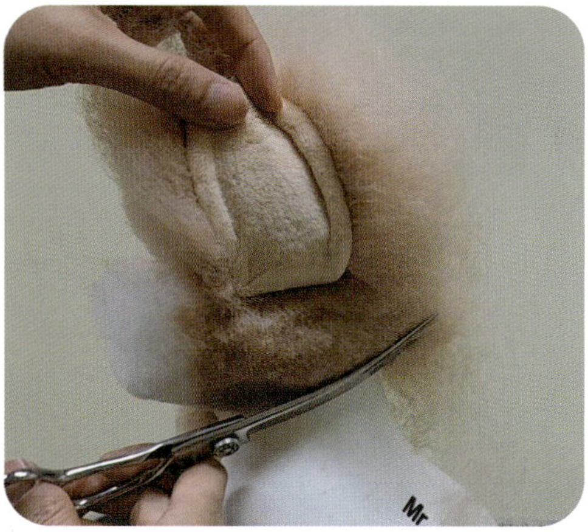

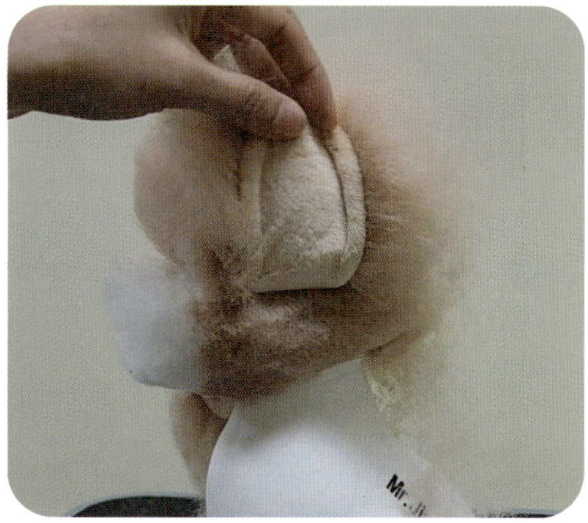

⑳ 귀를 들어 귀 아래의 털과 머즐 털이 자연스럽게 연결되도록 커트한다.

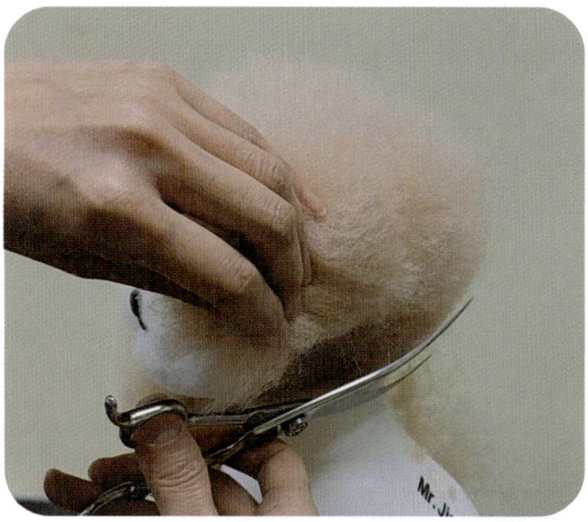

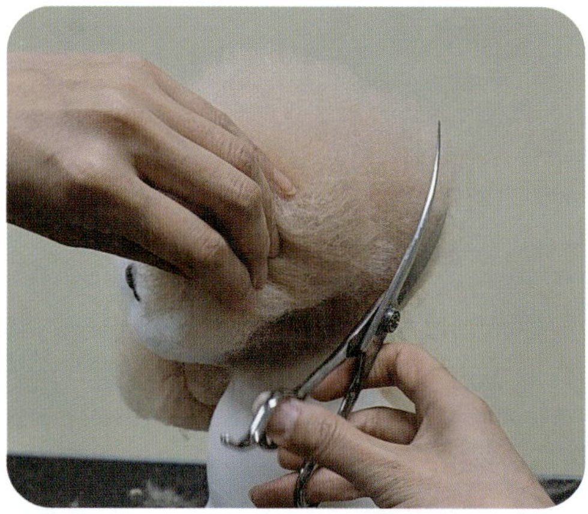

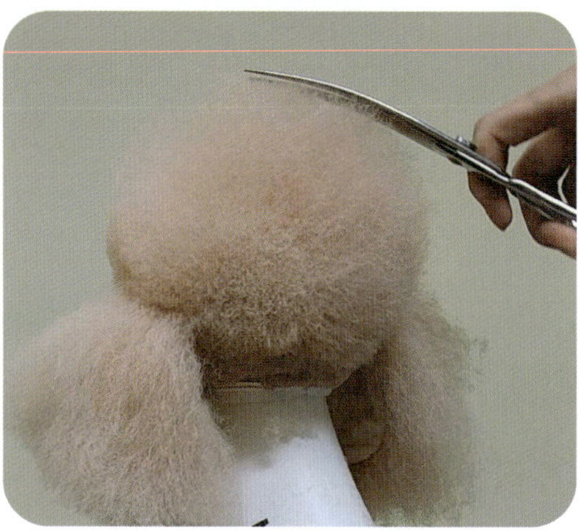

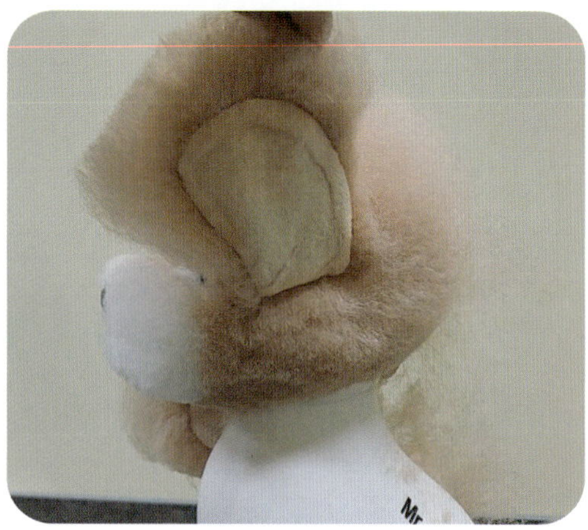

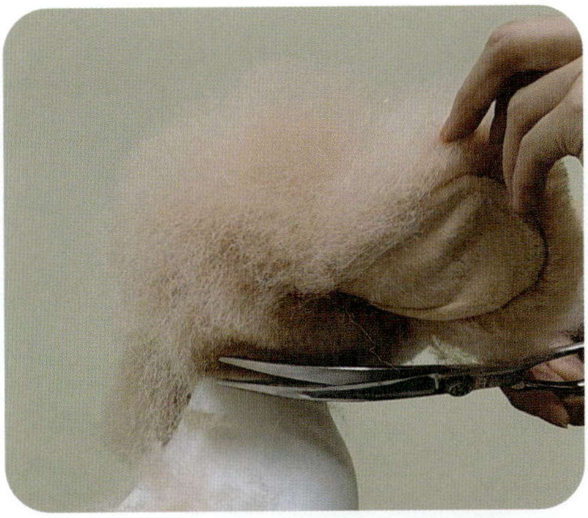
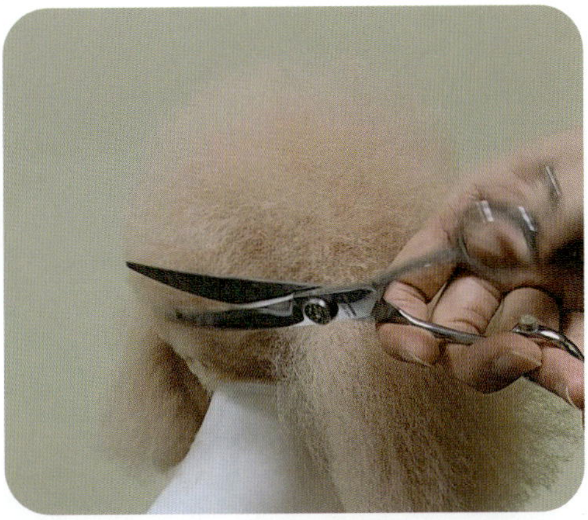

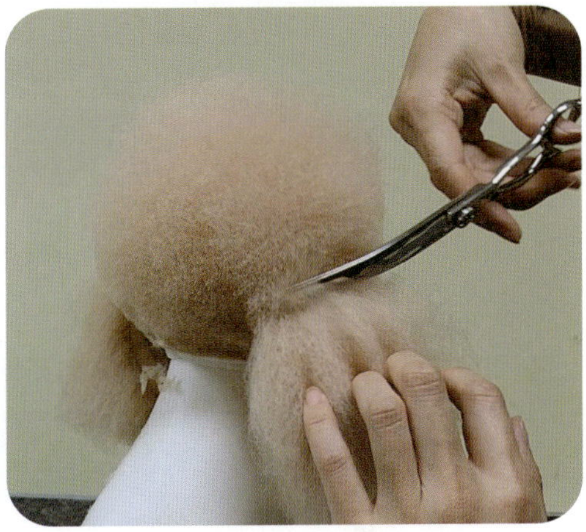

㉑ 목선과 자연스럽게 연결되도록 둥글게 커트한다.

㉒ 전체적으로 튀어나온 털들을 텐텐가위(요술가위)로 둥근 형태를 유지하며 다듬어 준다.

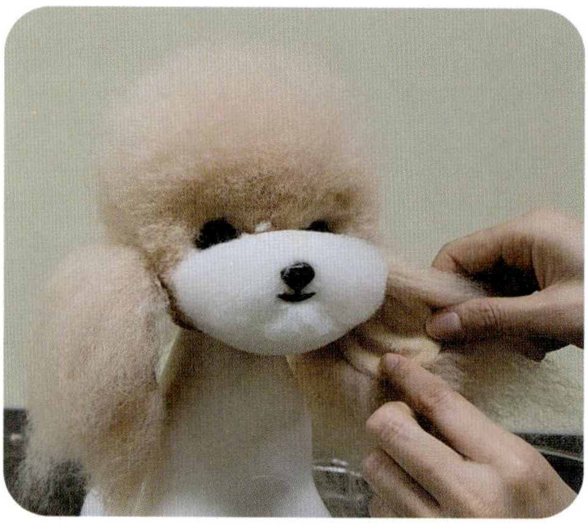

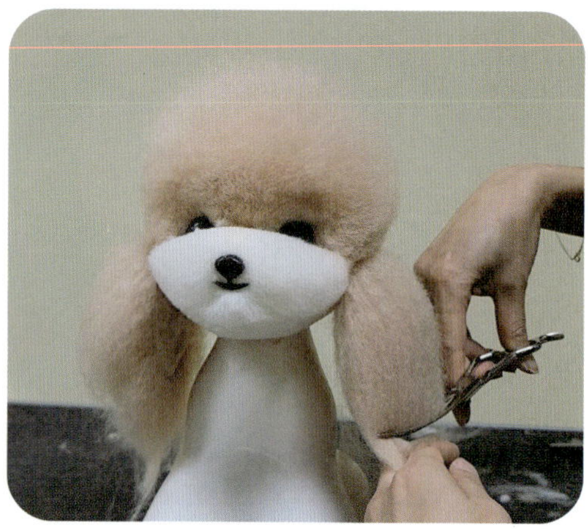

㉓ 귀 끝을 확인한 후 검지와 중지 사이에 귀 털을 넣고 아래로 쓸어내린 다음 일정한 위치에서 커트한다.

㉔ 마지막으로 블론트가위 또는 커브가위로 전체적으로 면을 정리한다.

㉕ 완성

② 베들링턴 응용컷

베들링턴 미용의 포인트는 귀 탓셀을 남기고, 크라운을 높게 남기는 미용방법이다. 특히 이 컷은 개구쟁이 이미지를 내기 때문에 특히 수컷 강아지에게 어울리는 미용방법이다. 얼굴 털을 짧게 하기 때문에 관리가 용이하며, 귀가 통풍이 잘 되기 때문에 귓병이 있는 반려견에게 추천한다.

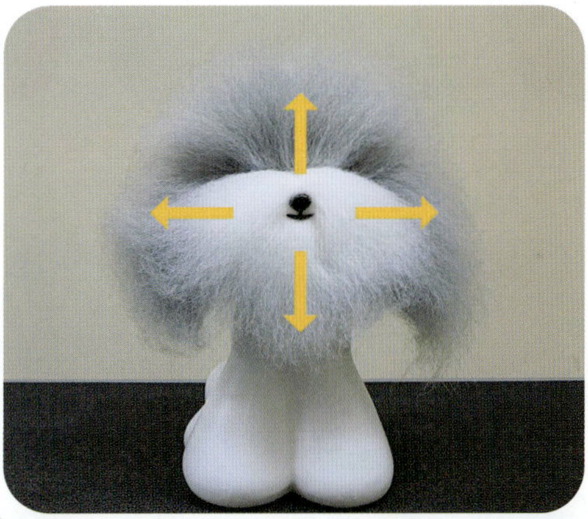

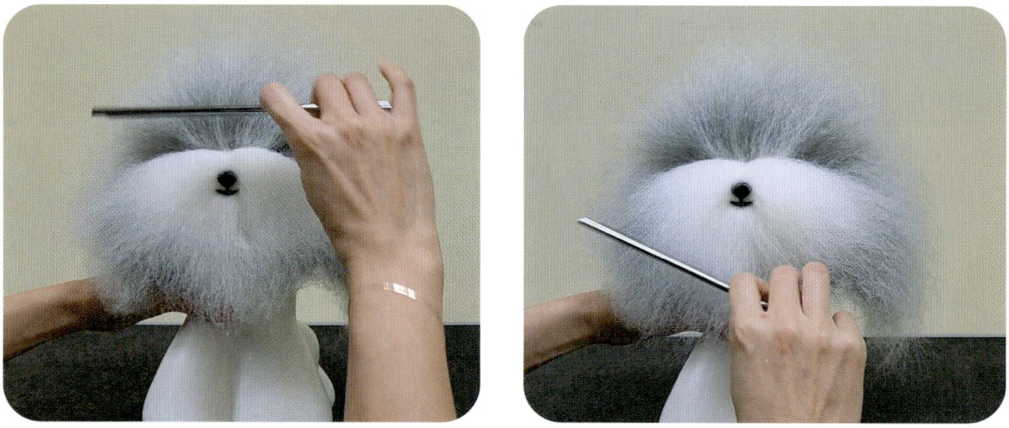

① 얼굴 위그를 준비해 브러싱한 후 머즐 털을 왼쪽, 오른쪽, 위쪽, 아래쪽으로 코밍한다.

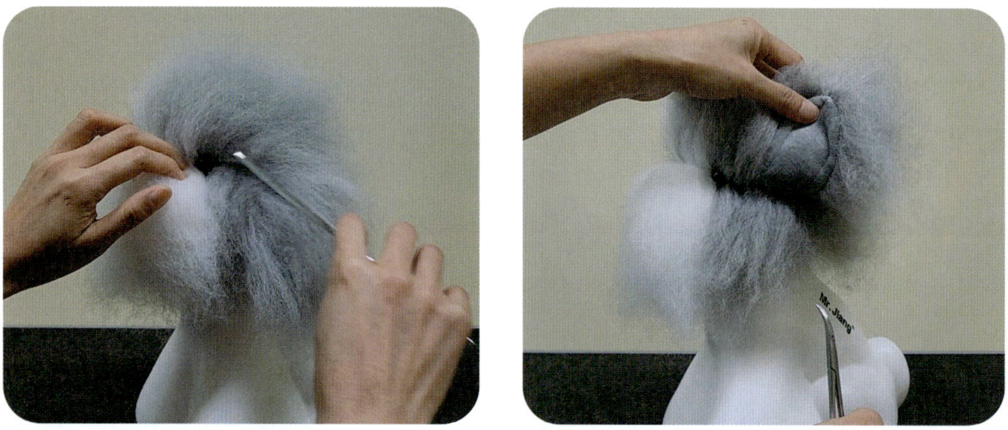

② 눈꼬리 뒤에서 귀뿌리 시작 부분까지 이미지너리 라인을 설정한다.

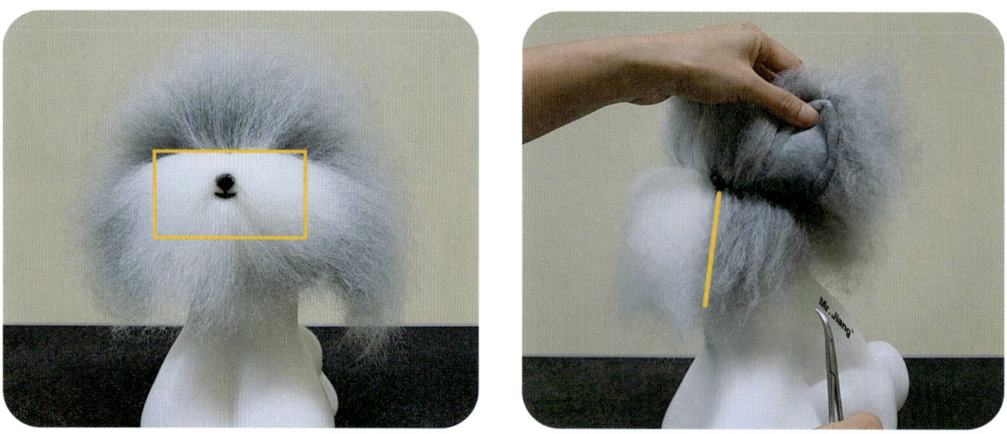

③ 커트할 머즐 털의 가로, 세로 폭을 설정한다. 깊이는 눈앞까지 설정한다.

✔ 베들링턴 응용컷은 아래턱 털을 턱선에 가깝게 설정한다.
✔ 턱 아래를 확인한 후 커트한다.

④ 설정해놓은 머즐 털을 직사각형으로 커트한다.

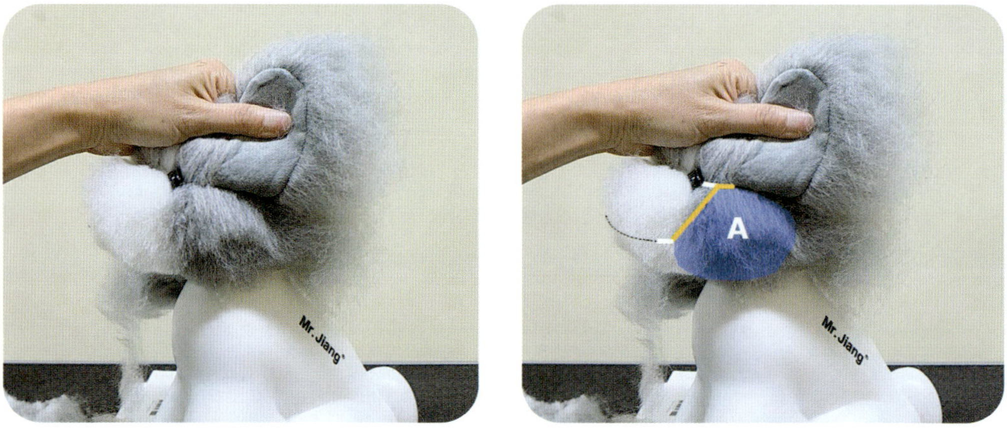

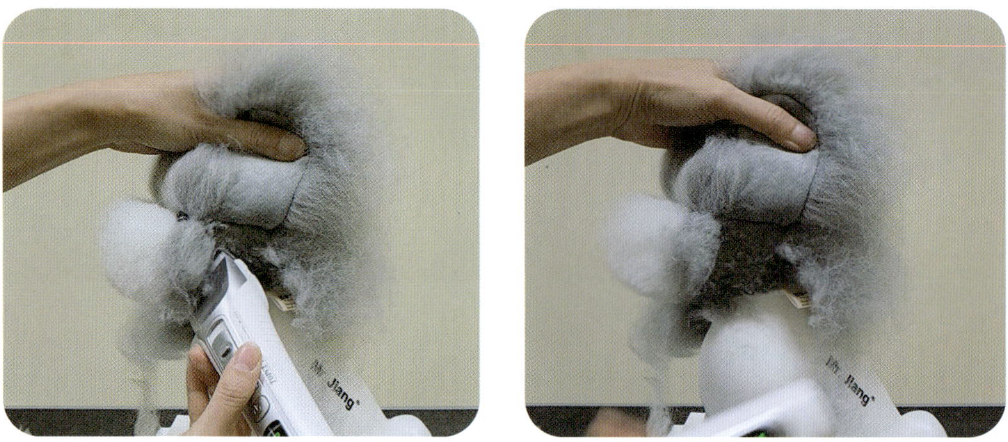

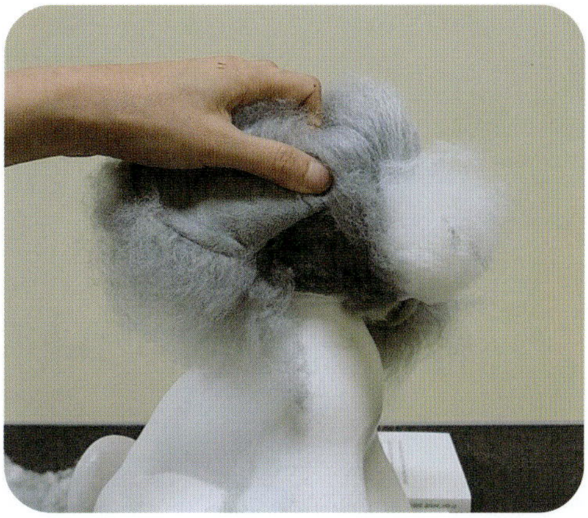

⑤ 눈꼬리 뒤에서 귀뿌리 시작 방향으로 일직선 1cm, 입꼬리 끝에서 일직선 1cm 설정한 후 A 부분을 클리핑한다.

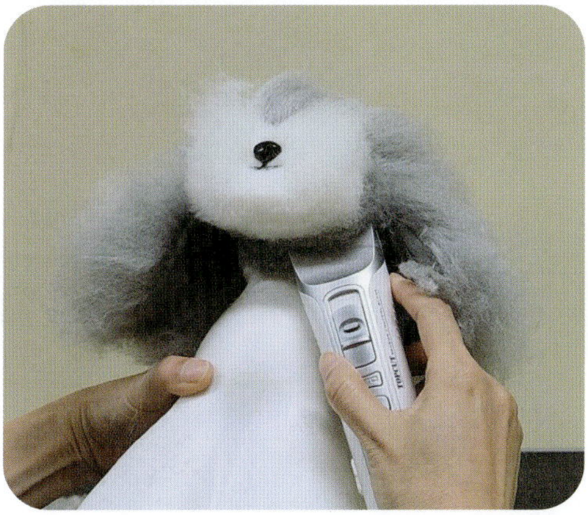

⑥ 턱 아랫부분을 1.5~2mm 날 클리퍼로 클리핑한 후 털을 정리한다.

⑦ 귀뿌리를 확인하고 털을 나눈다.

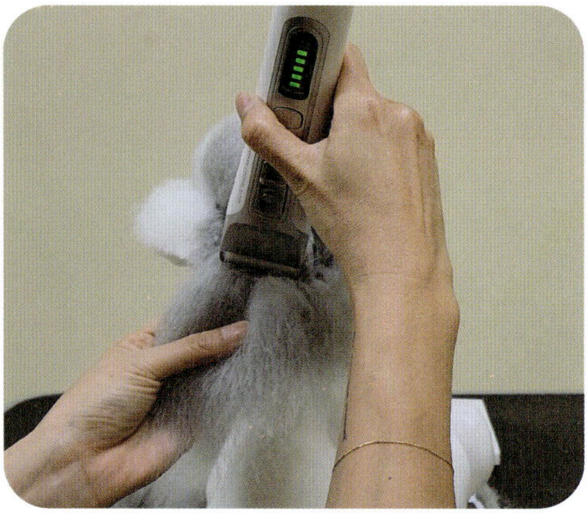

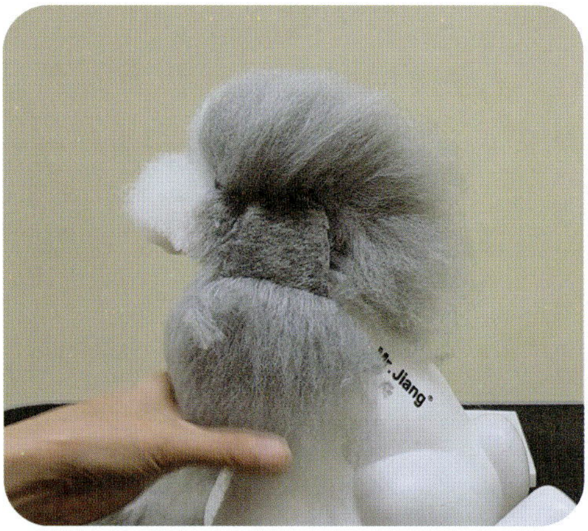

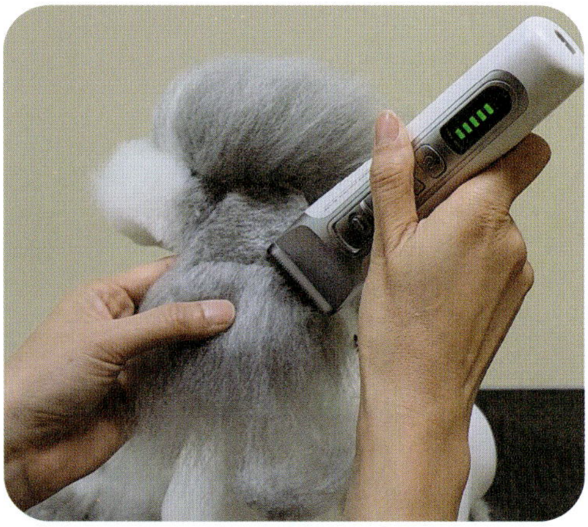

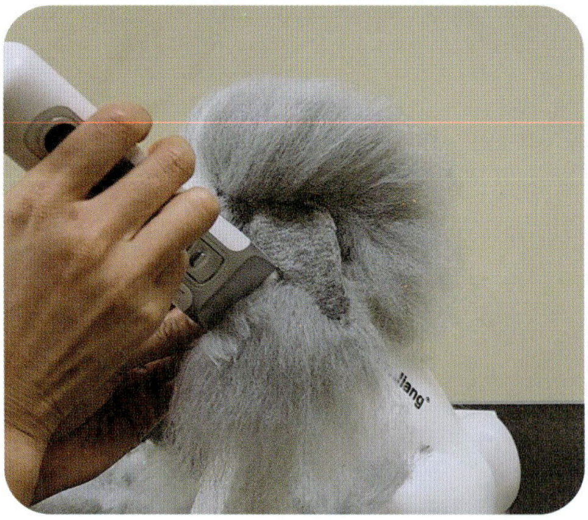

⑧ 귀 끝 1/3 지점에서 '∧' 형태로 탓셀을 만든다. 귀를 손바닥 위에 올려놓고 털 정방향으로 클리핑하는데, 특히 귀 안쪽에 이중으로 겹쳐있는 살을 주의하며 클리핑한다.

✓ 실견 미용 시 귀 안쪽 털 또한 '∧' 형태로 클리핑한다.

⑨ 지저분한 귀 라인 털을 가위로 정리한다.

✔ 밀착되어 있는 귀 라인의 털을 손으로 끄집어낸 다음 가위로 귀 라인을 정리한다.

✔ 귀 끝의 살이 잘려나가지 않도록 털이 얼마나 있는지 손으로 만져서 확인한 후 가위로 커트한다.

⑩ 탓셀의 아랫부분 털을 검지와 중지 사이에 끼운 후 아래로 내린 상태에서 가위로 커트한다.

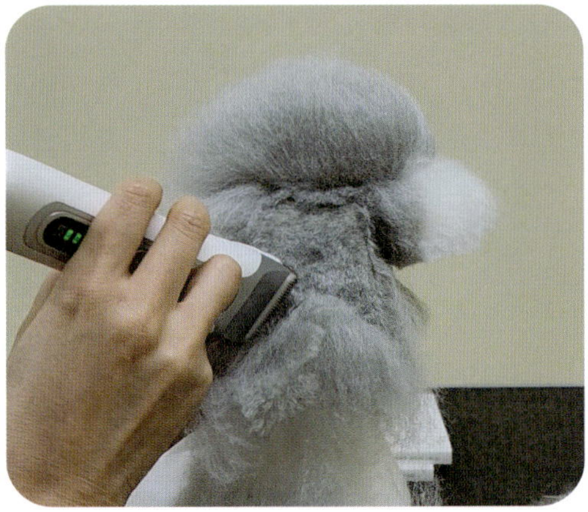

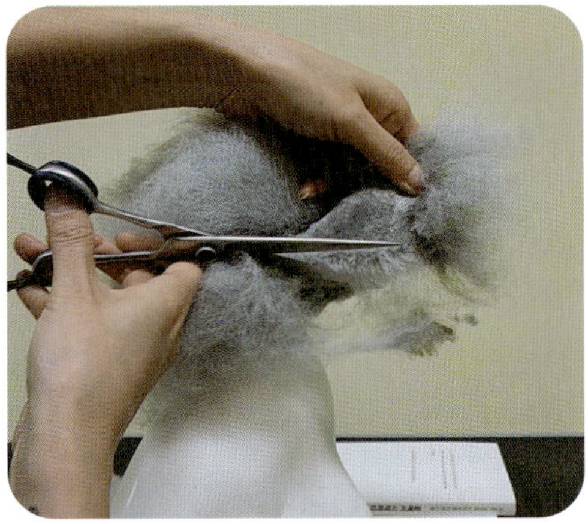

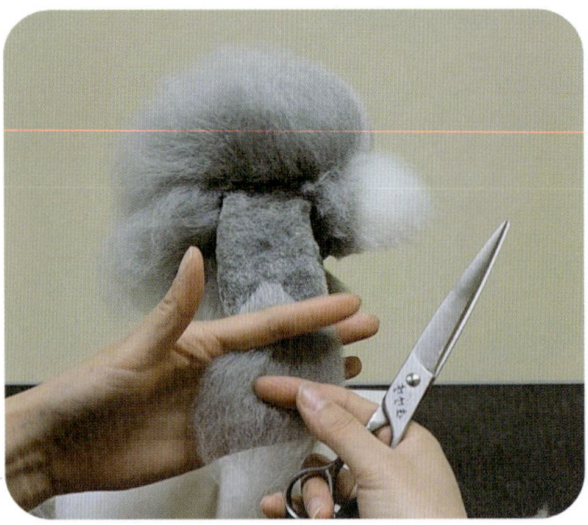

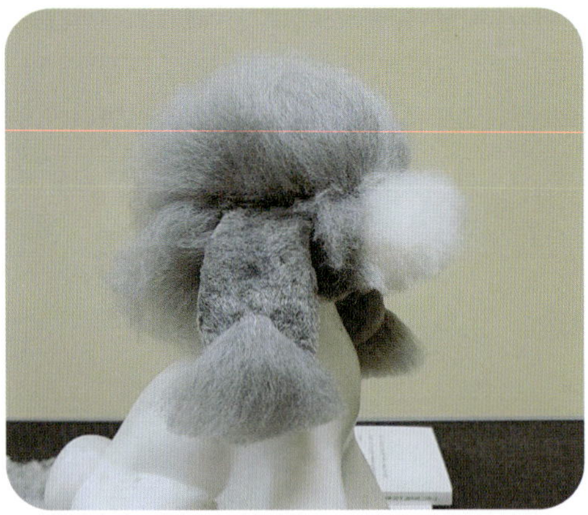

⑪ 반대쪽 귀도 탓셀을 만든다.

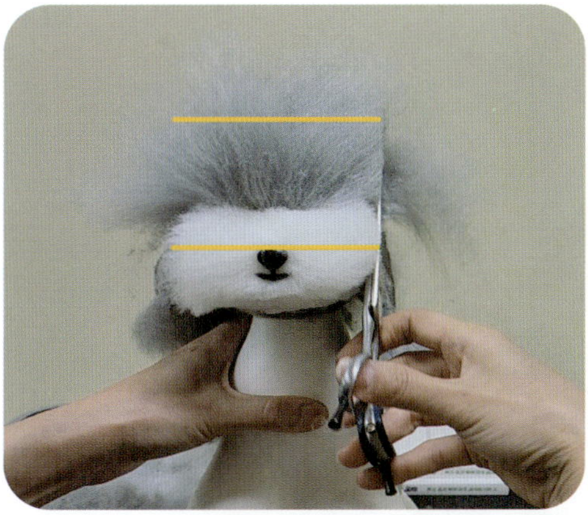

⑫ 머즐 길이와 같은 폭으로 두상 폭을 설정하고, 얼굴 옆은 클리핑 라인에 맞춰 커트한다.

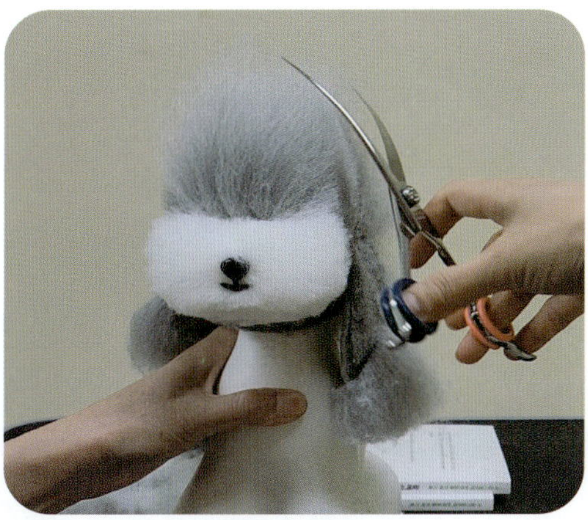

⑬ 크라운 제일 위를 조금 높게 설정하여 둥글게 커트한다.

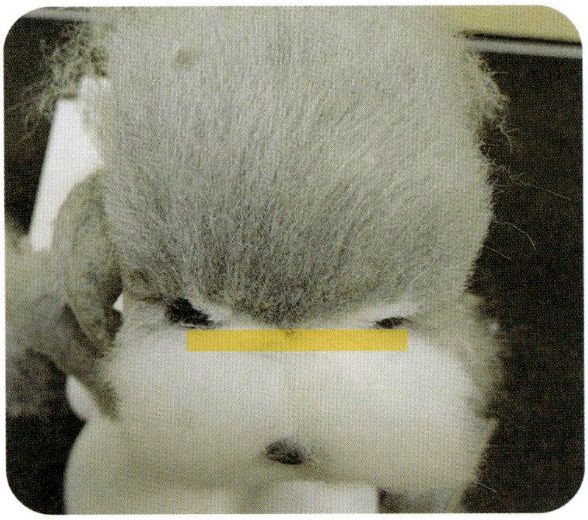

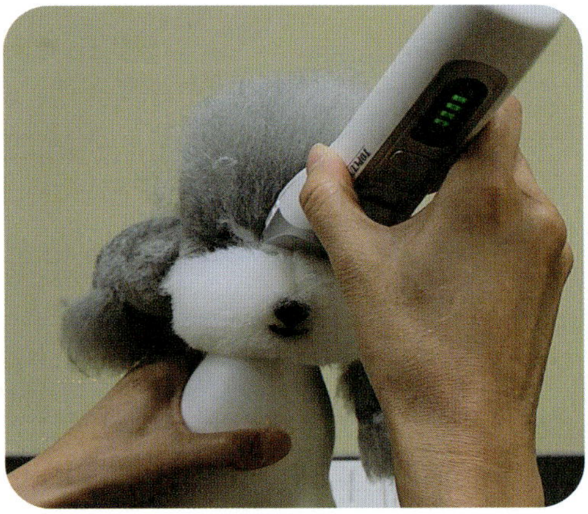

⑭ 액단에서 코 쪽으로 0.5cm 정도 클리핑 또는 가위로 짧게 커트한다.

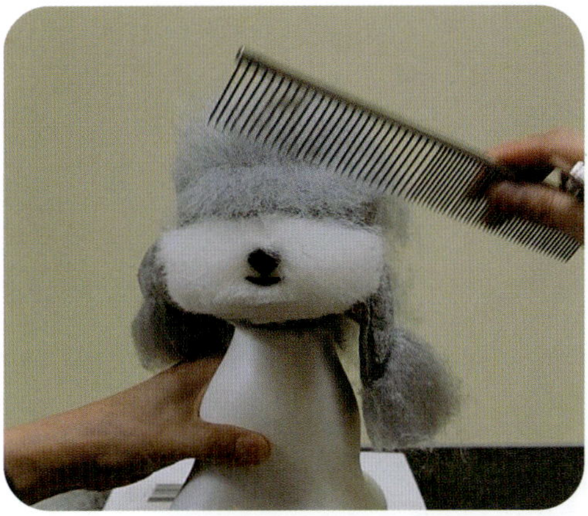

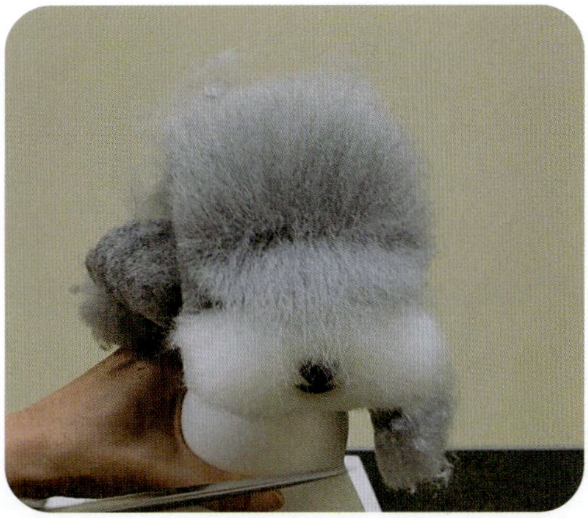

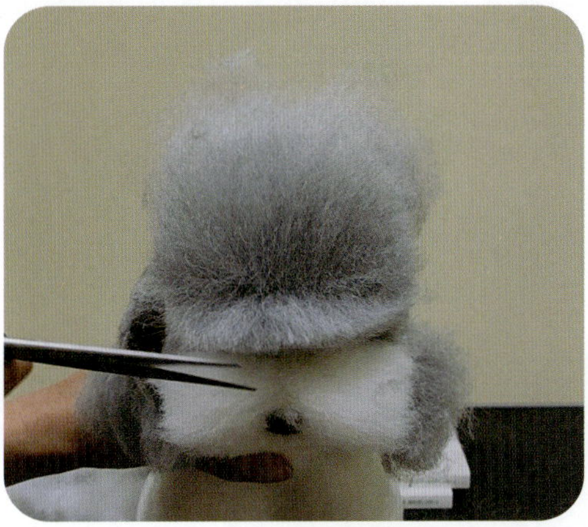

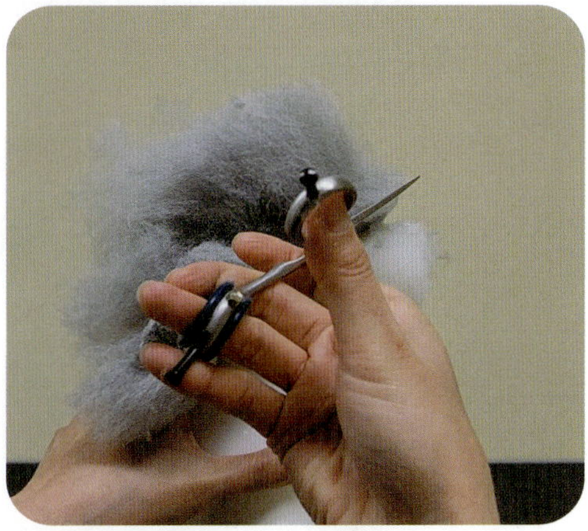

⑮ 액단에서 머리 쪽으로 1cm 정도 폭의 털을 아래로 빗질한 후 코 길이의 1/2 지점까지 45°로 둥글게 커트한다.

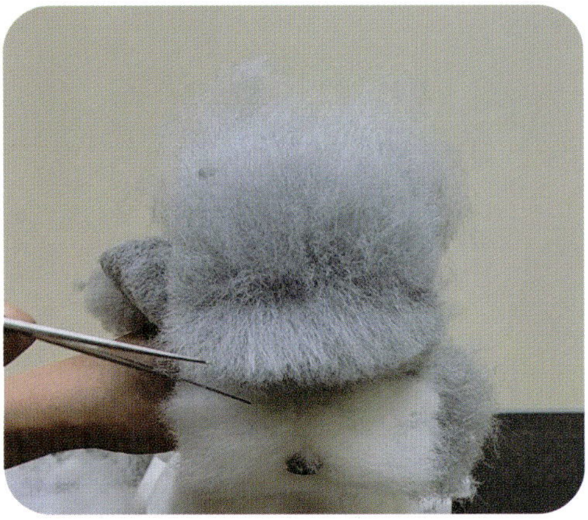

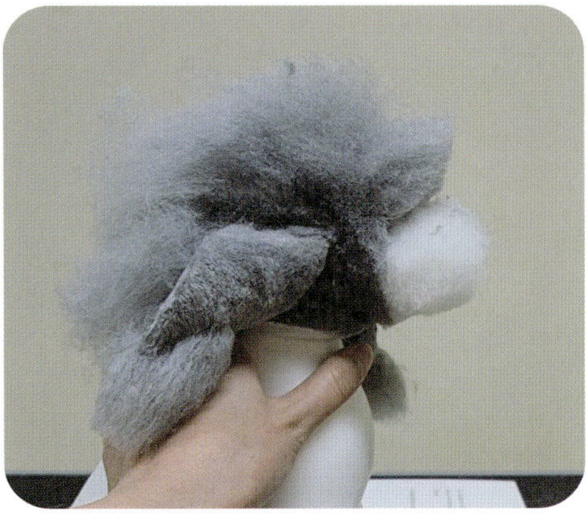

⑯ 자른 털 위에 1~2cm 폭의 털을 아래로 코밍한 후 둥글게 커트한다. 자를 털이 없을 때까지 차근차근 털을 내려 커트한다.

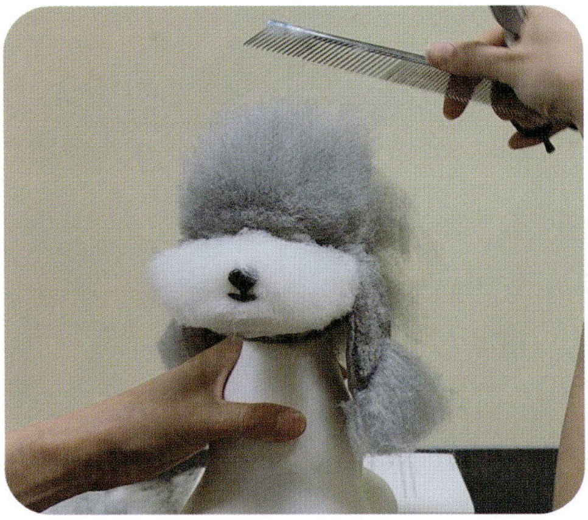

⑰ 아래로 처져 있는 앞머리 털을 아래에서 위로 코밍한다.

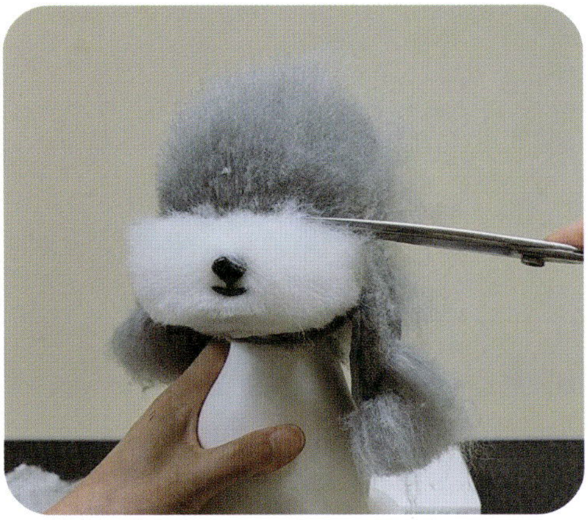

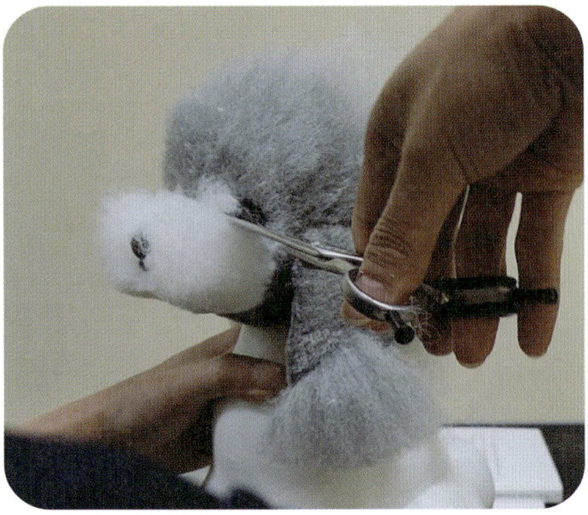

⑱ 스탑 부분의 털을 정리한다. 각도가 코 쪽으로 갈수록 높아지고, 눈 쪽으로 갈수록 낮아지게 커트한다.

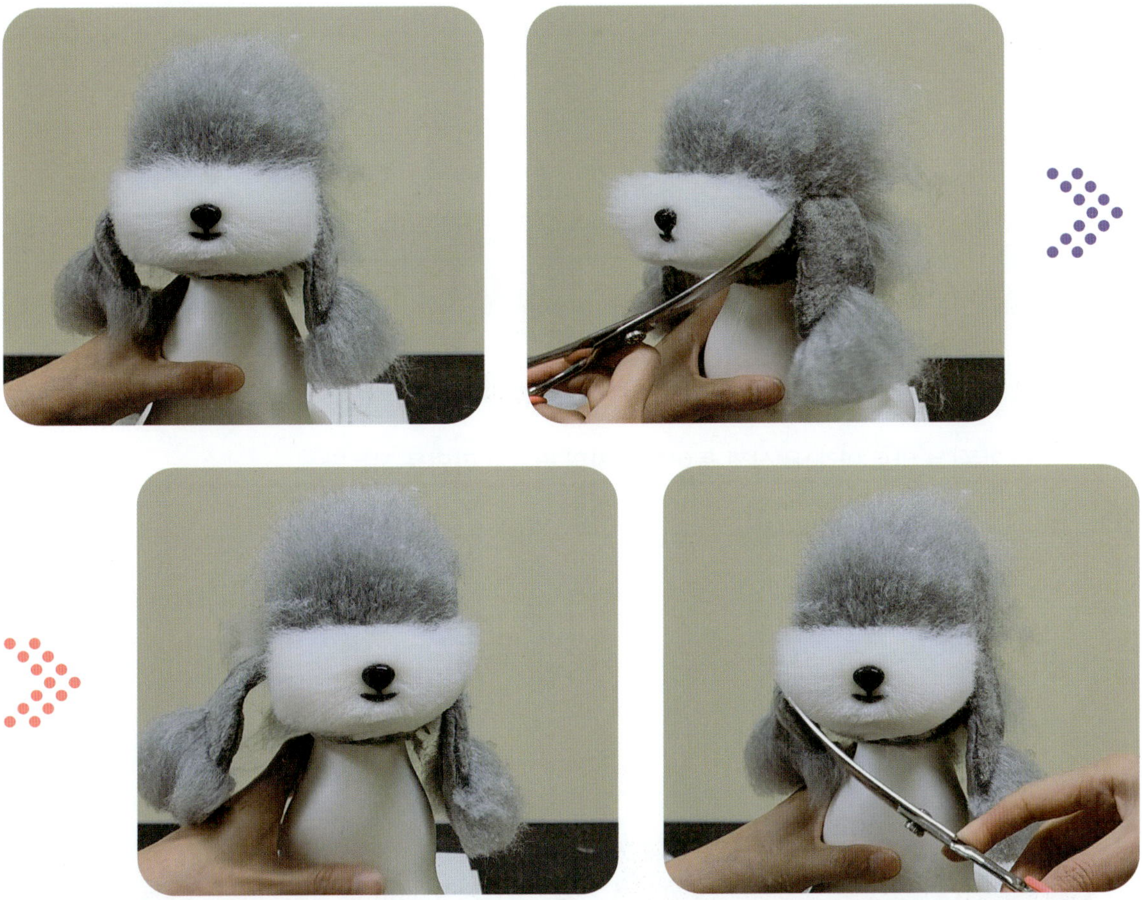

⑲ 가위 끝 방향을 아래에서 위로 향하게 하고 양쪽 털의 라인을 둥글게 커트한다.

✔ 커브가위를 이용하여 커트하면 라인 잡기가 편하다.

⑳ 오른쪽 위 모서리 부분의 머즐 털을 다듬는다.

㉑ 머즐 안쪽(눈 바로 아래)은 살짝 들어가게 가위 끝으로 라인을 잡는다.

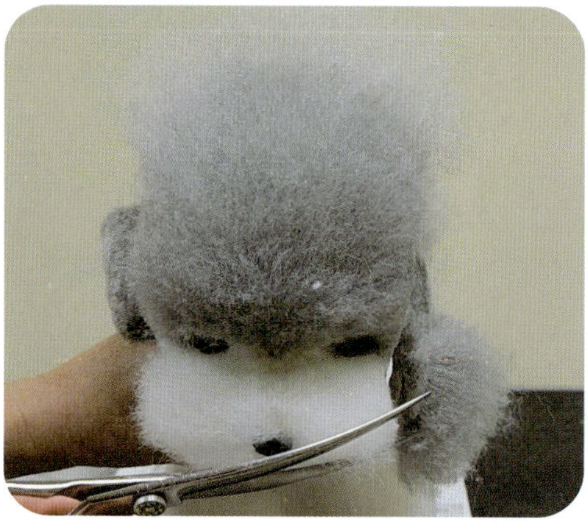
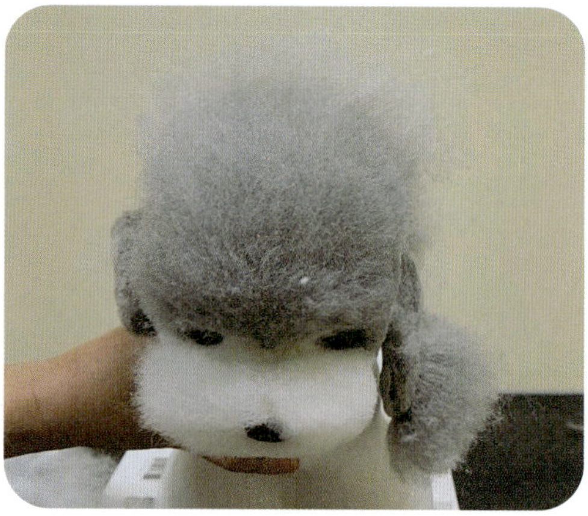

㉒ 코를 기준으로 튀어나온 털을 커트한 후 머즐 털과 자연스럽게 연결이 되도록 커트한다.

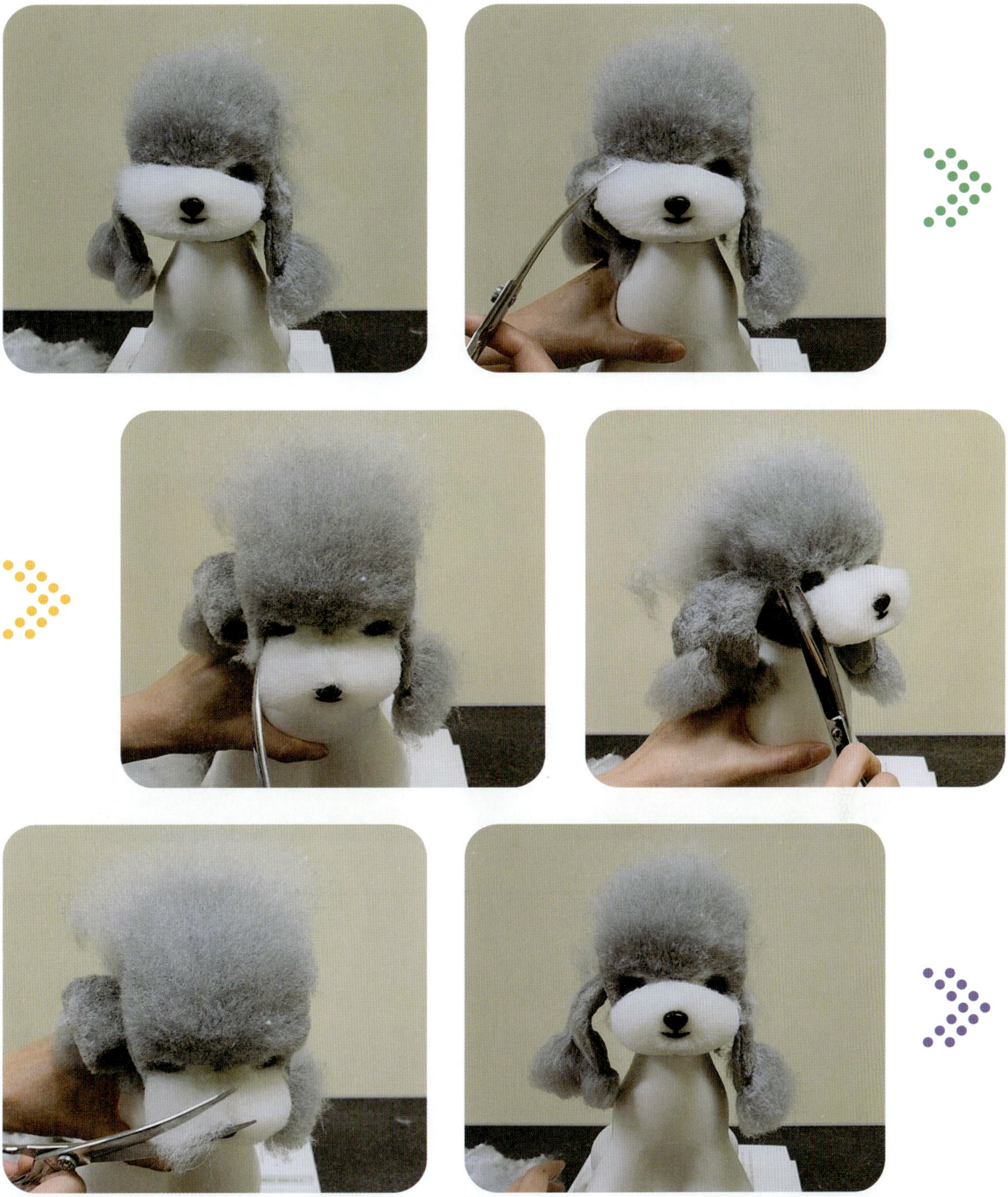

㉓ 반대편 머즐 털을 둥글게 커트한다.

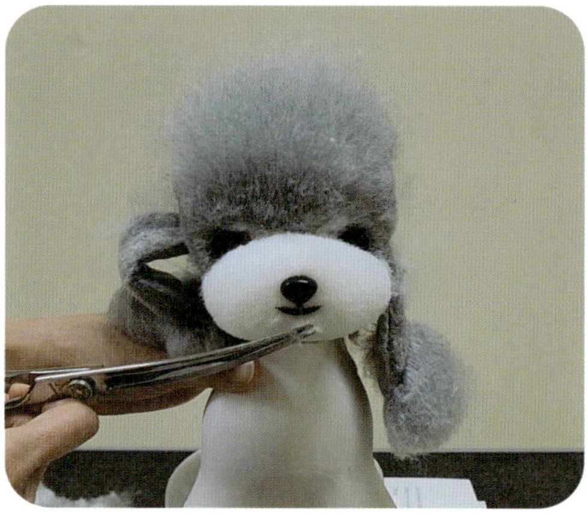

㉔ 아래턱 털이 위턱 털보다 나오지 않게 다듬어준다.

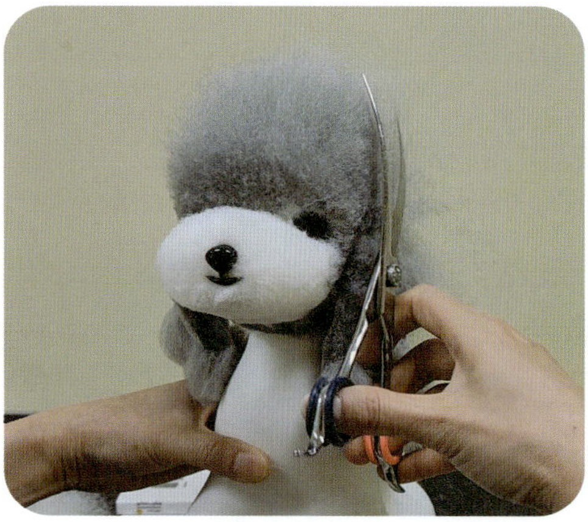

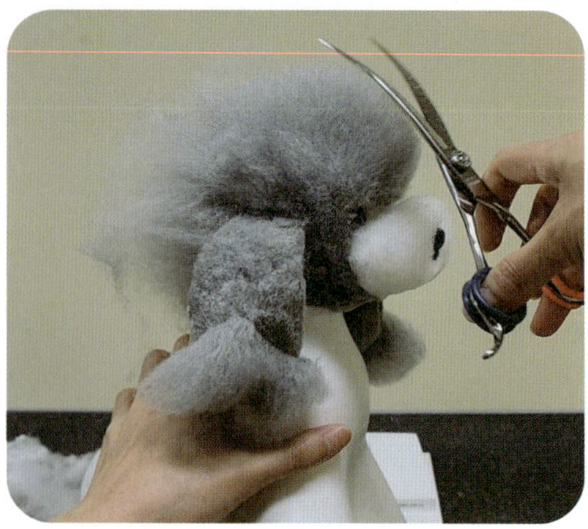

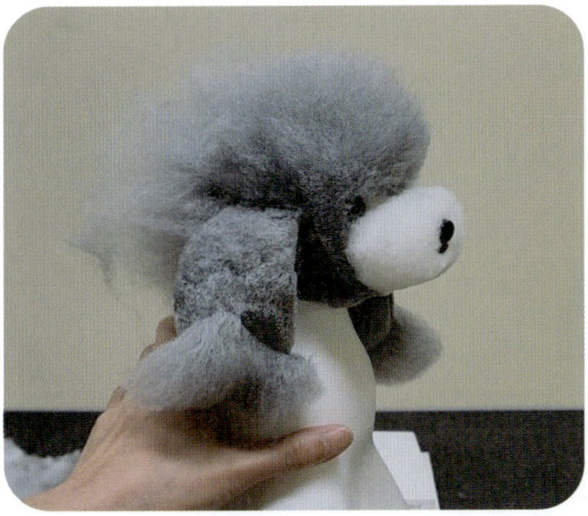

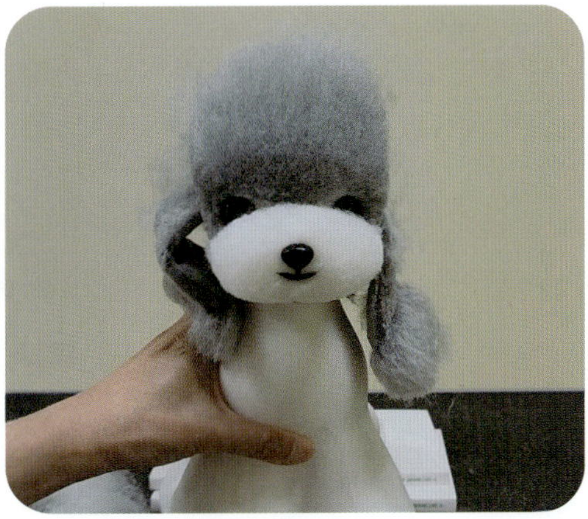

㉕ 볼에 있는 털과 자연스럽게 연결하고, 스탑 부분은 볼륨감 있게 커트한다.

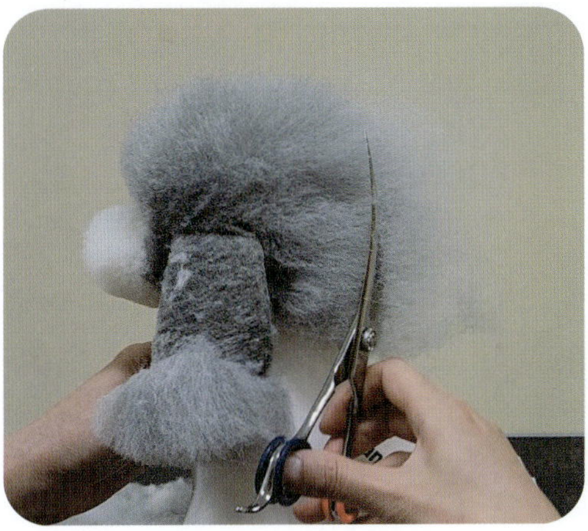

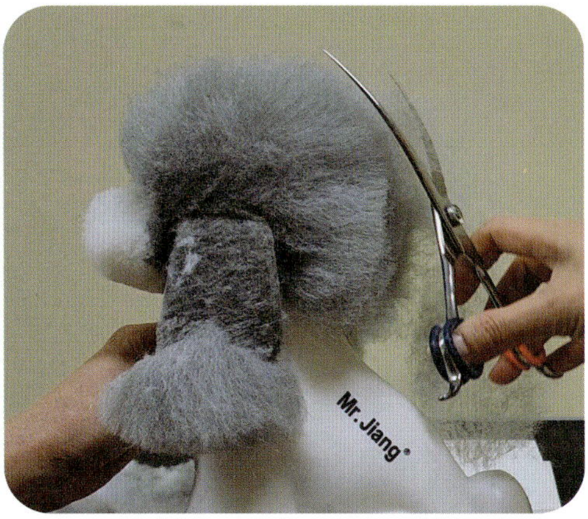

㉖ 뒤통수 털을 코밍한다. 남길 털의 폭을 정한 후 커트한다.

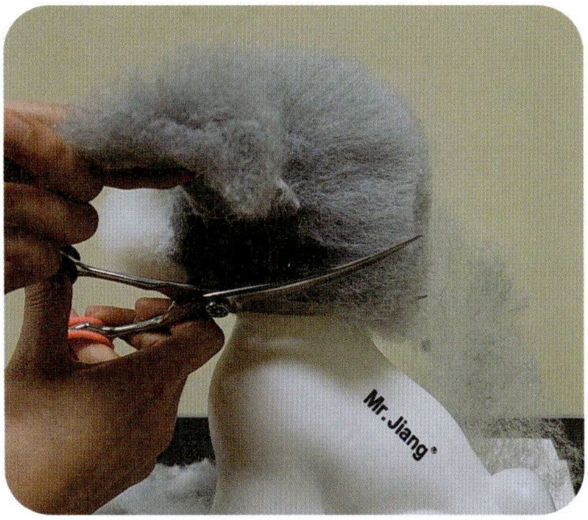

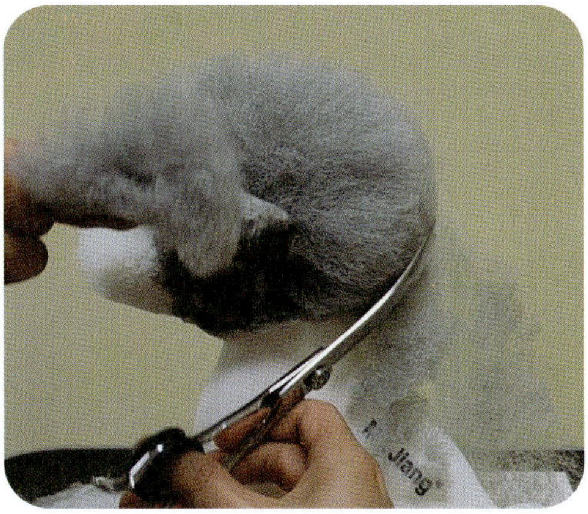

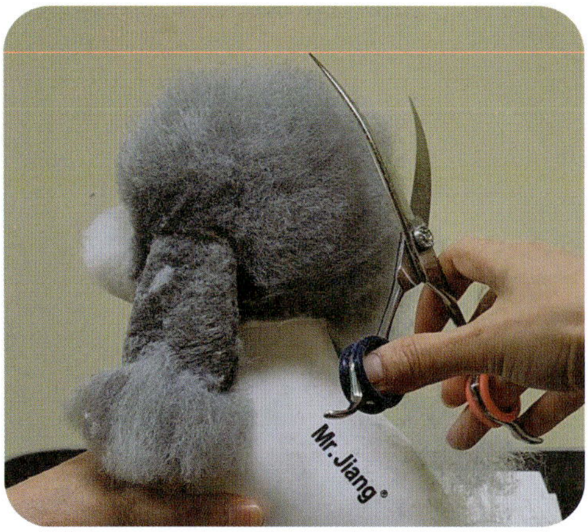

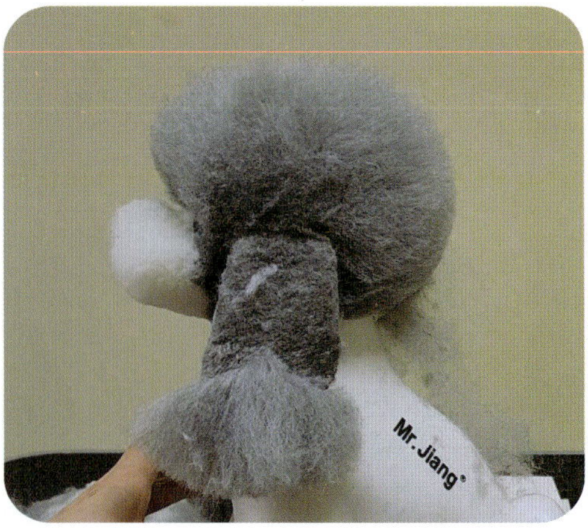

㉗ 각진 목덜미 부분을 둥글게 커트하면서 뒤통수 전체 또한 둥글게 커트한다.

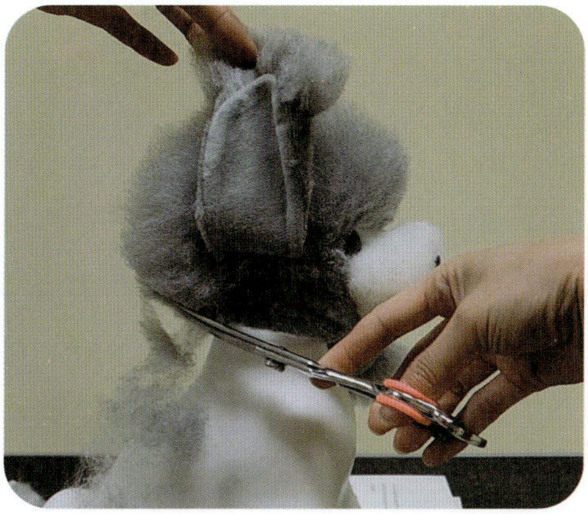

㉘ 반대편도 같은 방법으로 커트한다.

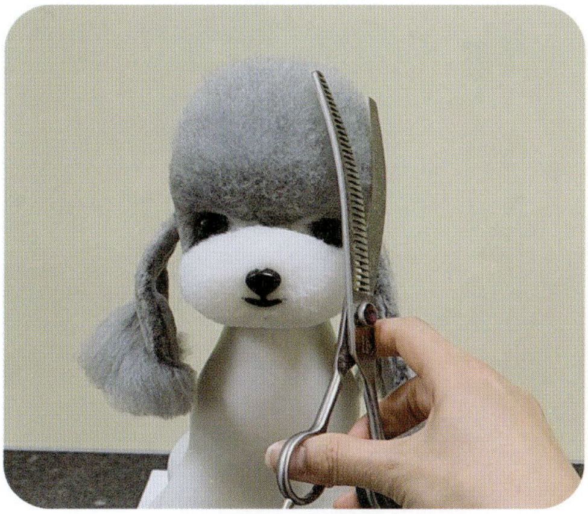

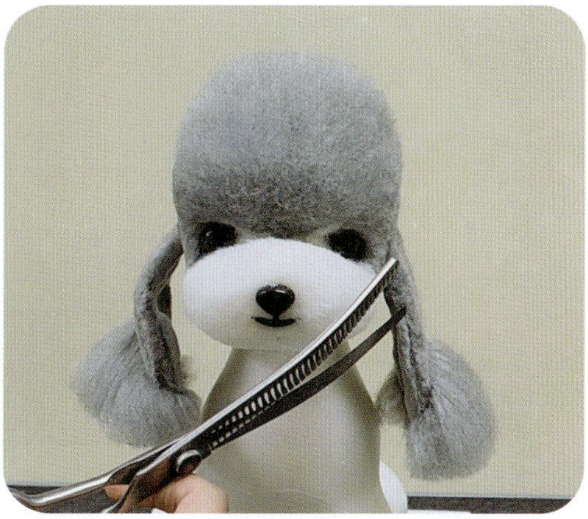

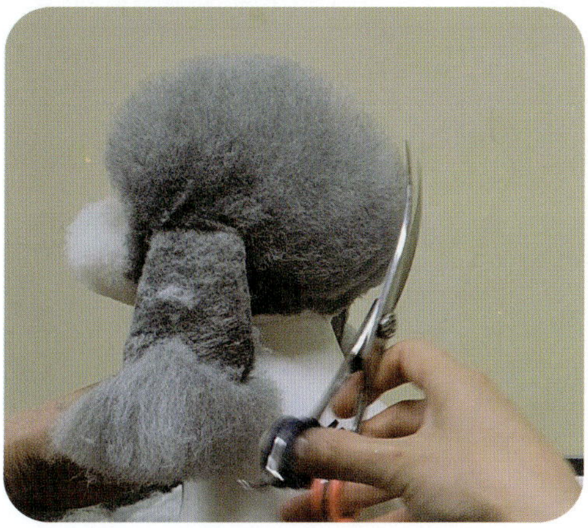

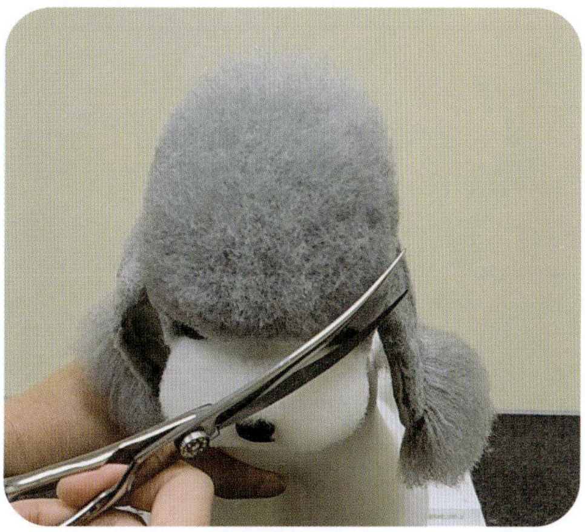

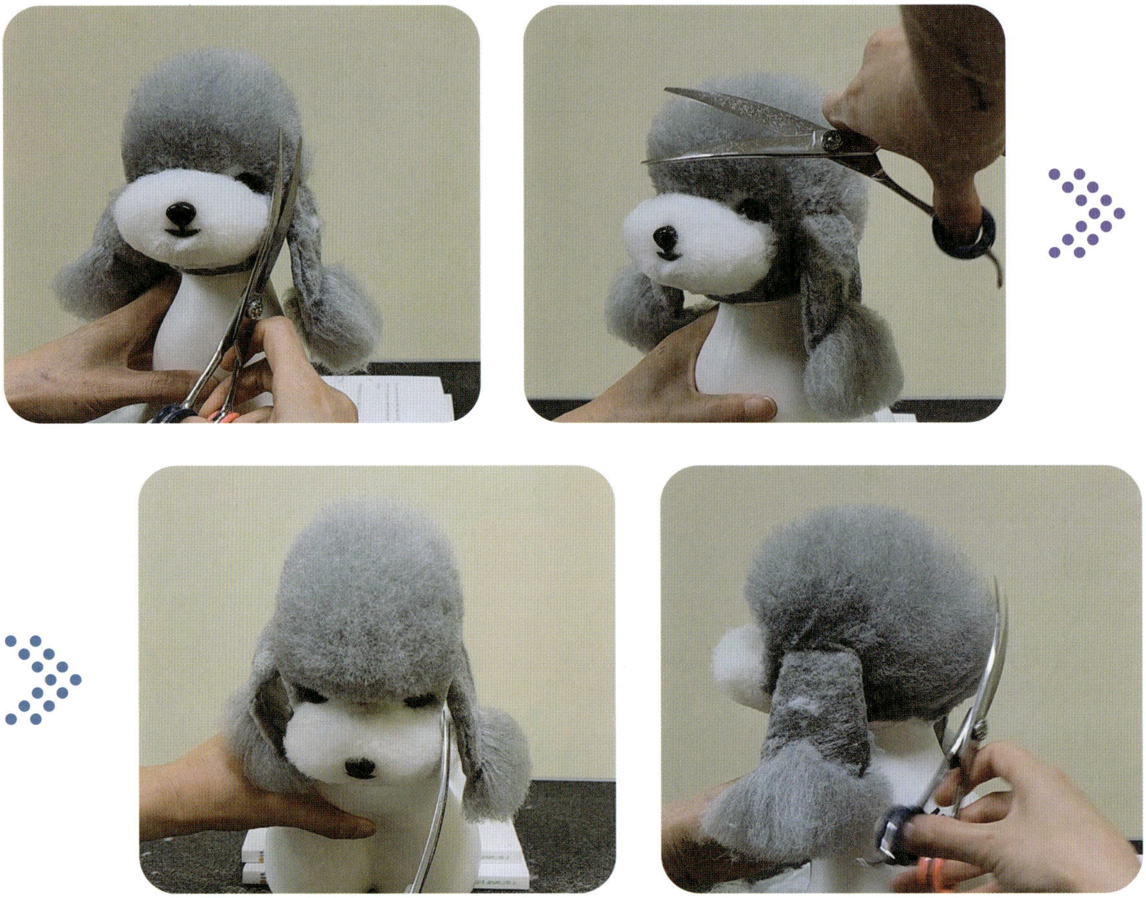

㉙ 전체적으로 텐텐가위(요술가위)나 시닝가위로 정리한 후 커브가위나 블론트가위로 마무리한다.

✔ 작업 마지막 단계에서는 블론트가위나 커브가위를 이용하여 마무리하면 털끝이 깔끔하게 정돈되어 완성도가 높아진다.

㉚ 완성

③ 하이바컷

비숑프리제의 가장 기본이 되는 얼굴컷이다. 전체적으로 동그란 모양으로 스타일링하며, 멀리서 걸어오는 반려견을 보면 솜사탕이 걸어오는 것 같은 착각을 일으키는 귀여운 얼굴컷이다. 하이바컷을 기본으로 응용컷이 많이 나오고 있다.

① 얼굴 위그를 준비해 브러싱한 후 머즐 털을 왼쪽, 오른쪽, 위쪽, 아래쪽으로 코밍한 후 눈이 보이게 콧등의 털을 좌우로 나눈다.

② 얼굴 전체 세로 길이를 5:3 비율로 잡고 턱을 일직선으로 커팅한다.

③ 귀 길이에 따라 달라지지만 보통 코의 1/2 지점까지 라운딩한다.

✔ 얼굴 아래쪽을 커트할 때에는 가위 방향을 아래에서 위로 커트한다.

④ 액단에서 코 쪽으로 1cm 정도 클리핑 또는 가위로 짧게 커트한다.

⑤ 앞머리를 커트하기 위해 눈꼬리에서 귀 쪽으로 1~2cm 정도까지 기준을 잡는다.

⑥ 액단에서 머리 쪽으로 1cm 정도 폭의 털을 아래로 빗질한 후 코 길이의 1/2 지점까지 둥글게 커트하고, 옆에서 봤을 때 아래에서 위로 올라갈수록 길어지게 45°로 커트한다.

✔ 액단에서 머리 쪽으로 커트 시 가위 방향을 아래에서 위로 커트한다.

⑦ 자른 털 위에 1~2cm 폭의 털을 아래로 코밍한 후 둥글게 커트한다. 자를 털이 없을 때까지 차근차근 털을 내려 커트한다.

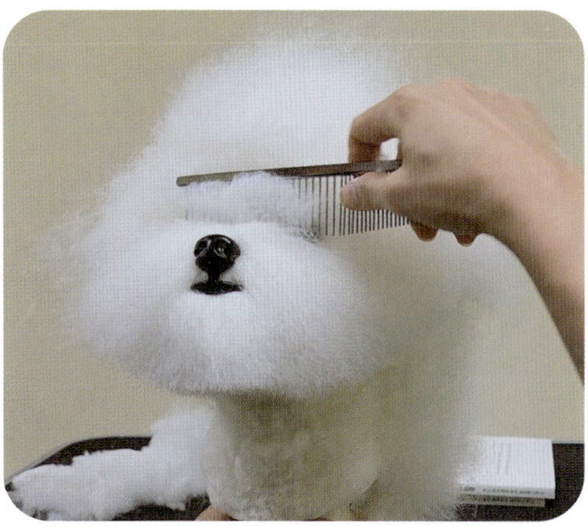

⑧ 아래로 처져 있는 앞머리 털을 아래에서 위로 코밍해서 세운다.

⑨ 눈동자가 명확하게 보이게 커브가위 끝부분으로 눈 라인을 둥글게 잡은 뒤 커브가위 전체 면으로 라운드를 그리며 커트한다.

⑩ 반대편도 같은 방법으로 커트한다.

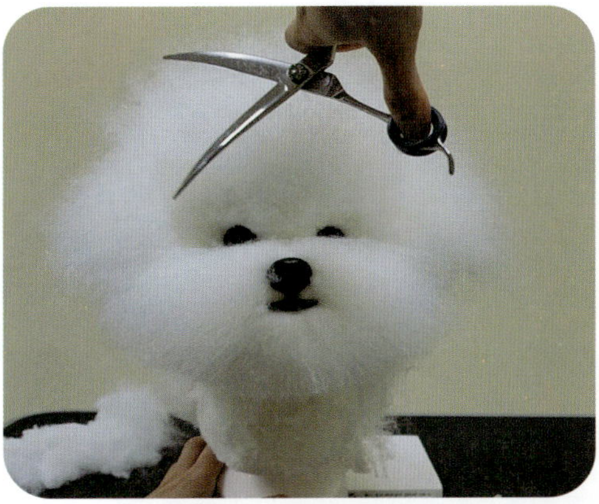

⑪ 이마 쪽 털을 아래에서 위로 빗질한다.

⑫ 볼륨감 있게 아래에서 위로 커트하면서 머리 전체를 커트한다.

✓ 커브가위의 각도를 이용하여 앞뒤를 돌려가며 커트한다.

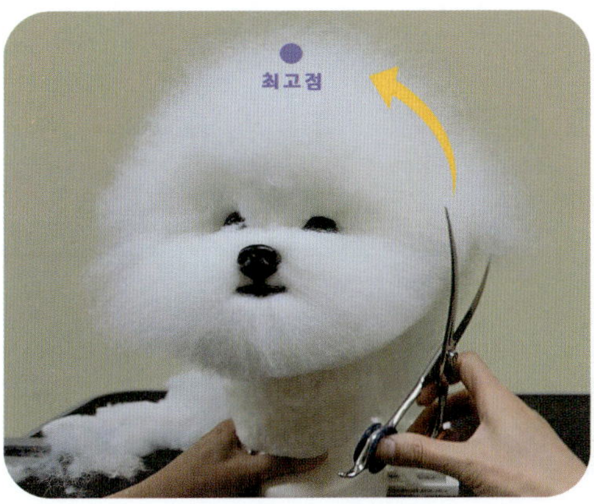

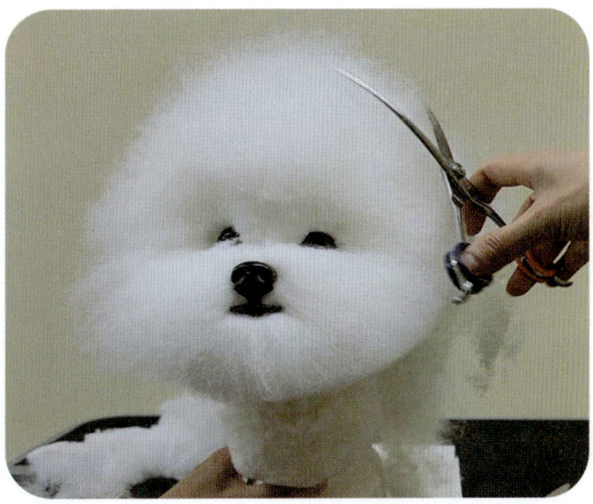

⑬ 최고점까지 아래에서 위로 둥근 원형으로 커트한다.

✓ 실견일 경우 반려견의 상태에 따라 귀 위치가 바뀔 수 있다. 되도록 귀를 쫑긋 세운 상태에서 미용을 해야 하며, 귀 부근 털을 과도하게 커트하지 않도록 한다.

⑭ 반대편도 같은 방법으로 커트한다.

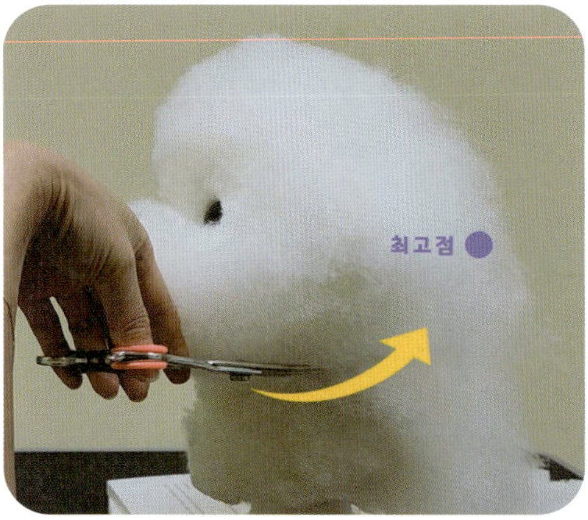

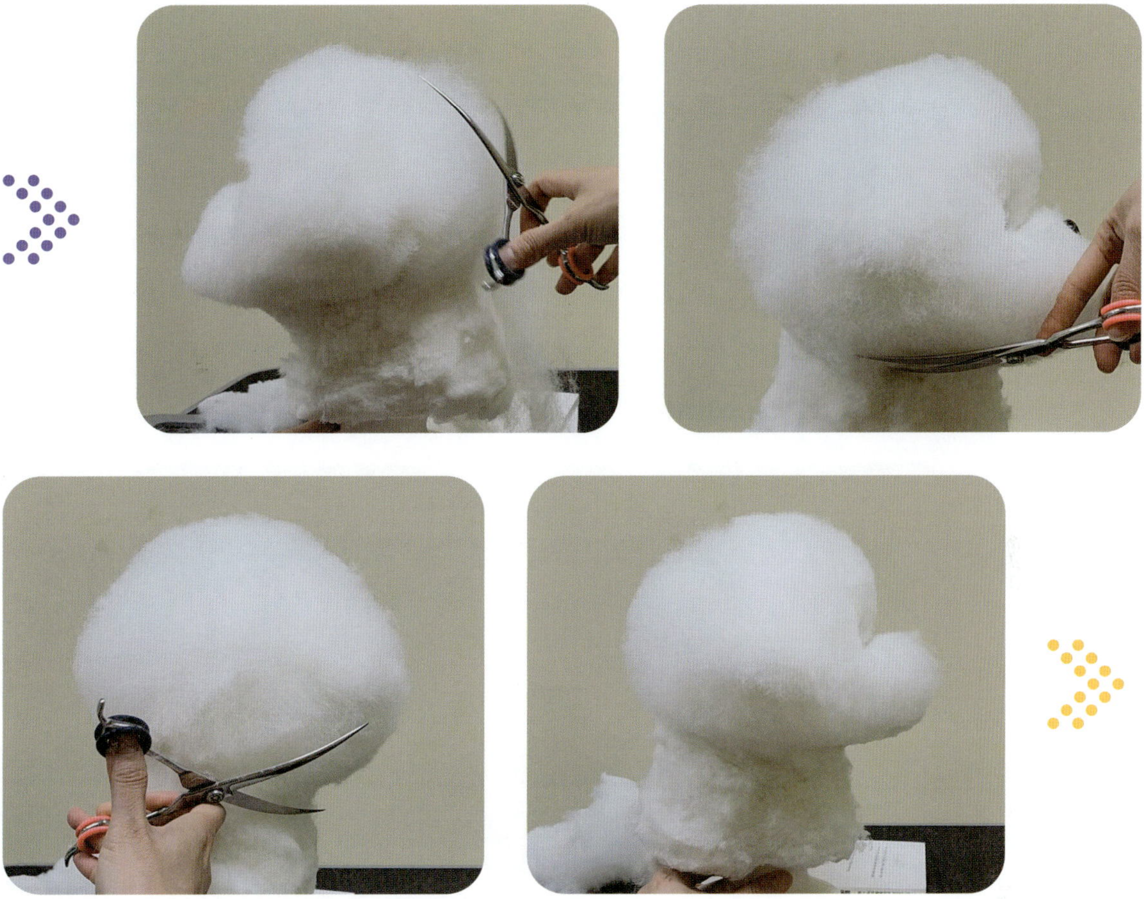

⑮ 턱선을 따라 후두부를 전체적으로 둥근 형태로 커트한다.
✔ 목덜미 아랫부분은 아래에서 위로 최고점까지 커트한다.

⑯ 크라운 전체를 둥근 모양으로 커트한다.

⑰ 측면에서 봤을 때 눈이 잘 보이게 곡선을 그리며 가위 앞부분을 이용하여 커트한다.

✔ 커브가위의 곡선을 이용하여 쉽게 커트할 수 있다.

⑱ 크라운 앞머리 부분은 갈매기 모양의 형태가 나오도록 다듬어준다.

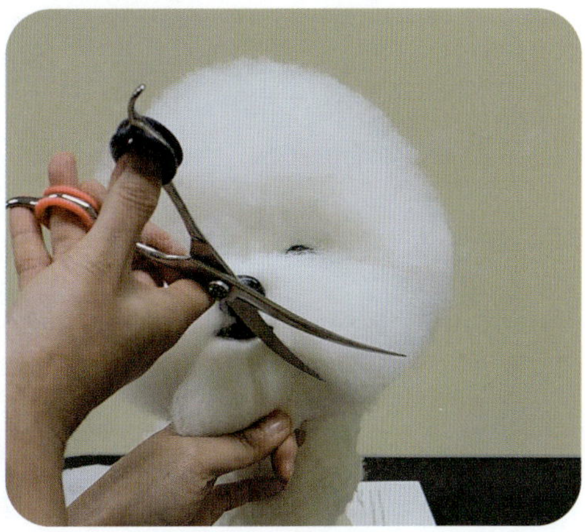

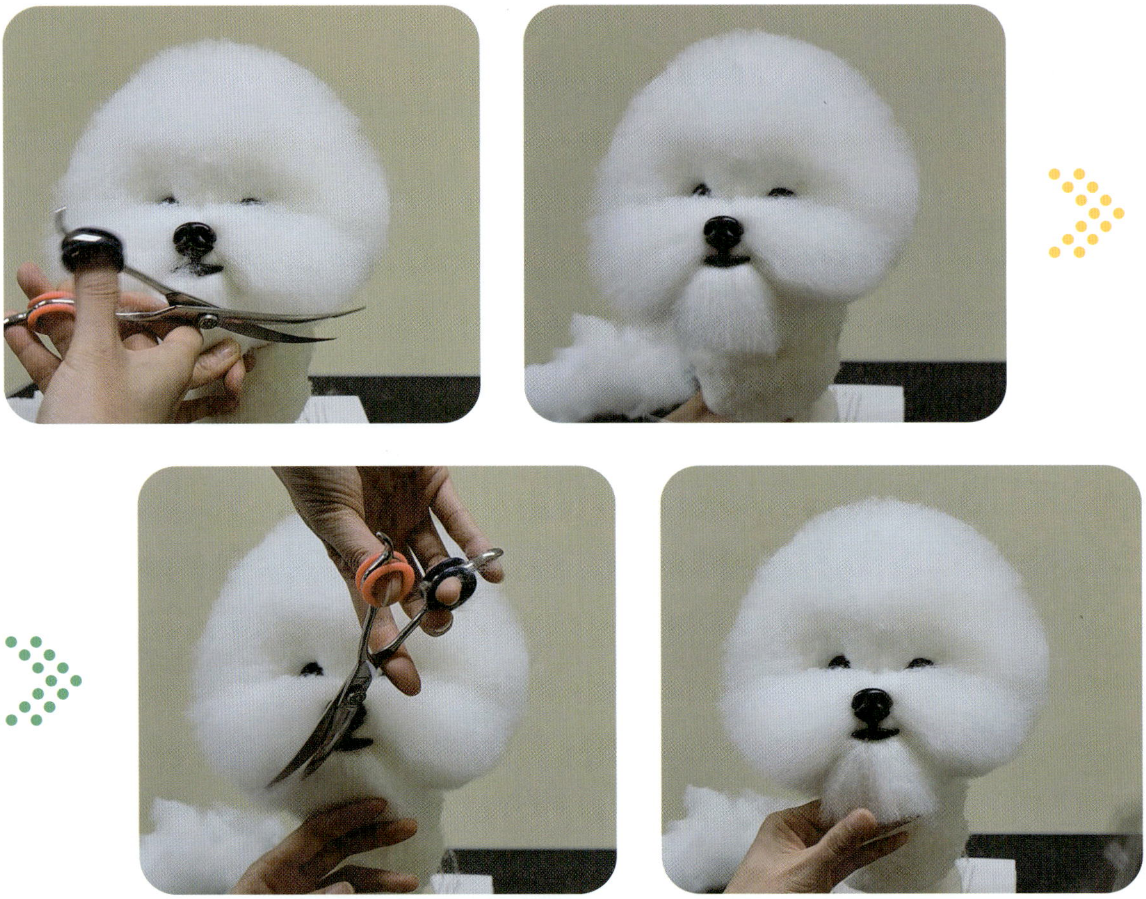

⑲ 입술 앞 선에서 귀 끝 선을 향해 'ㅅ' 모양으로 라운드를 그리며 커트한다.

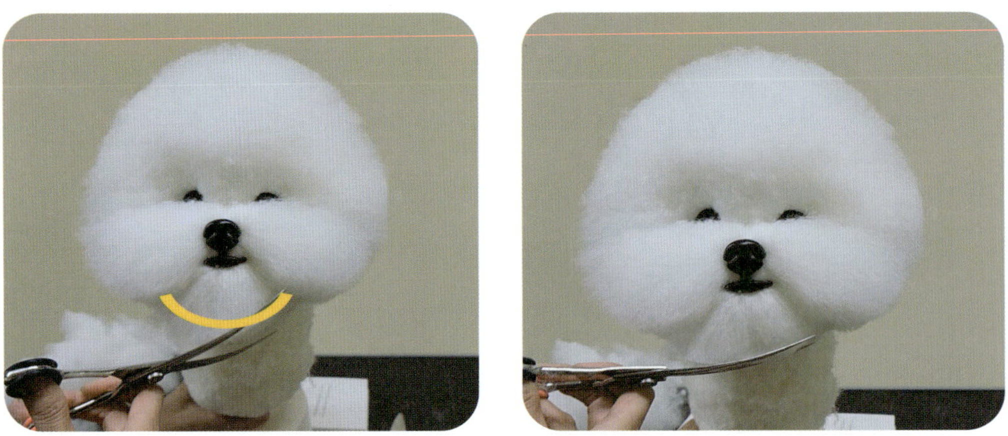

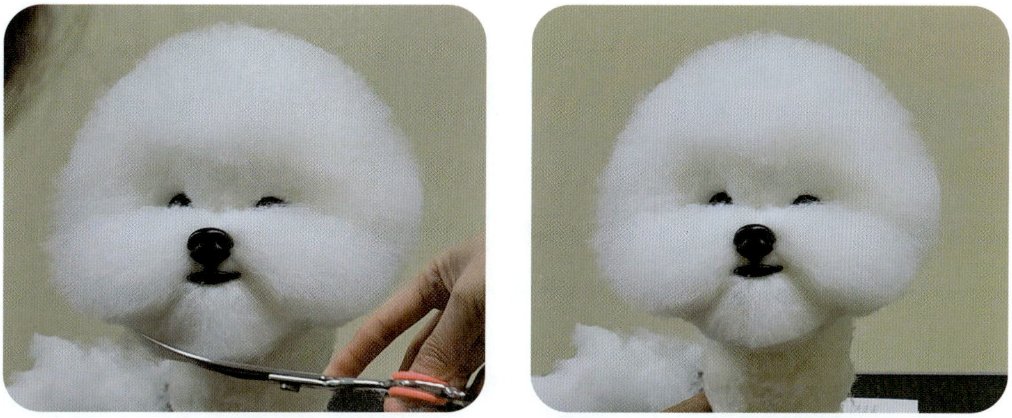

⑳ 턱 털 길이가 짧아지지 않게 머즐 털과 연결되도록 둥글게 커트한다.

✔ 실견 미용 시 턱 아래 털을 잡고 미용해야 하는 경우에는 얼굴컷 마지막 단계에서 커트해도 무방하다.

㉑ 머즐보다 아래턱이 나와 보이지 않게 각진 턱 라인을 시닝가위로 다듬어준다.

✔ 아래턱이 나와 보이면 치아의 부정교합(언더숏(undershot))으로 보일 수 있으며, 특히 부정교합이 있는 반려동물이라면 인중 털은 입술 라인만 잡고, 아래턱을 짧게 커트하도록 한다.

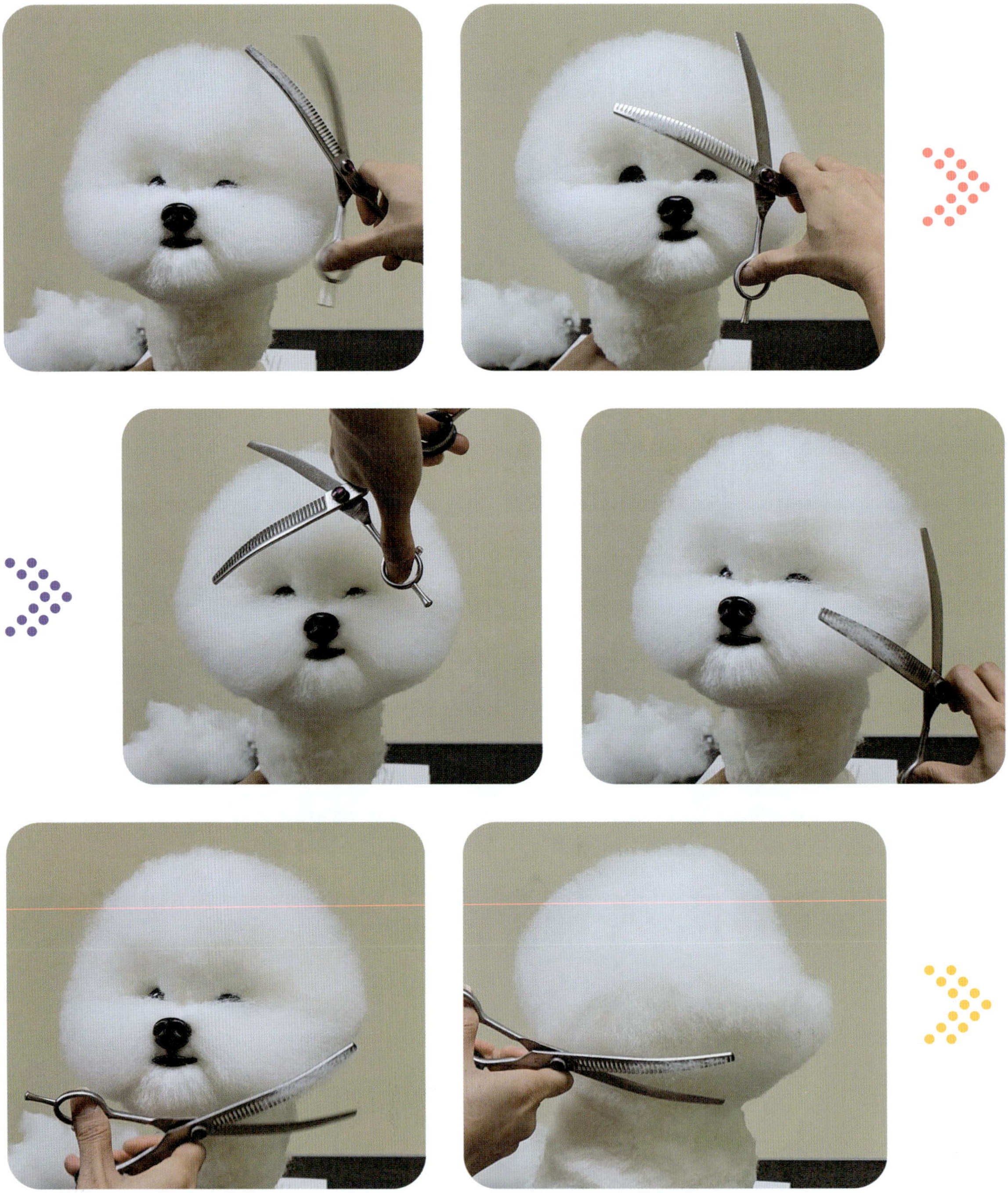

㉒ 전체적으로 튀어나온 털을 텐텐가위로 둥근 형태를 유지하며 다듬어 준다.

㉓ 턱 아래 안쪽 털은 빗질을 하여 튀어나온 털을 최대한 깔끔한 커트한다.

✔ 턱 아래 털은 목이 겹치는 부분이라 여러 번 반복해서 커트한다.

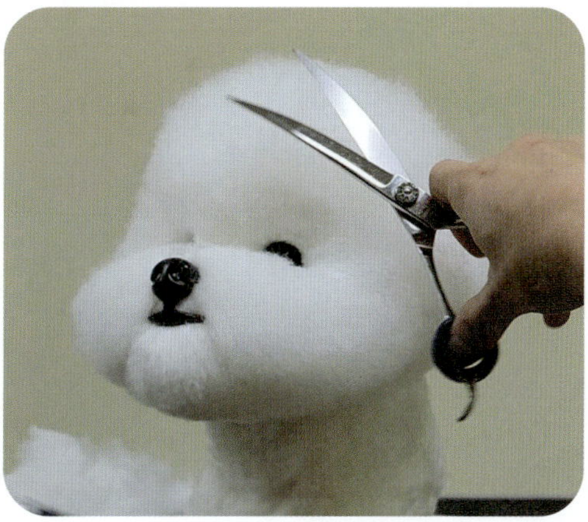

㉔ 블론트가위 또는 커브가위로 전체적으로 면을 정리한다.

✓ 마무리는 블론트가위 종류로 하는 것이 깔끔하고, 완성도가 높아진다.

㉕ 완성

4 옆 귀툭튀컷

하이바 형태에서 귀를 양쪽으로 튀어나오게 하여 포인트를 주는 얼굴컷이다. 하이바컷을 했을 때 모량이 적거나 가늘어서 이마의 털이 갈라지거나 하이바컷을 유지하고 싶으나 귀여운 이미지를 원할 때, 동안 스타일링을 원할 때 추천하는 컷이다. 양쪽 귀가 움직일 때마다 귀여움이 극대화된다. 하이바컷보단 얼굴 크기가 작아져서 관리하기가 용이하다.

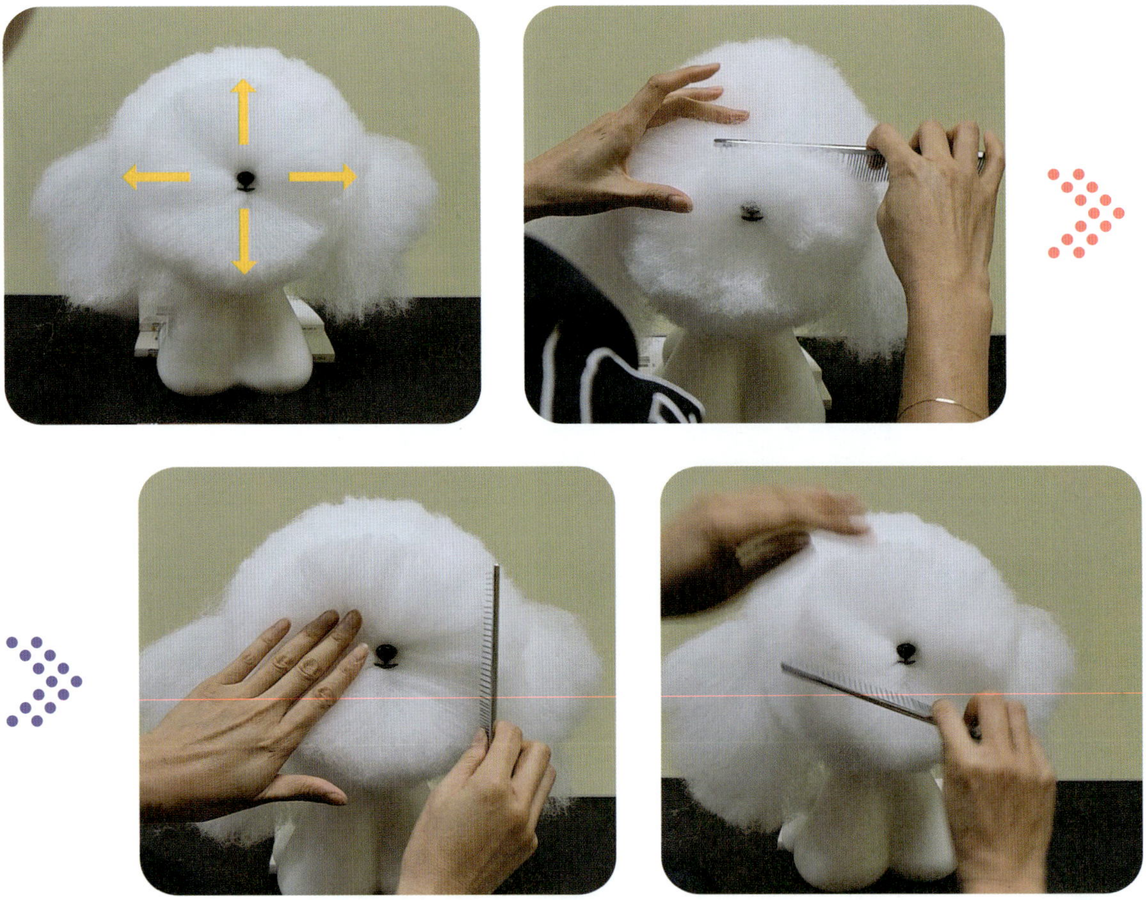

① 얼굴 위그를 준비해 브러싱한 후 머즐 털을 왼쪽, 오른쪽, 위쪽, 아래쪽으로 코밍한다.

② 눈 사이의 인덴테이션을 설정한다.

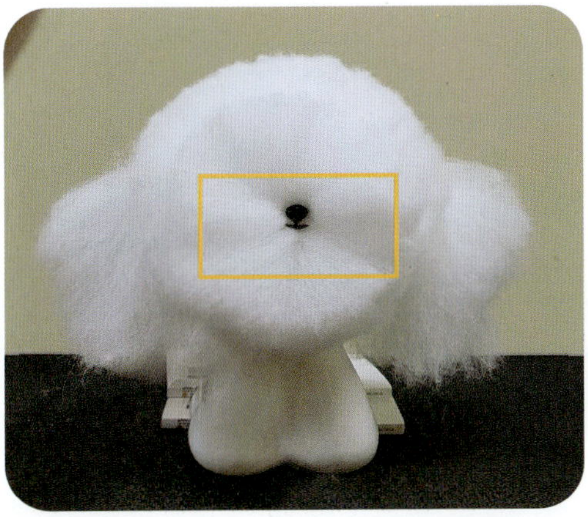

③ 커트할 머즐 털의 가로, 세로 폭을 설정한다. 깊이는 눈앞까지 설정한다.

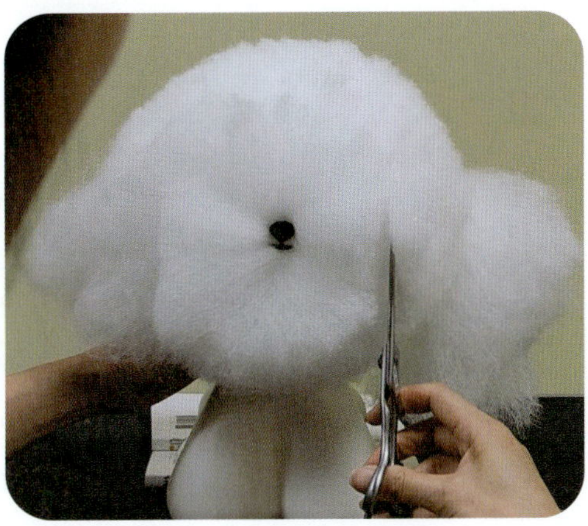

④ 설정해놓은 머즐 털을 직사각형으로 커트한다. 깊이는 설정해놓은 부분에서 반만 초벌 커트하고, 후에 정해놓은(눈앞까지) 깊이만큼 머즐을 커트한다.

⑤ 액단에서 코 쪽으로 0.5cm 정도 클리핑 또는 가위로 짧게 커트한다.

⑥ 입술 앞 선에서 귀 끝 선을 향해 '∧' 모양 입술 라인을 콤으로 나눈 후 아래턱 털을 잡아 머즐 털과 분리한다.

⑦ 'ㅅ' 모양으로 입술 라인을 라운드를 그리며 커트한다.

⑧ 위, 옆에서 봤을 때 코보다 앞으로 나와있는 털은 커트한다.

⑨ 머즐 털 라인을 옆, 아래까지 명확하게 잡는다.

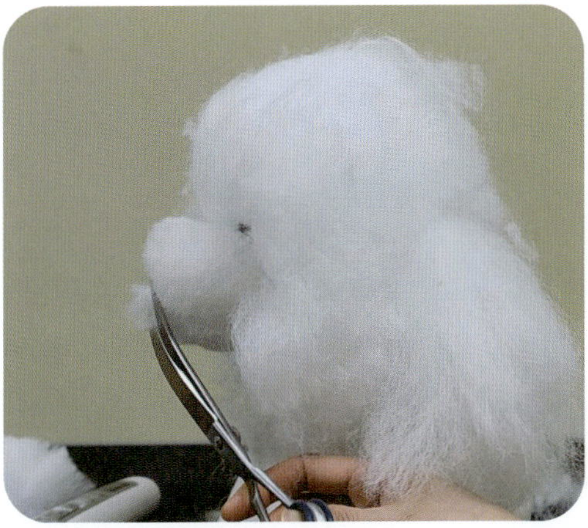

⑩ 아래턱 털 길이가 짧아지지 않게 머즐 털과 연결되도록 짧게 커트한다. 특히 목 안쪽 부분은 턱 아래 털 길이보다 길지 않도록 바짝 커트한다.

✓ 얼굴 커트 시 보정으로 아래턱을 잡는데, 털이 짧으면 보정하기 힘들기 때문에 얼굴 마무리 단계에서 커트하여도 괜찮다. 위그로 얼굴컷을 연습하더라도 실견과 마찬가지로 보정 연습을 하는 것 또한 중요하다.

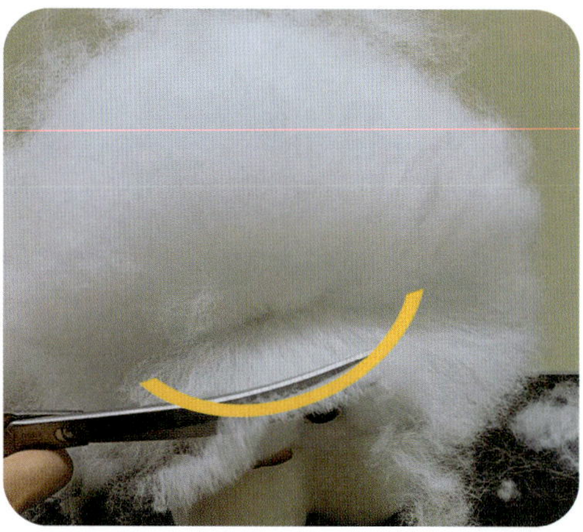

⑪ 액단에서 머리 쪽으로 1~2cm 정도 폭의 털을 아래로 빗질한 후 코 길이의 1/2 지점까지 둥글게 커트하고, 옆에서 봤을 때 아래에서 위로 올라갈수록 길어지게 45°로 커트한다. 순차적으로 앞으로 털을 내려 2~3번 정도 같은 작업방법으로 커트한다.

⑫ 양옆에 남길 귀 크기와 위치를 정한다.

✔ 귀 위치와 크기는 견종, 귀 길이, 위치 등을 고려해서 정한다. 보통 귀 길이의 1/2, 2/3 지점 아래쪽으로 귀 위치를 잡는다. 귀가 큰 반려견은 귀 끝을 최대한 짧게 커트하고, 보통 크기의 반려견은 귀 끝에서 1cm 정도 여유를 두고 커트한다.

⑬ 귀 끝에서 1cm 정도 남기고 커트한다.

✔ 귀 끝의 살을 꼭 확인한다.

⑭ 왼쪽 귀의 귀툭 라인 시작 위치를 설정한다.

⑮ 오른쪽 귀의 귀툭 라인 시작 위치를 설정한다.

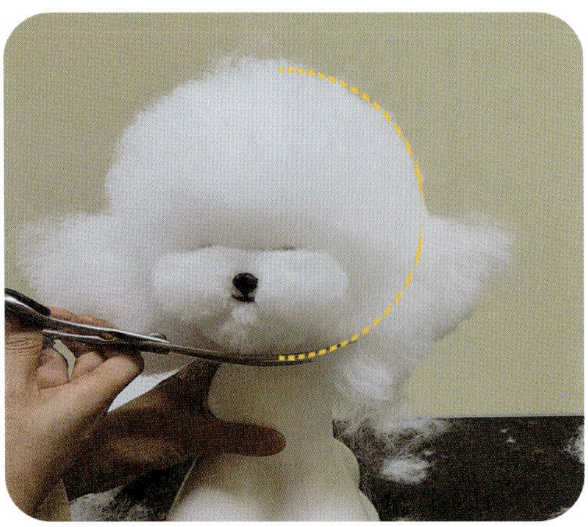

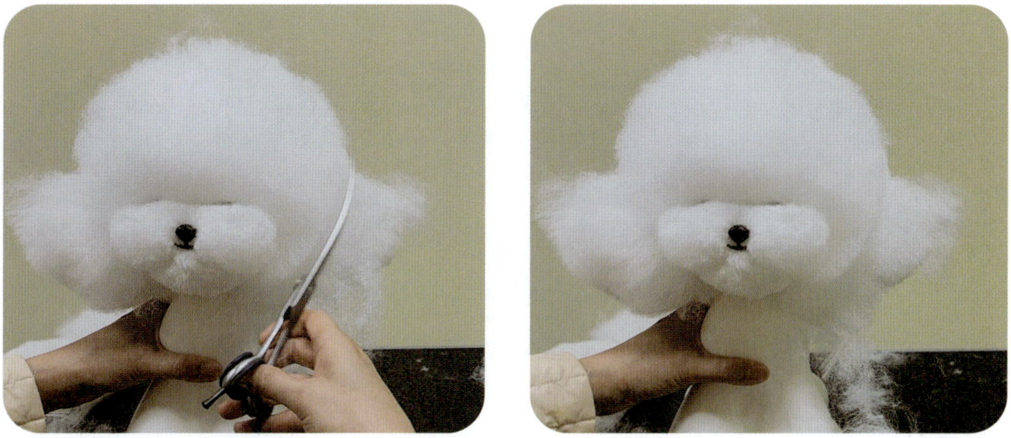

⑯ 귀툭 라인에 맞춰 얼굴 라인을 동그랗게 커트한다.

⑰ 귀를 둥글게 커트하고, 얼굴 라인과 명확하게 구별되도록 커트한다.

⑱ 귀를 들어 귀 아래 털과 볼 털이 자연스럽게 연결되도록 커트한다.

최고점
Mr. Jiang

Mr. Jiang

Mr. Jiang

Mr. Jiang

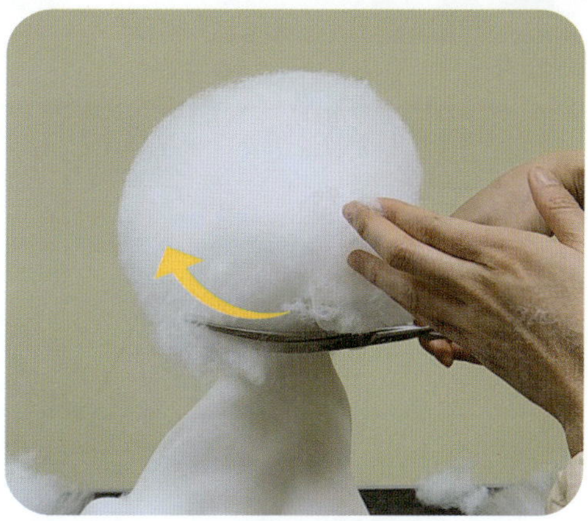

⑲ 최고점을 설정한 후 턱선을 따라 후두부를 전체적으로 둥근 형태로 커트한다.

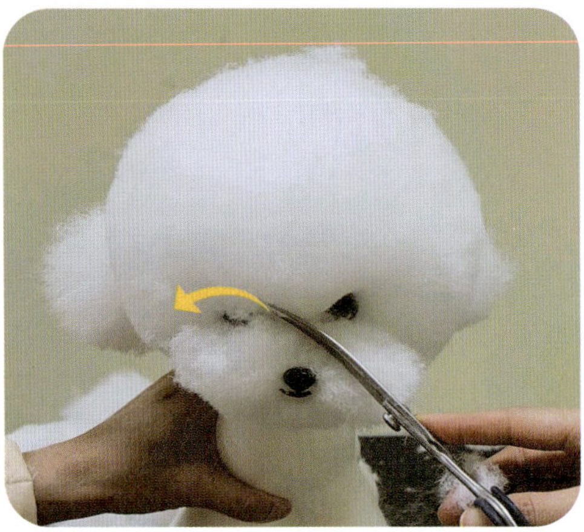

⑳ 눈 라인을 따라 깔끔하게 정리한다.

㉑ 전체적으로 튀어나와있는 털을 텐텐가위(요술가위)로 다듬는다.

㉒ 마지막으로 블론트가위 또는 커브가위로 전체적으로 면을 정리한다.

㉓ 완성

⑤ 앞 귀툭튀컷

귀를 앞쪽으로 튀어나오게 동그랗게 커트하여 포인트를 주는 컷이며, 마치 귀마개를 한 모습으로 귀여움을 극대화시키는 얼굴컷이다. 현재 가장 유행하는 얼굴컷이다.

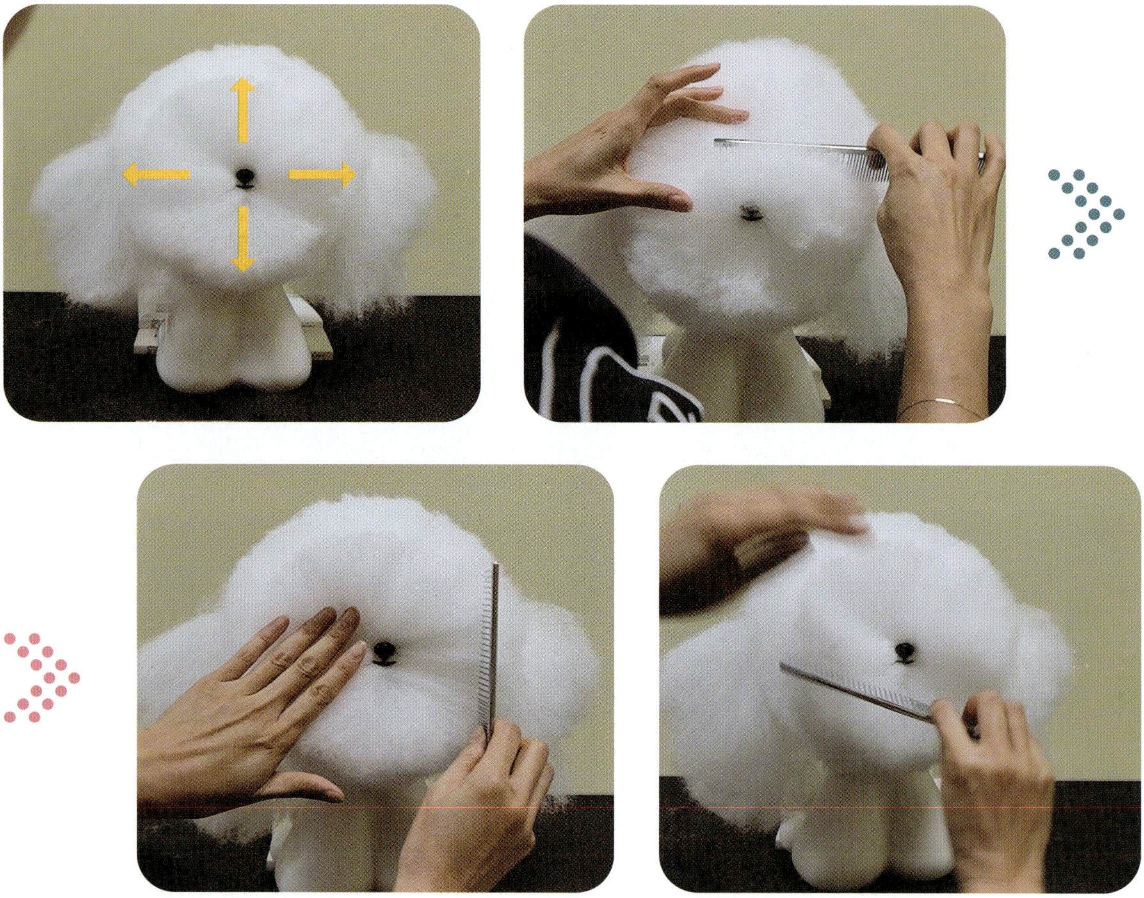

① 얼굴 위그를 준비해 브러싱한 후 머즐 털을 왼쪽, 오른쪽, 위쪽, 아래쪽으로 코밍한다.

② 눈 사이의 인덴테이션을 설정한다.

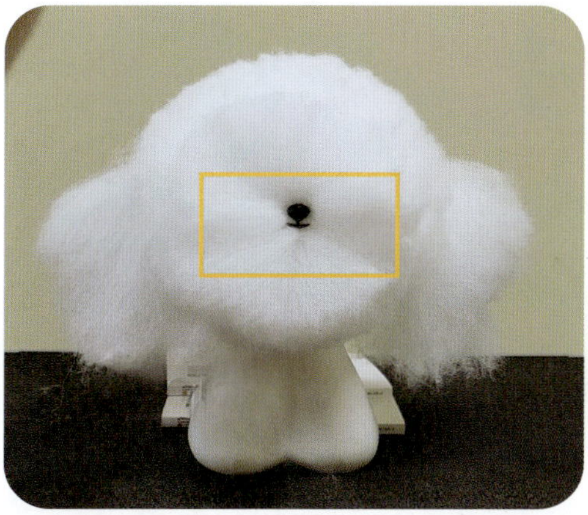

③ 커트할 머즐 털의 가로, 세로 폭을 설정한다. 깊이는 눈앞까지 설정한다.

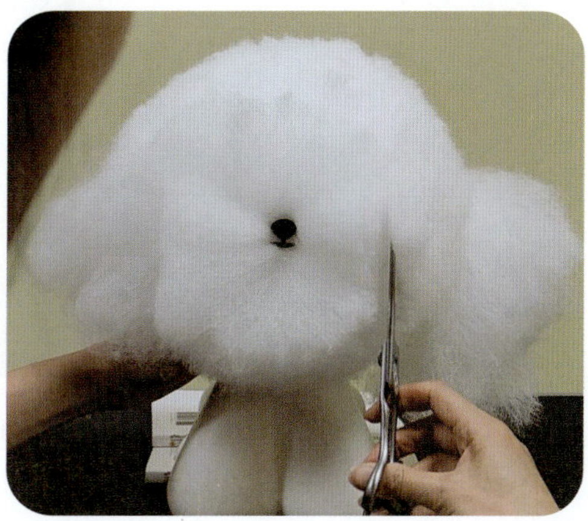

④ 설정해놓은 머즐 털을 직사각형으로 커트한다. 깊이는 설정해놓은 부분에서 반만 초벌 커트하고, 후에 정해놓은(눈앞까지) 깊이만큼 머즐을 커트한다.

✓ 머즐 털 외에 볼 털이 잘려나가지 않도록 주의한다.

⑤ 액단에서 코 쪽으로 0.5cm 정도 클리핑 또는 가위로 짧게 커트한다.

⑥ 입술 앞 선에서 귀 끝 선을 향해 'ㅅ' 모양으로 입술 라인을 콤으로 나눈 후 아래턱 털을 잡아 머즐 털과 분리한다.

⑦ 'ㅅ' 모양으로 입술 라인을 라운드를 그리며 커트한다.

⑧ 위, 옆에서 봤을 때 코보다 앞으로 나와있는 털을 커트한다.

⑨ 머즐 털 라인을 옆, 아래까지 명확하게 잡는다.

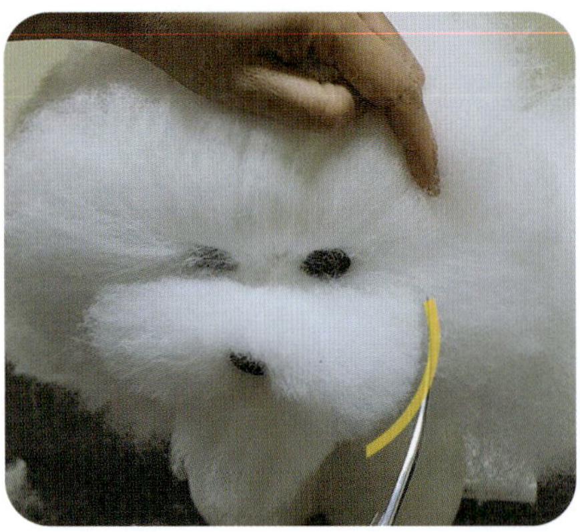

✔ 머즐 옆라인은 눈 쪽으로 갈수록 살짝 좁게 커트한다.

⑩ 턱 털 길이가 짧아지지 않게 머즐 털과 연결되도록 둥글게 커트하고, 아래턱은 머즐보다 들어가게 커트한다.

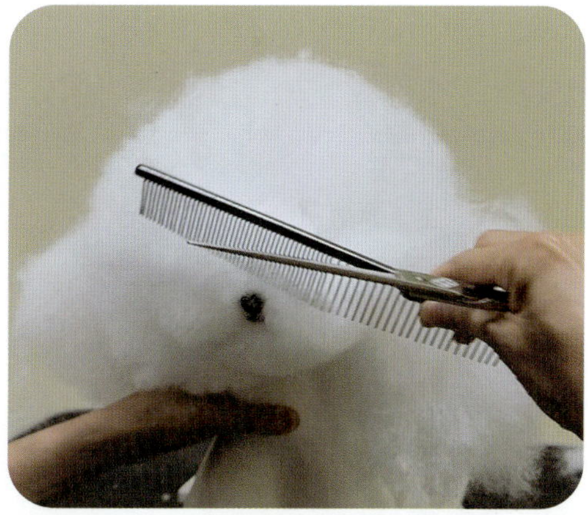

⑪ 액단에서 머리 쪽으로 1~2cm 정도 폭의 털을 아래로 빗질한 후 코 길이의 1/2 지점까지 둥글게 커트하고, 옆에서 봤을 때 아래에서 위로 올라갈수록 길어지게 45°로 커트한다.

✔ 액단에서 머리 쪽으로 커트 시 가위 방향을 아래에서 위로 커트한다.

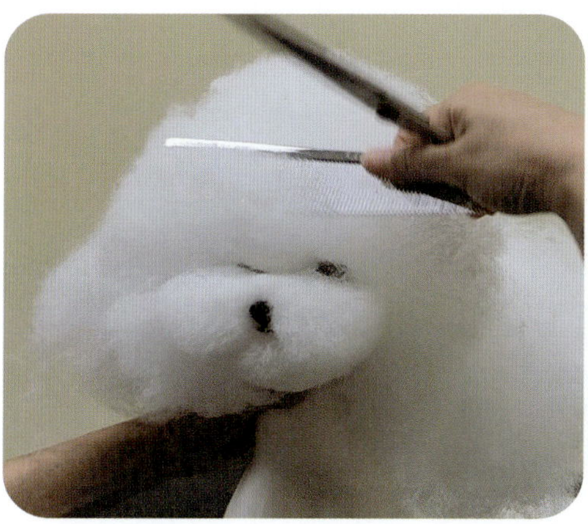

⑫ 아래로 처져 있는 앞머리 털을 아래에서 위로 코밍한 후 눈동자가 명확하게 보이게 가위 끝부분으로 눈 라인을 둥글게 잡은 뒤 크라운 앞머리는 완만한 라운드를 그리며 커트한다.

⑬ 귀 위치를 정한다.

⑭ 귀 끝에 살이 어디 있는지 확인하고 정해놓은 위치에 맞게 귀털을 커트한다.

⑮ 설정한 위치에 맞게 안쪽 모서리 부분을 둥글게 커트한다.

⑯ '○' 형태가 되도록 둥글게 커트한다.

⑰ 머즐 털이 잘려나가지 않도록 머즐 털을 살짝 들어서 안쪽도 둥글게 커트한다.

⑱ 귀와 크라운이 구분이 되도록 경계선을 명확히 하고, 크라운은 둥글게 커트한다.

⑲ 반대편의 귀 위치, 모양 등의 형태와 밸런스를 고려하며 커트한다.

⑳ 양옆의 귀 크기, 폭 등을 설정하여 둥글게 커트한다.

㉑ 후두부 쪽과 목선이 자연스럽게 연결되고, 귀 부분이 확실히 구분이 되도록 커트한다.

㉒ 전체적으로 튀어나온 털들을 텐텐가위로 둥근 형태를 유지하며 다듬어 준다.

㉓ 마지막으로 블론트가위 또는 커브가위로 전체적으로 면을 정리한다.

㉔ 완성

⑥ 브로콜리컷

브로콜리 형태의 독특한 머리모양을 한 얼굴컷이다. 머리모양은 귀부터 귀까지 이어지는 동그란 형태로 이루어져 있으며 머즐은 짧고 둥근 형태로 턱은 짧게 자른다. 특히 반려견 중 귀가 길거나 물을 먹고 나면 턱 아래로 물이 뚝뚝 떨어지거나 머즐 주변을 깨끗하게 관리하기를 원하는 반려견에게 추천한다. 브로콜리컷은 귀를 포인트로 길게 커트하거나 짧게 커트하는 방식으로 반려견의 얼굴 형태, 환경, 습관 등을 참고해서 스타일을 선택한다. 참고로 이 컷은 보호자들의 호불호가 확실한 스타일이므로 충분한 상담 후에 스타일링을 진행해야 한다.

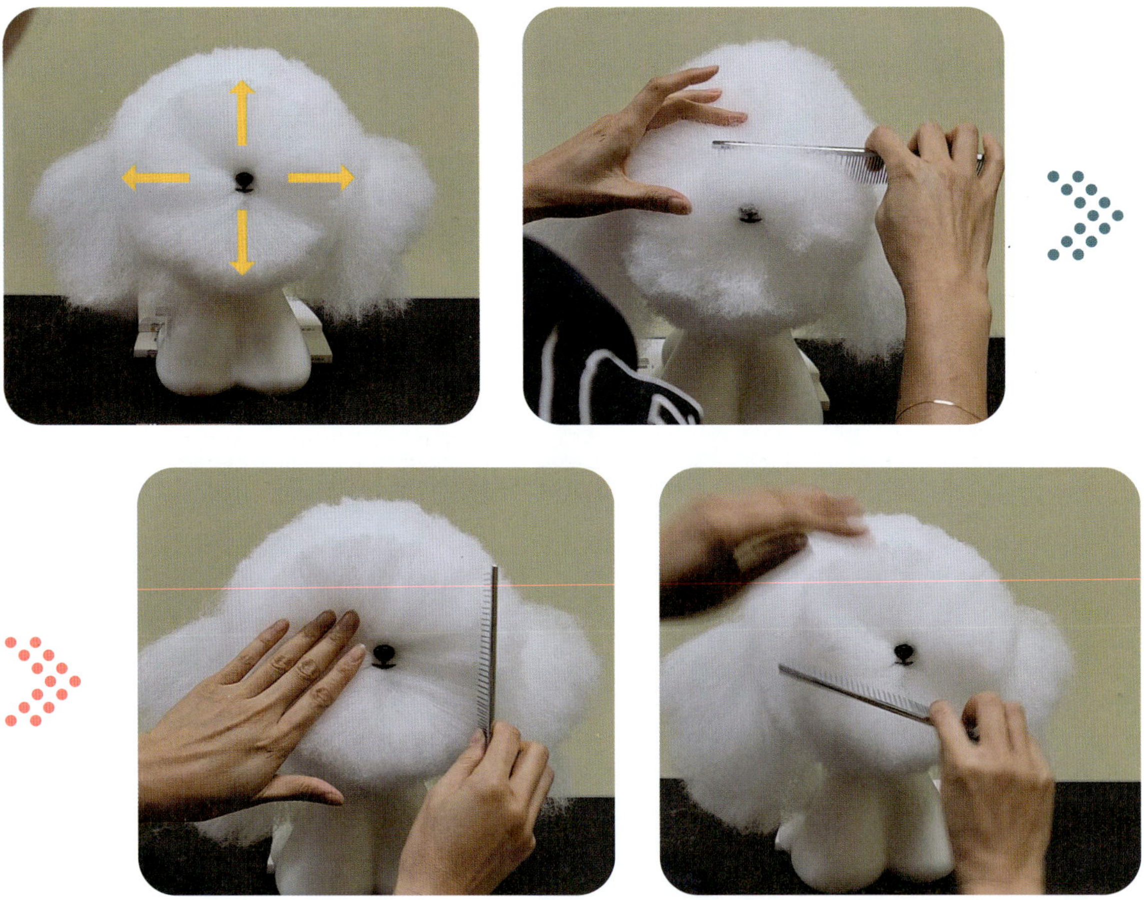

① 얼굴 위그를 준비해 브러싱한 후 머즐 털을 왼쪽, 오른쪽, 위쪽, 아래쪽으로 코밍한다.

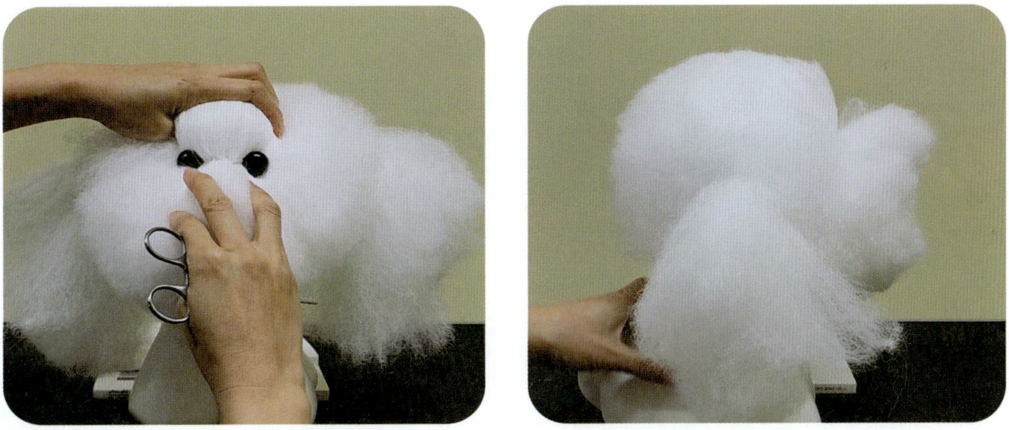

② 눈 사이의 인덴테이션을 설정한다.

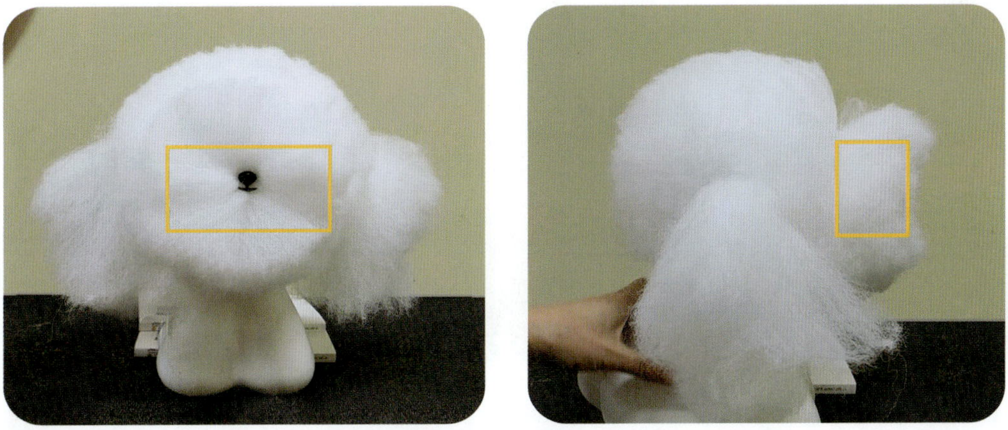

③ 커트할 머즐 털의 가로, 세로 폭을 설정한다. 깊이는 눈앞까지 설정한다.

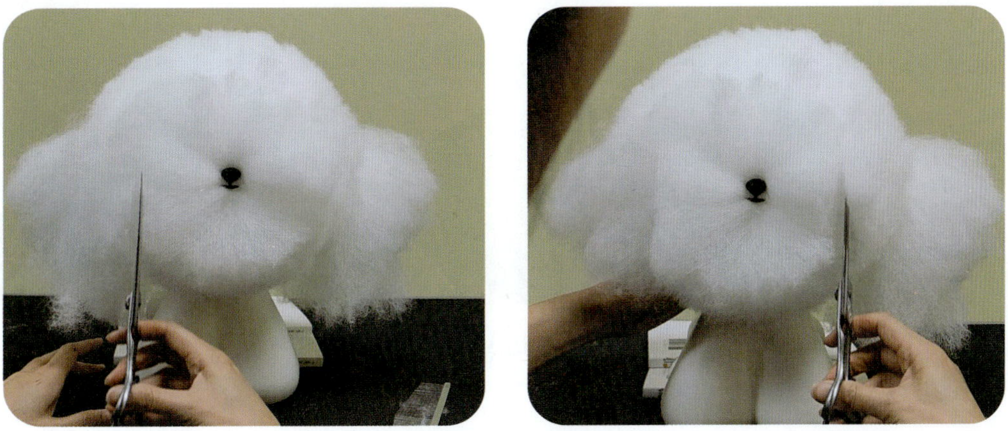

④ 설정해놓은 머즐 털을 직사각형으로 커트한다. 깊이는 설정해놓은 부분에서 반만 초벌 커트하고, 후에 정해놓은(눈앞까지) 깊이만큼 머즐을 커트한다.

⑤ 액단에서 코쪽으로 0.5cm 정도 클리핑 또는 가위로 짧게 커트한다.

⑥ 입술 앞 선에서 귀 끝 선을 향해 '∧' 모양으로 입술 라인을 콤으로 나눈 후 아래턱 털을 잡아 머즐 털과 분리한다.

⑦ 'ㅅ' 모양으로 입술 라인을 라운드를 그리며 커트한다.

⑧ 위, 옆에서 봤을 때 코보다 앞으로 나와있는 털은 커트한다.

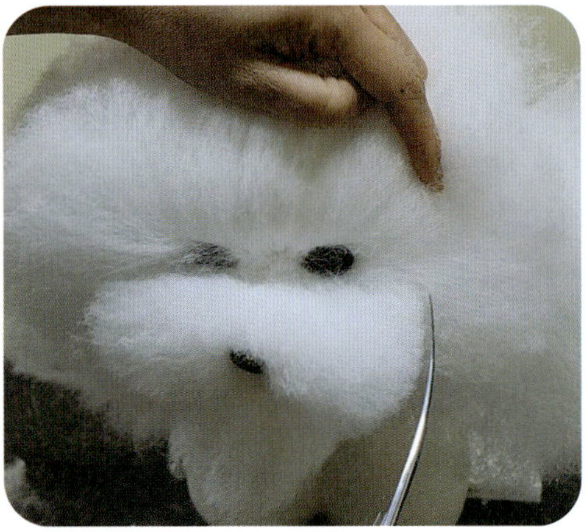

⑨ 머즐 털 라인을 옆, 아래까지 명확하게 잡는다.

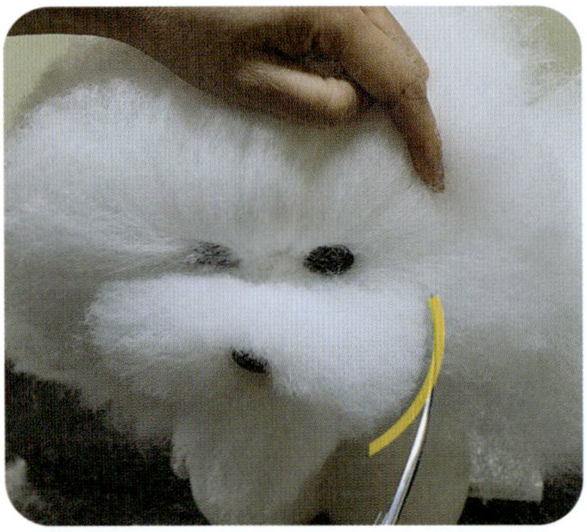

✓ 머즐 옆라인은 눈 쪽으로 갈수록 살짝 좁게 커트한다.

⑩ 아래턱 털은 짧게 커트하고 머즐 털과 연결되도록 커트한다. 특히 목 안쪽 부분은 턱 아래 털 길이보다 길지 않도록 바짝 커트한다.

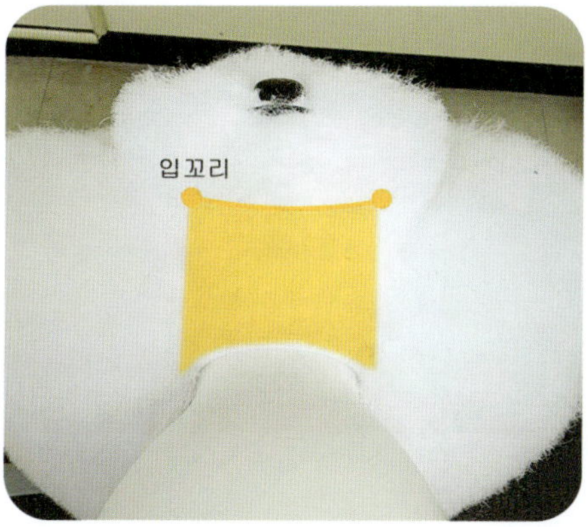

✔ 입꼬리 아랫부분을 클리퍼나 가위로 털을 깨끗이 제거한다.

✓ 얼굴 커트 시 보정으로 아래턱을 잡고 얼굴 커트를 하는데, 브로콜리컷은 턱을 짧게 커트하기 때문에 털이 짧으면 보정하기 힘들다. 따라서 얼굴 마무리 단계에서 커트하여도 괜찮다. 위그로 얼굴컷을 연습하더라도 실견과 마찬가지로 보정 연습을 하는 것 또한 중요하다.

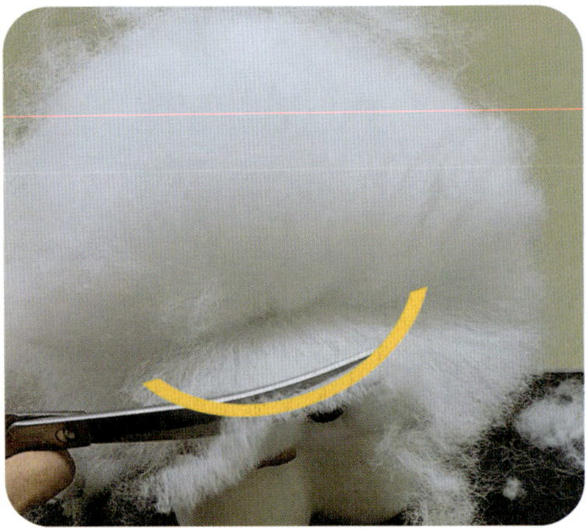

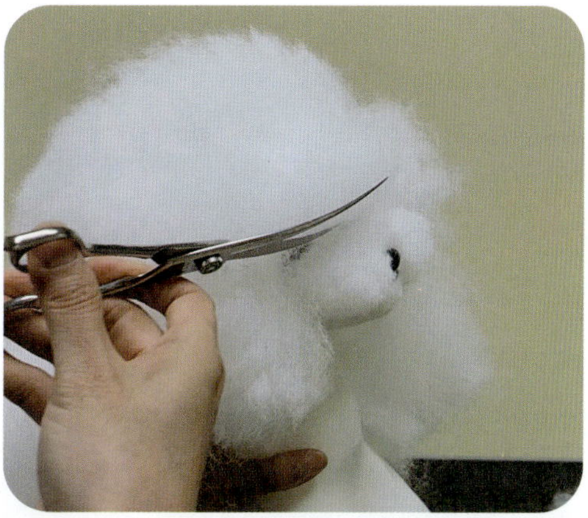

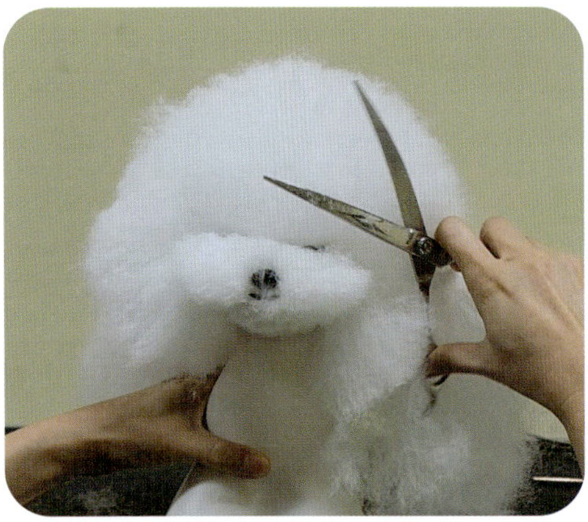
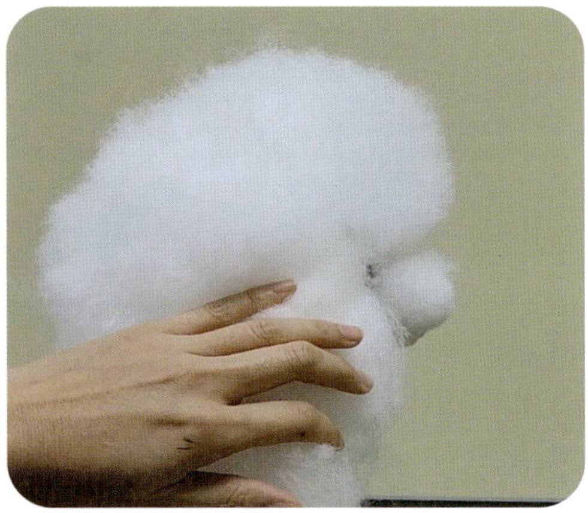

⑪ 액단에서 머리 쪽으로 1~2cm 정도 폭의 털을 아래로 빗질한 후 코 길이의 1/2 지점까지 둥글게 커트하고, 옆에서 봤을 때 아래에서 위로 올라갈수록 길어지게 45°로 커트한다. 순차적으로 앞으로 털을 내려 2~3번 정도 같은 작업방법으로 커트한다.

⑫ 눈동자가 명확하게 보이게 눈 라인을 따라 완만한 갈매기 모양으로 커트한다.

⑬ 양옆에 남길 귀 크기와 위치를 정한 후 귀를 커트한다.

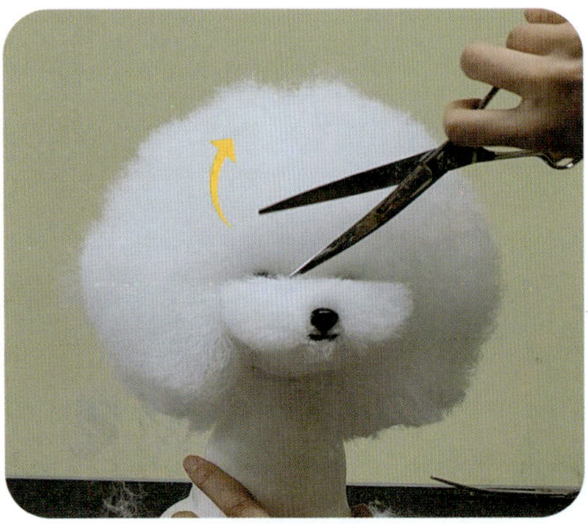

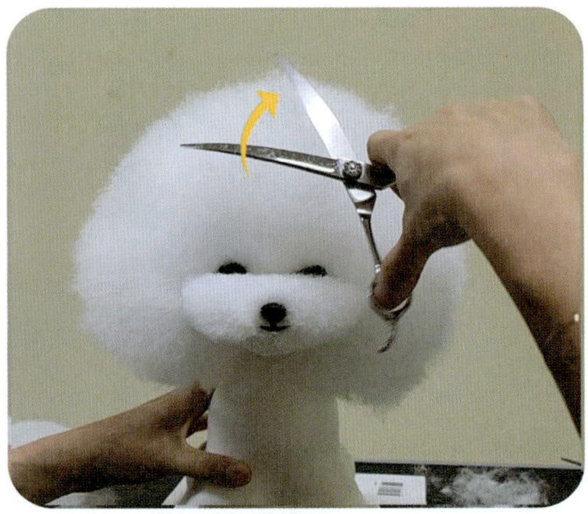

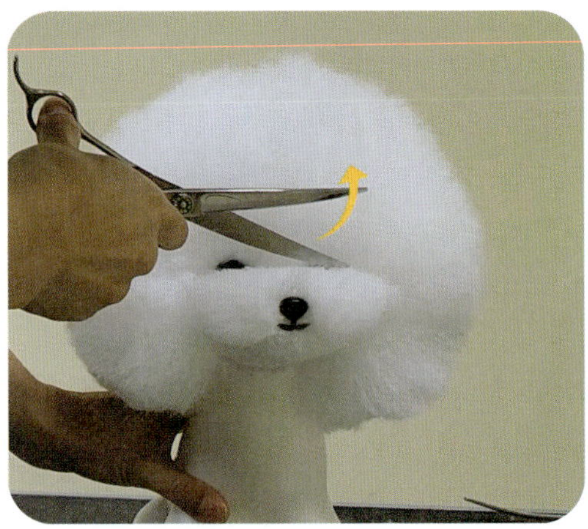

⑭ 크라운 앞머리는 아래에서 위로 볼륨감을 주며 둥글게 커트한다. 크라운 위쪽은 높이가 낮아지지 않도록 최고점을 설정한 후 커트한다.

⑮ 귀 라인을 따라 후두부를 전체적으로 둥근 형태로 커트한다.

⑯ 전체적으로 튀어나온 털들을 텐텐가위로 둥근 형태를 유지하며 다듬어준 후 마지막으로 블론트가위 또는 커브가위로 전체적으로 면을 정리한다.

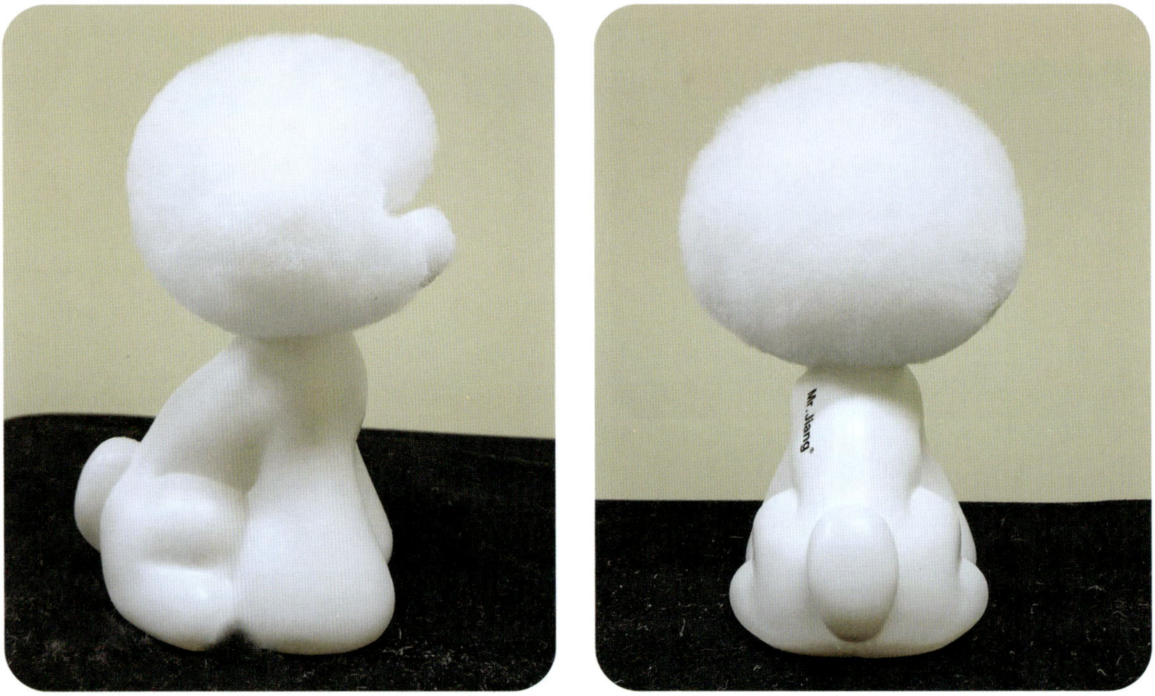

⑰ 완성

약력

천선화

혜전대학교 반려동물토탈케어과 교수/학과장

릭드래곤 비숑프리제 브리더 & 핸들러

(사)한국애견협회 애견미용 심사위원

(사)한국애견협회 국제 도그쇼 심사위원

(사)한국애견협회 도그쇼 정 심사위원

(사)한국애견협회 핸들러 심사위원

(사)한국애견협회 반려견스타일리스트 경연대회 '대상' 수상

중국, 스페인 도그쇼 및 애견미용 초청 심사

국제직업능력평가원 운영위원 이사

한국동물보건학회 정회원

도그쇼 BIS 다수 수상

(사)한국애견협회 국가공인 반려견스타일리스트 자격증 실기시험 메뉴얼 및 채점표 개발

(사)한국애견협회 반려견스타일리스트 자격증 실기시험 메뉴얼 개발

前 (사)한국애견협회 국가공인 반려견스타일리스트자격증 감독(심사)위원

前 (사)한국애견협회 반려견스타일리스트자격증 심사위원

前 (사)한국애견협회 핸들러분과위원회 위원장

반려견 그루밍 실전편

초판발행 2022년 11월 9일

지은이 천선화
펴낸이 노 현

편 집 김다혜
기획/마케팅 김한유
표지디자인 Ben Story
제 작 고철민·조영환

펴낸곳 ㈜ 피와이메이트
서울특별시 금천구 가산디지털2로 53, 한라시그마밸리 210호(가산동)
등록 2014. 2. 12. 제2018-000080호
전 화 02)733-6771
f a x 02)736-4818
e-mail pys@pybook.co.kr
homepage www.pybook.co.kr
ISBN 979-11-6519-356-0 93490

정 가 25,000원

박영스토리는 박영사와 함께하는 브랜드입니다.